ÖkoDharma

Buddhistische Perspektiven zur ökologischen Krise

DAVID R. LOY

ÖKODHARMA

**BUDDHISTISCHE PERSPEKTIVEN
ZUR ÖKOLOGISCHEN KRISE**

Aus dem amerikanischen Englisch
von Dennis Johnson

edition steinrich

Bibliografische Information der Deutschen Bibliothek:
Die Deutsche Bibliothek verzeichnet diese Publikation in der Deutschen Nationalbibliografie; detaillierte bibliografische Daten sind im Internet über http://dnb.d-nb.de abrufbar.

www.edition-steinrich.de

Titel der englischen Originalausgabe: *Ecodharma, Buddhist Teachings for the Ecological Crises*
Erschienen bei: Wisdom Publications, 199 Elm Street, Somerville, MA 02144, USA
© 2018 David R. Loy

Alle Rechte vorbehalten
Copyright der deutschen Ausgabe: © 2021 edition steinrich, Berlin
Übersetzung: Dennis Johnson
Lektorat: Carl Polónyi
Umschlaggestaltung: Grafikbüro Dagmar Schadenberg, Berlin
Gestaltung und Satz: Traudel Reiß
Druck: Westermann Druck Zwickau
Printed in Germany

ISBN Print 978-3-942085-75-5
ISBN ebook 978-3-942085-76-2

*Für Joanna Macy
Bhikkhu Bodhi
Guhyapati
und alle anderen Ökosattvas*

Es gibt eine schlechte Nachricht und eine gute Nachricht.
Die schlechte Nachricht:
Die uns bekannte Zivilisation geht bald zu Ende.
Und nun die gute Nachricht:
Die uns bekannte Zivilisation geht bald zu Ende.
– *Swami Beyondananda (aka Steve Bhaerman)*

INHALTSVERZEICHNIS

Anmerkung des Autors	8
Vorwort zur deutschen Ausgabe	9
Einleitung: Am Rande des Abgrunds?	15
1 Ist der Klimawandel das Problem?	41
2 Ist die ökologische Krise auch eine buddhistische Krise?	79
3 Was übersehen wir?	129
4 Ist es das gleiche Problem?	165
5 Was, wenn es zu spät ist?	199
6 Was sollen wir tun?	240
Nachwort: Eine verlorene, verschwenderische Gattung?	279
Anhänge	287
1 Jetzt ist die Zeit zum Handeln	287
Eine buddhistische Erklärung zum Klimawandel	287
2 Sechzehn Kernprinzipien des Dharma zum Thema Klimawandel	295
3 Den Klimawandel ernst nehmen: Einfache, praktische Schritte	301
4 Die Ökosattva-Gelübde	307
5 Das Rocky Mountain Ecodharma Retreat Center	309
Danksagungen	312
Über den Autor	315

ANMERKUNG DES AUTORS

Die Leser*innen meiner anderen Bücher werden wahrscheinlich wissen, dass ich ein Freund von Zitaten bin. Eine kurz und knapp ausformulierte Einsicht ist etwas zum Genießen. Ich ermutige die Leser*innen dieses Buches dazu, sich Zeit zu nehmen, über die Zitate am Anfang jedes Kapitels zu reflektieren.

Vorwort zur deutschen Ausgabe

Das Coronavirus ist eine lebendige Offenbarung, die uns unbedingt etwas darüber sagen will, wer wir sind und welchen Platz wir im Universum einnehmen. Was es uns offenbart, ist für uns von entscheidender Bedeutung. Unser Überleben hängt davon ab, dass wir seine Botschaft entgegennehmen. – *Paul Levy*

Seit der Veröffentlichung der englischen Originalausgabe dieses Buches im Jahr 2019 hat sich die Welt dramatisch verändert – und zwar in einer Weise, welche die grundlegende Botschaft des Buches bekräftigt.

Es betont zu Beginn, dass der Klima-Notstand, so dringend er auch ist, nur die Spitze einer viel größeren ökologischen Krise ist. Sie stellt die größte Herausforderung dar, der sich die Menschheit je gegenübersah. In der Tat ist sie so groß und umfassend, dass es schwierig ist, die Implikation zu übersehen: Unsere mittlerweile globalisierte menschliche Zivilisation zerstört sich selbst. Sie muss sich von daher grundlegend verändern.

Innerhalb weniger Monate hat Anfang 2020 eine Reihe kaskadenartiger Krisen diese Botschaft auf vielfältige Weise verstärkt. Eine tödliche Viruspandemie hat auf der ganzen

Welt inkompetente Regierungen mit ihren oft unzureichenden Gesundheitssystemen bloßgestellt (in den Vereinigten Staaten haben wir zum Beispiel kein nationales Gesundheitssystem, sondern nur eine fragmentierte Gesundheitsindustrie). Quarantänen und Lockdowns haben viele wirtschaftliche Aktivitäten gelähmt und die zunehmende Kluft zwischen reichen und armen Menschen in den meisten Ländern offengelegt und weiter verschärft; die globale Rezession kann sich zudem noch in einen weltweiten wirtschaftlichen Zusammenbruch verwandeln.

Dies ist eine extrem schwierige Zeit, aber sie bietet auch Hoffnung. Trotz aller Propaganda war die »alte Normalität« (jetzt für immer verschwunden) für die meisten Menschen nie wirklich gut, und schon gar nicht war sie es für den Rest der Biosphäre. Alle oben erwähnten Probleme, einschließlich der Pandemie, haben tiefe Wurzeln; neu ist, dass wir uns ihrer zunehmend bewusst werden. In den USA haben einige schreckliche Morde von Polizisten an Schwarzen – ebenfalls eine tief verwurzelte Praxis – in jüngster Zeit zu einer weit verbreiteten Empörung geführt und vielleicht bewirkt, dass das Krebsgeschwür des institutionalisierten Rassismus nun tatsächlich in Angriff genommen wird. Die Unterbrechung der wirtschaftlichen Aktivitäten hat sich eigentlich kaum auf die Kohlenstoffemissionen oder das Tempo anderer Umweltzerstörungen ausgewirkt, aber die Reaktion auf Covid-19 hilft uns zu erkennen, dass soziale Veränderungen recht schnell geschehen können, sobald sie als notwendig erachtet werden.

Diese Beispiele verdeutlichen die Herausforderung für unser kollektives Bewusstsein. Die ökologische Bedrohung an sich ist für die Menschheit hundert- oder tausendmal gefährlicher als die Pandemie, aber werden wir rechtzeitig aufwachen, um »angemessen zu reagieren« (wie Zen-Koans uns ermutigen)?

Es ist wahrscheinlich, dass das Coronavirus den Menschen über einen Zwischenwirt wie das Schuppentier infiziert hat. Solche Ausbrüche sind nicht zufällig; sie sind vorhersehbar. Der Exekutivdirektorin des Umweltprogramms der Vereinten Nationen Inger Andersen zufolge sind sowohl die Covid-19-Pandemie als auch die anhaltende Klimakrise Botschaften aus der Umwelt: Die Menschheit übt zu viel Druck auf die Natur aus, mit schädlichen Folgen. Wenn wir es versäumen, uns um den Planeten zu kümmern, dann kümmern wir uns nicht um uns selbst, warnt sie. Auch wenn unsere unmittelbare Priorität darin bestehen müsse, die Ausbreitung des Coronavirus zu verhindern, »muss unsere langfristige Antwort den Verlust an Lebensraum und biologischer Vielfalt bekämpfen. Noch nie zuvor gab es so viele Gelegenheiten für Krankheitserreger, von Wild- und Haustieren auf den Menschen überzugehen. Unser Verhalten, das zu einer anhaltenden Erosion der Wildnis führt, hat uns in eine beunruhigende Nähe zu Tieren und Pflanzen gebracht, die Krankheitserreger beherbergen, welche auf den Menschen überspringen können.«

Anderson betont, dass drei Viertel aller neu auftretenden Infektionskrankheiten auf den Kontakt mit Wildtieren zurückzuführen sind. Ebola, das respiratorische Syndrom des Mittleren Ostens (MERS), das schwere akute respiratorische Syndrom (SARS), das West-Nil-Virus und das Zika-Virus sind neben vielen anderen von Tieren auf Menschen übergesprungen. Die Weltgemeinschaft hatte einigermaßen Glück, ihre Ausbreitung eindämmen zu können, aber es war nur eine Frage der Zeit, bis so etwas wie die Covid-19-Pandemie kommen würde – angesichts der fortgesetzten Erosion natürlicher Lebensräume, auf die sich Anderson bezieht. Nichtsdestotrotz ist das Grundproblem viel größer als solche Störungen, wie Vandana Shiva hervorhebt:

> Neue Krankheiten entstehen, weil ein globalisiertes, industrialisiertes, ineffizientes Nahrungsmittel- und Landwirtschaftsmodell in den ökologischen Lebensraum anderer Arten eindringt und Tiere und Pflanzen manipuliert, ohne ihre Integrität und Gesundheit zu respektieren … Der gesundheitliche Notstand, für den uns das Coronavirus sensibilisiert, hängt mit dem Notstand des Aussterbens und Verschwindens von Arten zusammen, und er hängt mit dem klimatischen Notstand zusammen. Alle diese Notlagen wurzeln in einer mechanistischen, militaristischen, anthropozentrischen Weltsicht des Menschen, welche uns als ein von anderen Lebewesen, die wir besitzen, manipulieren und kontrollieren können, getrenntes und ihnen überlegenes Wesen begreift. Sie wurzelt auch in einem Wirtschaftsmodell, das auf der Illusion grenzenlosen Wachstums und grenzenloser Gier beruht und systematisch die Grenzen des

Planeten sowie die Integrität von Ökosystemen und Arten verletzt.

Die Covid-19-Pandemie offenbart das Offensichtliche: *Wir sind eins* – ob es uns gefällt oder nicht. Das offenbart auch der Klima-Notstand und die größere ökologische Krise, aber offensichtlich nicht so dramatisch, dass wir der Lektion Beachtung schenken. Wenn die USA fossile Brennstoffe verheizen, sind die Kohlenstoffemissionen nicht durch nationale Grenzen zu beschränken. Wenn Japan Atommüll im Ozean entsorgt, bleiben diese Giftstoffe nicht in den japanischen Hoheitsgewässern. Dadurch wird ein Grundproblem unserer Ansammlung von mehr als zweihundert kleinen Göttern (Nationalstaaten) deutlich, von denen jeder für nichts Größeres als sich selbst verantwortlich ist, obwohl er direkt an seine Nachbarn angrenzt. Die ökologische Krise, die – wie die Pandemie – die heute vorherrschende sektiererische Agenda in Frage stellt, offenbart, dass unsere Schicksale untrennbar miteinander verbunden sind.

Aber Covid-19 erinnert uns auf eine weitere, noch grundlegendere Weise daran, dass *wir alle eins sind*: weil unsere Körper organisch eins sind mit der Erde. Um die Illusion des menschlichen Getrenntseins auszuräumen, versuchen Sie einfach mal, für einige Minuten nicht zu atmen oder für einige Tage kein Wasser zu trinken, und nehmen Sie wahr, was passiert. Jeder von uns ist Teil eines großen ganzheitlichen Systems, das durch uns zirkuliert. Darüber hinaus sagt uns die biologische Forschung, dass es in unserem Körper viel mehr Mikroben – Bakterien und Viren – gibt als eigene Zellen und dass die meisten von ihnen für unsere Gesundheit nicht nur nützlich, sondern essenziell sind.

Es ist an der Zeit, dass wir uns der größeren Auswirkungen bewusst werden. Der letztendliche Ursprung der Pandemie ist derselbe wie das, was dieses Buch als den letztendlichen Ursprung der ökologischen Krise identifiziert: unsere individuelle und kollektive Wahrnehmung des Getrenntseins von der Erde. Wenn wir nicht Wege finden, diese Täuschung und ihre gefährliche Konsequenz – unser Wohlergehen als vom Wohlergehen des Planeten getrennt zu sehen – anzugehen, sollten wir keine Zukunft erwarten, die uns glücklich macht.

Wir sind gewarnt worden ...

Juli 2020
Boulder, Colorado

Einleitung
Am Rande des Abgrunds?

Es ist keine Übertreibung zu sagen, dass die Menschheit heute vor ihrer größten Herausforderung überhaupt steht: Neben aufkeimenden sozialen Krisen bedroht eine selbstverschuldete ökologische Katastrophe die Menschheit, wie wir sie kennen, und (nach Ansicht einiger Wissenschaftler*innen) vielleicht sogar das Überleben unserer Gattung. Ich zögere, dies als *Apokalypse* zu bezeichnen, weil dieser Begriff heute mit dem christlichen Millenarismus assoziiert wird, also der Hoffnung, dass nach dem Untergang eine lange währende paradiesische Zeit bevorstehe. Aber die ursprüngliche Bedeutung des Begriffs ist sicherlich zutreffend: eine *Apokalypse* ist buchstäblich »eine Enthüllung«, die Offenbarung von etwas Verborgenem – in diesem Fall das Aufdecken der ominösen Folgen dessen, was wir der Erde und uns selbst angetan haben.

Traditionelle buddhistische Lehren helfen uns, als Einzelpersonen zu erwachen und unsere gegenseitige Abhängigkeit zu erkennen. Jetzt müssen wir auch prüfen, wie der Buddhismus uns dabei helfen kann, als Menschheit zu erwachen und auf diese Zwangslage einzugehen. Und welche Implikationen hat diese ökologische Krise für das heutige

Verstehen und Praktizieren des Buddhismus? Das sind die Themen, die in diesem Buch erforscht werden.

Das erste Kapitel »Ist der Klimawandel das Problem?« bietet einen Überblick über unsere derzeitige Situation. Auch wenn die überwältigende Dringlichkeit des eskalierenden Klimawandels unsere ungeteilte Aufmerksamkeit und ernsthafte Anstrengung erfordert, müssen wir erkennen, dass das nicht das grundlegende Thema ist, mit dem wir heute konfrontiert sind. Denn die »globale Erwärmung« ist nur Teil einer viel umfassenderen ökologischen und sozialen Krise, die uns zwingt, über die Werte und die Ausrichtung unserer mittlerweile globalen Zivilisation nachzudenken. Das muss betont werden, da viele Menschen davon ausgehen, dass unsere Wirtschaft und Gesellschaft auch weiterhin in der gleichen Weise werden funktionieren können, wenn wir nur schnell genug auf erneuerbare Energiequellen umstellen. Wir müssen erkennen, dass der Klimawandel nur die sprichwörtliche Spitze des Eisbergs ist, das dringendste Symptom eines Dilemmas, das tiefere Folgen hat.

Das Kapitel untersucht diese Folgen, indem es sich den aktuellen Geschehnissen widmet: den Ozeanen, der Landwirtschaft, den Grundwasserspeichern, den schwer abbaubaren organischen Schadstoffen, den nuklearen Unfällen, dem radioaktiven Abfall, der Weltbevölkerung und – aus buddhistischer Sicht besonders besorgniserregend – der Tatsache, dass wir uns bereits tief im sechsten großen Artensterben des Planeten befinden, in dem ein Großteil der Pflanzen- und Tierarten der Erde sehr schnell verschwindet.

Und das ist lediglich eine Momentaufnahme. Diese Veränderungen treten so schnell ein, dass vieles von dem, was ich hier schreibe, wahrscheinlich schon überholt ist, wenn dieses Buch veröffentlicht wird. Sie können dieser Litanei Ihr eigenes »Lieblingsproblem« hinzufügen (wie wäre es mit dem Verschwinden der Bienenvölker?), aber es muss auch eine andere Dimension betont werden: die »Schnittmenge« dieser Umweltfragen mit Anliegen im Bereich der sozialen Gerechtigkeit, wie Rassismus, Ethnizität, Geschlecht, Neokolonialismus und Klasse. In jüngster Zeit ist es klarer geworden, dass die oben genannten ökologischen Probleme und die ungerechten und hierarchischen Strukturen vieler menschlicher Gesellschaften keine getrennten Themenbereiche sind. Die Widerstandsbewegung von Standing Rock 2016 in North Dakota, welche die »Wasserbeschützenden« der amerikanischen Ureinwohner mit nicht-indigenen Gruppen wie Kriegsveteranen zusammenbrachte, war ein Wendepunkt in der Konsolidierung dieser Bewegungen. In den letzten Jahren hat auch der Buddhismus in den USA begonnen, sich mit solchen Anliegen zu befassen, unter anderem mit dem Mangel an Vielfalt innerhalb unserer eigenen Gemeinschaften, den Sanghas. Das wird von einer wachsenden Anzahl Lehrender of Colour initiiert, die die relevanten sozialen Fragen viel besser diskutieren, als ich es in diesem Buch jemals tun könnte – darunter Mushim Ikeda, Zenju Earthlyn Manuel, Rod Owens und angel Kyodo williams.

Viele buddhistische Lehren könnten als Antwort auf die ökologischen Herausforderungen angeführt werden, aber dieses erste Kapitel konzentriert sich zunächst auf ein Thema, das auch in den späteren immer wieder auftauchen wird: das Problem von Mittel und Zweck. Die seltsame Ironie besteht darin, dass wir so besessen davon sind, unseren eigentlichen Schatz – eine gedeihende Biosphäre mit gesunden Wäldern und Böden, Seen und Ozeanen voller Wasserlebewesen, einer unverschmutzten Atmosphäre – auszubeuten und zu missbrauchen, nur um etwas zu maximieren, das an sich keinerlei Wert hat, nämlich digitale Ziffern auf Bankkonten. Da alle Volkswirtschaften der Welt hundertprozentige Tochtergesellschaften der Biosphäre der Erde sind, zerstört unsere Beschäftigung mit dem ständigen Anstieg von Produktion und Verbrauch nun die Ökosysteme unseres Planeten.

Ein weiterer wichtiger Faktor sollte nicht übersehen werden: Wir missbrauchen die Erde in dieser Art und Weise, weil unsere vorherrschende Weltanschauung der Natur gegenüber diesen Missbrauch mit Vernunft begründet. Unser kollektives (Un-)Verständnis dessen, was die Welt ist und wer wir sind, fördert dieses Besessensein von wirtschaftlichem Wachstum und Konsum. Es ist kein Zufall, dass die ökologische Krise hier und jetzt entstanden ist. Die meisten in diesem Kapitel diskutierten Probleme stehen nämlich in Zusammenhang mit einer fragwürdigen mechanistischen Weltanschauung, welche die Ausbeutung der natürlichen Welt ohne Vorbehalte legitimiert, weil sie weder der Natur noch dem Menschen einen ihnen innewohnenden Wert zuschreibt – da sie auch uns Menschen lediglich als komplexe Maschinen betrachtet. Das impliziert, dass die ökologische Krise mehr als ein technologisches, ökonomisches oder politisches Problem ist. Sie ist auch eine kollektive spirituelle Krise und ein möglicher Wendepunkt in unserer Geschichte.

Das bringt uns zum Thema von Kapitel 2: »Ist die ökologische Krise auch eine buddhistische Krise?« Die derzeitigen ökologischen und sozialen Herausforderungen übersteigen das persönliche Leiden, mit dem sich der Buddhismus herkömmlicherweise befasst hat, bei weitem. Daher ist es nicht überraschend, dass sich buddhistische Praktizierende und Institutionen dieser Themen nur langsam annehmen. Positiv ist aber anzumerken, dass der Buddhismus eindeutig das Potenzial hat, sich in diesem Bereich zu engagieren. Von Anfang an haben seine grundlegenden Lehren die Vergänglichkeit und Substanzlosigkeit aller Daseinsformen – einschließlich seiner selbst – betont. Der Buddhismus besteht allerdings nicht nur aus dem, was der Buddha lehrte, sondern auch daraus, was mit seinen Lehren begonnen und sich in der Folge weit über seine Geburtsstätte hinaus verbreitet hat und wie er mit anderen Kulturen interagiert hat. In China entwickelte sich beispielsweise der Chan-/Zen-Buddhismus 33 durch die gegenseitige Befruchtung von Mahayana-Buddhismus und dem einheimischen Daoismus. Heute aber stehen die buddhistischen Traditionen aus Asien vor der größten Herausforderung aller Zeiten, da sie in eine globalisierte, säkulare, hypertechnologisierte, postmoderne Welt hineinwirken, die sich möglicherweise gerade selbst zerstört.

Kritisch anzumerken ist, dass einige der traditionellen buddhistischen Lehren uns entmutigen, uns sozial und ökologisch zu engagieren. Wenn das spirituelle Ziel eine persönliche Befreiung ist, die darin besteht, nicht in dieser Welt von Leiden, Begehren und Verblendung wiedergeboren zu werden, warum sollten wir dann so besorgt sein über das, was hier geschieht? Im Gegensatz zu einer solchen *jenseitigen* Ausrichtung bezweifeln viele zeitgenössische Buddhist*innen jedoch die Existenz einer transzendenten Realität und misstrauen Karma in der Form eines moralischen Gesetzes von Ursache und Wirkung als Teil der Funktionsweise des Universums. Sie haben eine eher psychologische Auffassung des buddhistischen Weges, sehen ihn als eine Art Therapie, die neue Perspektiven auf psychischen Stress und neue Praktiken zur Förderung des Wohlbefindens *in dieser Welt* zu bieten hat. Obwohl der *jenseitige* Buddhismus (der darauf abzielt, dieser Welt zu entfliehen) und der *diesseitige* Buddhismus (der uns hilft, uns besser an sie anzupassen) wie gegensätzliche Pole erscheinen, teilen beide für gewöhnlich eine grundlegende Gleichgültigkeit gegenüber den Problemen dieser Welt. Keiner von beiden ist sonderlich darum bemüht, dazu beizutragen, dass sie ein besserer Ort wird.

Es gibt auch ein alternatives Verständnis der wesentlichen Lehren des Buddhismus. Anstatt zu versuchen, diese Welt zu transzendieren oder uns besser an sie anzupassen, können wir erwachen und die Welt, einschließlich uns selbst, auf eine andere Art und Weise erfahren. Das beinhaltet die Dekonstruktion und Rekonstruktion unseres Selbstempfindens, unseres Selbstsinns oder (genauer gesagt) der Beziehung zwischen uns selbst und unserer Welt. Meditation dekonstruiert das Selbst, weil wir die gewohnten Gedanken-, Gefühls- und Handlungsmuster, aus denen es sich zusammensetzt, »loslassen«. Gleichzeitig wird unser Selbstsinn im täglichen Leben neu konstruiert, indem sich die wichtigsten Gewohnheitsmuster verwandeln: unsere Absichten, die nicht nur unsere Beziehung zu anderen Menschen beeinflussen, sondern auch die Art und Weise, wie wir sie und die Welt im Allgemeinen wahrnehmen. Kapitel 2 erforscht diese alternative Perspektive, indem es einen rätselhaften Ausspruch von Chögyam Trungpa untersucht: »Erleuchtung ist, wie aus einem Flugzeug zu fallen. Die schlechte Nachricht ist, dass es keinen Fallschirm gibt. Die gute Nachricht ist, dass es keinen Boden gibt.«

Wenn wir anfangen, aufzuwachen und zu erkennen, dass wir weder voneinander noch von dieser wundersamen Erde getrennt sind, begreifen wir, dass unser Zusammenleben und unsere Beziehung zur Erde ebenfalls rekonstruiert werden müssen. Das bedeutet nicht nur soziales Engagement als Einzelpersonen, die anderen Einzelpersonen helfen, sondern auch Wege zu finden, die problematischen wirtschaftlichen und politischen Strukturen zu thematisieren, welche die ökologische Krise und die Fragen der sozialen Gerechtigkeit hervorgebracht haben, mit denen wir heute konfrontiert sind. Letztlich sind die Wege der persönlichen und der sozialen Transformation nicht wirklich voneinander getrennt. Engagement in der Welt ist die Art und Weise, wie unser individuelles Erwachen erblüht und wie kontemplative Praktiken, zum Beispiel Meditation, unseren Aktivismus begründen und in einen spirituellen Weg verwandeln.

Die buddhistische Antwort auf unser ökologisches Dilemma ist *ÖkoDharma*, ein neuer Begriff für eine Weiterentwicklung der buddhistischen Tradition. Er verbindet ökologische Anliegen (*Öko*) mit den Lehren des Buddhismus und verwandter spiritueller Traditionen (*Dharma*). Was das tatsächlich bedeutet und welchen Unterschied das in unserem Leben und unserer Praxis macht, entfaltet sich zurzeit noch. Dieses Buch betont drei für mich herausragende Komponenten oder Aspekte: das Praktizieren in der Natur, das Erkunden der ökologischen Auswirkungen der buddhistischen Lehren und das Verkörpern dieses Verständnisses im heute notwendigen Ökoaktivismus.

Die Bedeutung von Meditation in der Natur wird oft unterschätzt, weil ihre Auswirkungen übersehen werden. Kapitel 3, »Was übersehen wir?«, widmet sich also der Frage, warum die spirituellen Transformationsprozesse von religiösen Gründerfiguren so häufig abseits der menschlichen Gesellschaft und in der Wildnis geschehen. Jesus ging nach seiner Taufe allein in die Wüste und fastete vierzig Tage und Nächte. Mohammeds Offenbarungen und der Besuch des Erzengels Gabriel geschahen zurückgezogen in einer Höhle. Das vielleicht beste Beispiel ist jedoch Gautama Buddha selbst. Nachdem er sein Zuhause verlassen hatte, lebte er im Wald, meditierte in der Natur und erwachte unter einem Baum neben einem Fluss. Als Mara seine Erleuchtung in Frage stellte, sagte der Buddha nichts, sondern berührte einfach die Erde als Zeugin seiner Verwirklichung. Danach lebte und lehrte er meist in der Natur – und er starb auch im Freien, unter Bäumen.

Heute hingegen meditieren die meisten von uns in Gebäuden mit geschlossenen Fenstern, die uns vor Insekten, der heißen Sonne und kühlen Winden schützen. Das hat natürlich viele Vorteile, aber geht dabei nicht auch etwas Wichtiges verloren? Wenn wir langsamer werden, uns entschleunigen und unsere ursprüngliche Verbundenheit mit der Natur wiederentdecken, dann wird deutlich, dass die Welt nicht eine Ansammlung getrennter Dinge ist, sondern ein Zusammenfluss von natürlichen Prozessen, die uns einschließen. Wir betrachten die Natur oft zweckorientiert, doch die natürliche Welt ist eine verflochtene Gemeinschaft von Lebewesen, die uns zu einer anderen Art von Beziehung einlädt.

Die Folge ist, dass ein Rückzug in die Natur, vor allem allein, unsere Wahrnehmungsgewohnheiten unterbricht und uns für Alternativen öffnen kann. Die Welt, wie wir sie normalerweise erleben, ist ein psychologisches und soziales Konstrukt, strukturiert durch die Art und Weise, wie wir mittels Sprache Objekte erfassen. Namen sind nicht nur Etiketten; sie bestimmen die Dinge entsprechend ihrer Funktion, sodass wir unsere Umgebung normalerweise als eine Ansammlung von Gebrauchsgegenständen wahrnehmen, die wir zum Erreichen unserer Ziele (zum Beispiel der Befriedigung von Bedürfnissen) verwenden. Dabei übersehen wir jedoch ständig etwas Wichtiges, wie William Blake bereits wusste:

> Würden die Pforten der Wahrnehmung gereinigt, erschiene dem Menschen alles, wie es ist: unendlich. Denn der Mensch hat sich verschlossen, sodass er alle Dinge durch enge Spalten seiner Höhle sieht.

Das Festhalten an Konzepten, Funktionen und Begierden ist die Art und Weise, wie wir uns verschließen. Gerade in Städten ist fast alles, was wir wahrnehmen, ein Gebrauchsgegenstand – einschließlich der meisten Menschen, die wir entsprechend ihrer Funktion zweckorientiert behandeln: den Busfahrer, die Verkäuferin und so weiter. Mit anderen Worten: Wir beziehen uns auf fast alles und jeden als *Mittel*, um etwas zu erhalten oder zu erreichen. Umgeben von so vielen anderen Menschen, die das Gleiche tun, ist es schwierig, diese Art der Beziehung zur Welt loszulassen und die Welt auf eine frische Weise zu erleben.

Das hat sowohl kollektive als auch institutionelle Auswirkungen. Technologien erweitern unsere menschlichen Fähigkeiten, einschließlich unserer Fähigkeit, die natürliche Welt zu instrumentalisieren. Wie der Philosoph Michael Zimmerman schreibt: »Derselbe Dualismus, der die Dinge zu Objekten des Bewusstseins reduziert, ist auch in der Art von Humanismus am Werk, der die Natur zum Rohstoff für die Menschheit reduziert.« Das wirft zunehmend wichtige Fragen über den Begriff des Eigentums auf, ein soziales Konstrukt, das im Lichte unserer gegenwärtigen Situation überdacht und umgearbeitet werden sollte. Wenn eine instrumentalistische Sichtweise der natürlichen Welt im Zentrum unserer ökologischen Zwickmühle steht, dann besteht die heute vielleicht am meisten benötigte »Befreiungsbewegung« darin zu würdigen, dass der Planet und sein großartiges Gewebe des Lebens viel mehr als nur eine Ressource zum Nutzen einer Gattung ist.

Viele buddhistische Lehren haben offensichtliche ökologische Anwendungsfelder. Ein konsumorientiertes Leben ist mit dem buddhistischen Weg unvereinbar. Die fünf buddhistischen Grundregeln oder Richtlinien beginnen mit dem Versprechen, Leben nicht zu töten oder zu schädigen – und das bezieht sich nicht nur auf Menschen, sondern auf alle fühlenden Wesen. Das grundlegende Prinzip der Ökologie – die gegenseitige Abhängigkeit von lebendigen Wesen und Systemen – ist eine Teilmenge des grundlegenden Prinzips der buddhistischen Philosophie, dass nichts »selbstexistent« ist und aus sich selbst heraus existiert, weil alles von etwas anderem abhängt. Kapitel 4, »Ist es das gleiche Problem?«, konzentriert sich auf weniger Offensichtliches: die tiefgreifenden Parallelen zwischen unserer immerwährenden persönlichen Zwickmühle, wie die traditionellen buddhistischen Lehren sie sehen, und unserem heutigen ökologischen Dilemma. Ich habe bereits angemerkt, dass die ökologische Krise eine ebenso spirituelle wie technologische und wirtschaftliche Herausforderung ist; die Gemeinsamkeiten unserer individuellen und kollektiven Notlage zu offenbaren hilft, diese Behauptung zu konkretisieren.

Unser gewohntes Selbstempfinden, unser Selbstsinn, ist ein Konstrukt, hat also keine reale Entsprechung. Das macht unser Selbst von Natur aus ängstlich und unsicher: weil es nichts gibt, was gesichert werden könnte. Das Selbst erfährt diese Bodenlosigkeit meist als *Mangel*: das Gefühl, dass etwas mit *mir* nicht stimmt. Es ist ein grundlegendes Unbehagen, das oft in gewissem Sinne als »*Ich bin nicht gut genug*« erlebt wird. Bedauerlicherweise verstehen wir dieses Unwohlsein oft falsch. Wir versuchen, uns abzusichern, indem wir uns mit Dingen »außerhalb« von uns identifizieren, die (so glauben wir) den festen Boden bieten können, nach dem wir uns sehnen: Geld, Besitztümer, Ansehen, Macht, körperliche Attraktivität und so weiter. Da nichts davon den Selbstsinn tatsächlich verankern oder absichern kann, egal wie viel Geld (und so weiter) wir anhäufen, scheint es niemals genug zu sein.

Die buddhistische Lösung für dieses Dilemma ist nicht, das Selbst loszuwerden, denn es gibt da nichts loszuwerden. Wie oben erwähnt, muss das *Empfinden* eines Selbst dekonstruiert (in der Meditation: »vergessen«) und neu rekonstruiert werden (wobei Großzügigkeit, liebende Güte und die Weisheit, die unsere gegenseitige Abhängigkeit erkennt, die »drei Gifte« Gier, Böswilligkeit und Verblendung ersetzen). Auf diese Weise können wir die Illusion des Getrenntseins durchschauen. Wenn ich selbst nicht irgendetwas im

Inneren bin (hinter den Augen oder zwischen den Ohren), dann ist das Äußere nicht außen.

Seltsamerweise entspricht diese buddhistische Sicht auf unser individuelles Dilemma genau unserer aktuellen ökologischen Situation. Wir haben nicht nur als Individuen eine Wahrnehmung von Selbst, sondern wir haben auch kollektive »Selbste«, und die Formel »getrenntes Selbst = *dukkha* oder Leiden« gilt auch für unsere umfassendste kollektive Selbstwahrnehmung: die Dualität zwischen uns als Spezies, dem *Homo sapiens sapiens*, und dem Rest der Biosphäre. Wie der persönliche Selbstsinn ist auch die menschliche Zivilisation ein Konstrukt, das ein kollektives Gefühl der Entfremdung von der natürlichen Welt mit sich bringt. Und das wiederum erzeugt Angst und Verwirrung in Bezug darauf, was es heißt, Mensch zu sein. Unsere vorherrschende Antwort auf diese Angst – der kollektive Versuch, uns mit wirtschaftlichem Wachstum und technologischer Entwicklung (»Fortschritt«) abzusichern – macht die Dinge sogar noch schlimmer, weil sie unsere Trennung von der Erde verstärkt. Ebenso wie es kein Selbst gibt, das wir loswerden könnten, können wir nicht »zur Natur zurückkehren«, weil wir nie von ihr getrennt waren. Aber wir können unser Nichtgetrenntsein von ihr erkennen und anfangen in einer Weise zu leben, die mit dieser Einsicht übereinstimmt.

Doch welche kollektive Transformation könnte dem vom Buddhismus stets geförderten persönlichen Erwachen entsprechen? »Der Buddha erlangte das individuelle Erwachen. Jetzt brauchen wir eine kollektive Erleuchtung, um die Zerstörung zu stoppen.« (Thich Nhat Hanh) Ist die Idee einer solchen sozialen Transformation angesichts der wirtschaftlichen und politischen Realitäten nicht nur eine Fantasie – oder geschieht sie bereits vor unseren Augen?

In seinem Buch *Wir sind der Wandel: Warum die Rettung der Erde bereits voll im Gang ist – und kaum einer es bemerkt* dokumentiert Paul Hawken, was vielleicht ein solches kollektives Erwachen sein könnte. Diese »Bewegung der Bewegungen« ist ein weltweites Netzwerk von sozial engagierten Organisationen, das als Reaktion auf die globalen Krisen, die uns heute bedrohen, entstanden ist. Es ist sowohl die größte – mindestens zwei Millionen Organisationen, vielleicht sogar viele mehr – als auch die am schnellsten wachsende Bewegung, die es jemals gegeben hat. Laut Hawken »ist es das erste Mal in der Geschichte, dass eine Bewegung von solchem Ausmaß und solcher Breite aus jedem Land, jeder Stadt und jeder Kultur der Welt entstanden ist, ohne Führer, ohne Regelwerk und ohne zentralen Hauptsitz. … Sie ist riesig, und ihre Themen, im weiten Sinne benannt als soziale Gerechtigkeit und Umwelt, werden keineswegs als getrennt gesehen.«

Hawken sieht diese Bewegung als »Immunantwort« der Menschheit, wie spontan entstanden, um uns und den Planeten vor den Kräften zu schützen, die unsere Welt berauben. Die Organisationen, aus denen sie besteht, sind »soziale Antikörper, die sich an die Pathologien der Macht anheften«. Als Zen-Praktizierender sieht Hawken den Buddhismus als einen wachsenden Teil dieser Bewegung: »Der institutionelle Buddhismus wird sich viel stärker in sozialen Fragen engagieren, denn ich sehe keine Zukunft, in der sich die Bedingungen nicht für uns alle verschlechtern. ... *Dukkha*, Leiden, war schon immer der Schmelztiegel der Transformation für all jene, die praktizieren.« Im Buddhismus geht es nicht darum, Leiden zu vermeiden, sondern durch Leiden transformiert zu werden – was heißt, dass es in unserer Zukunft jede Menge Transformation geben kann.

Trotzdem versagt das Immunsystem manchmal, und »diese Bewegung könnte mit Sicherheit auch versagen«. Krankheiten wie das HI-Virus töten ihren Wirt, indem sie das Immunsystem des Körpers zerstören. Das legt weniger hoffnungsvolle Parallelen nahe, was uns zum nächsten Kapitel bringt.

Der Titel von Kapitel 5 lautet: »Was, wenn es zu spät ist?« James Lovelock, der erste Vertreter der Gaia-Hypothese, warnte 2009 davor, dass die Menschheit am Ende auf kleine Gruppen reduziert werden könnte, die in der Nähe der Pole leben. Er glaubt auch, dass Versuche, den Klimawandel zu bekämpfen, das Problem nicht lösen können, sondern uns nur etwas Zeit verschaffen. Einige Jahre später äußerten sich Fred Guterl in *The Fate of the Species* und Clive Hamilton in *Requiem for a Species* noch pessimistischer. Sie argumentieren, dass das Aussterben des Menschen eine sehr reale Gefahr darstelle, denn »indem die Menschheit andere Arten ins Aussterben treibt, ist sie eifrig dabei, den Ast abzusägen, auf dem sie selbst sitzt«, wie der Stanford-Biologe Paul Ehrlich es unverblümt formuliert. Sind solche Vorhersagen nur

Fantasien, um uns zum Handeln aufzuschrecken? Nein, das sind sie sicherlich nicht – aber es ist in der Tat eine weitverbreitete Fantasie, dass die Art industrieller Wachstumswirtschaft, wie sie immer noch von den Regierungen aller (über)entwickelten Nationen gefördert wird, unbegrenzt fortgeführt werden kann, ohne die Biosphäre zu zerstören. Die unmittelbare Bedrohung für das Klima sind nicht nur die Kohlenstoffemissionen, sondern auch »Kipppunkte« wie die Freisetzung von Milliarden Tonnen Methangas, die in den gerade schmelzenden Permafrostböden eingeschlossen sind.

Einige wenige zeitgenössische Lehrende haben begonnen, sich mit diesen existenziellen Anliegen auseinanderzusetzen. Joanna Macy betont in »Arbeit, die wieder verbindet«, dass unsere Trauer über das, was mit der Erde geschieht, nicht der endgültige Zusammenbruch unserer Hoffnungen ist. Vielmehr ist diese Trauer notwendig für diejenigen, die danach streben, den Weg des spirituellen Engagements zu gehen. Ihr Buch *Hoffnung durch Handeln*, 2014 erschienen, integriert diese Trauer in eine transformative Spirale, die wir *mit der Dankbarkeit* beginnen, welche uns befähigt, *unseren Schmerz für die Welt zu würdigen*, was dazu führt, *mit neuen Augen zu sehen* und dann *weiterzugehen*, um uns auf das einzulassen, was sie »den großen Wandel« nennt. Wir müssen tiefer empfinden, um tiefer verwandelt zu werden.

Thich Nhat Hanhs Antwort auf die Möglichkeit unserer eigenen Auslöschung ermutigt uns, »mit unserem Atem die Ewigkeit zu berühren«. In dieser Ewigkeit gibt es weder Geburt noch Tod. Das ist eine grundlegende buddhistische

Belehrung, die umso wichtiger wird, wenn wir nicht nur unsere eigene individuelle Sterblichkeit, sondern auch die unserer Gattung bedenken. Viele Religionen thematisieren die Angst vor dem Tod, indem sie verkünden, dass es eine Seele gibt, die nicht mit dem Körper vergeht. Die buddhistische Ablehnung einer Seele oder eines Selbst (*anatta*) macht diese Art von Unsterblichkeit unmöglich. Vielmehr ist es für Sie und für mich unmöglich zu sterben, da wir nie geboren worden sind. Wie das Diamant-Sutra besagt: Wenn unzählige Wesen zum Nirvana geführt worden sind, sind letztlich überhaupt keine Wesen zum Nirvana geführt worden.

Obwohl sich solche Lehren traditionell auf unsere individuelle Situation konzentrieren, haben sie doch wichtige Auswirkungen auf unseren kollektiven Umgang mit der ökologischen Krise. Nicht nur Sie und ich sind ungeboren. Alles ist ungeboren, einschließlich jeder Spezies, die sich jemals entwickelt hat, und aller Ökosysteme der Biosphäre. Aus dieser Perspektive geht nichts verloren, wenn Arten einschließlich unserer eigenen aussterben. Und nichts wird gewonnen, wenn unsere Art überlebt und gedeiht.

Und doch ist diese Perspektive nicht die einzige. Wir werden an die prägnante Formulierung des Herz-Sutra erinnert: Form ist nichts anderes als Leerheit, Leerheit ist nichts anderes als Form. Ja, von Seiten der *shunyata* (Leerheit) gibt es kein Besser oder Schlechter. Aber das negiert nicht die Tatsache, dass *Leerheit Form ist*. Was wir Leerheit nennen – das unbegrenzte Potenzial, das jede Form annehmen kann, je nach den gegebenen Bedingungen –, hat als dieses eindrucksvolle, unglaublich schöne Geflecht des Lebens Form angenommen, das uns einschließt und das in Ehren gehalten und geschützt werden sollte. Wie auch das Herz-Sutra sagt, gibt es »weder Alter noch Tod, noch ein Ende von Alter und Tod«. Einen spirituellen Weg gehen heißt, dieses Paradox zu leben.

Kapitel 6, »Was sollen wir tun?«, untersucht, was diese Sichtweisen eigentlich hinsichtlich unserer Reaktionen auf die ökologische Krise bedeuten. Die kurze Antwort ist, dass die buddhistischen Lehren uns nicht sagen, *was* wir tun sollen. Aber sie sagen eine Menge darüber, *wie* wir es tun sollen. Natürlich hätten wir gerne spezifischere Ratschläge, aber angesichts der sehr unterschiedlichen historischen und kulturellen Bedingungen, unter denen sich der Buddhismus entwickelt hat, ist das unrealistisch. Das durch eine ökologische Krise verursachte kollektive Dukkha ist nie thematisiert worden, weil dieses spezielle Problem bislang so nicht aufgetaucht ist.

Das bedeutet nicht, dass aus buddhistischer Sicht »alles erlaubt« wäre. Unsere Ziele, wie erhaben sie auch sein mögen, rechtfertigen nicht jedes Mittel, denn der Buddhismus hinterfragt diese Unterscheidung. Sein Hauptbeitrag zu unserem sozialen und ökologischen Engagement sind die Grundsätze für geschicktes Handeln aus der Theravada- und der Mahayana-Tradition. Auch wenn diese Grundsätze normalerweise individuell verstanden wurden, ist die in ihnen verkörperte Weisheit ohne weiteres auch auf die eher kollektiven Arten engagierter Praxis und sozialer Transformation anzuwenden, die wir heute brauchen. Am relevantesten sind hier die fünf Grundregeln des Theravada-Buddhismus (und ihre engagierte Variante als fünf Achtsamkeitsübungen bei Thich Nhat Hanh) und die vier »himmlischen Verweilzustände« (*brahmaviharas*). Die Mahayana-Tradition betont den Weg des Bodhisattva und die sechs »Vollkommenheiten« (Großzügigkeit, Disziplin, Geduld, Eifer, Meditation und Weisheit). Vielleicht am wichtigsten von allem: Der Mahayana-Buddhismus betont die Praxis, ohne Anhaftung an Ergebnisse zu handeln. Zusammengenommen geben uns diese Richtlinien eine Orientierung für unsere Reise auf dem Ökosattva-Pfad.

Soziales Engagement bleibt für viele Buddhist*innen eine Herausforderung, denn die traditionellen Lehren waren auf das Kultivieren der eigenen Geistesruhe ausgerichtet. Andererseits erleben diejenigen, die sich sozialem Engagement verpflichtet haben, oft Erschöpfung, Wut, Depressionen und Burnout. Weil der engagierte Bodhisattva-/Ökosattva-Pfad eine zweifache Praxis beinhaltet, eine innere (wie Meditation) und eine äußere (Aktivismus), spricht er die Bedürfnisse beider Seiten an. Die Kombination ermöglicht ein intensives Engagement mit weniger Frustration. Ein solcher Aktivismus hilft den Meditierenden auch, die Falle zu vermeiden, sich lediglich mit dem eigenen Geisteszustand und ihrem Fortschritt auf dem Weg zur Erleuchtung zu beschäftigen. Da das Grundproblem in einem unabhängigen Selbstsinn besteht, ist ein mitfühlender Einsatz für das Wohlergehen anderer, auch anderer Spezies, ein wichtiger

Teil der Lösung. Die Beschäftigung mit den Problemen der Welt ist daher keine Ablenkung von unserer persönlichen spirituellen Praxis, sondern kann ein wesentlicher Teil davon werden.

Einsicht und Gleichmut, wie Öko-Bodhisattvas sie kultivieren, unterstützen das unverwechselbare Merkmal des buddhistischen Aktivismus: ohne Anhaftung an Ergebnisse zu handeln. Das kann leicht als Gleichgültigkeit missverstanden werden. Doch es ist unsere Aufgabe, unser Bestes zu geben, ohne zu wissen, was die Konsequenzen sein könnten – sogar ohne zu wissen, ob unsere Bemühungen überhaupt einen Unterschied machen werden. Wir wissen nicht, ob das, was wir tun, wichtig ist. Aber wir wissen, dass es für uns wichtig ist, es zu tun. Haben wir die ökologischen Kipppunkte schon überschritten, und die Zivilisation, wie wir sie kennen, ist dem Untergang geweiht? Wir wissen es nicht, und das ist in Ordnung. Natürlich hoffen wir, dass unsere Bemühungen Früchte tragen. Aber letztlich sind sie unser offenherziges Geschenk an die Erde.

Mir scheint, wenn heutige Buddhist*innen das nicht tun können oder wollen, dann ist Buddhismus nicht das, was die Welt jetzt braucht – dieses Buch versucht jedoch zu zeigen, wie sehr der Buddhismus uns dabei helfen kann, die größte Herausforderung, der die Menschheit je gegenübergestanden hat, zu verstehen und darauf zu reagieren. Und es untersucht auch, was das für den Buddhismus von heute bedeuten könnte.

Alles steht in Flammen.
 – *Der Buddha*

Mit diesem globalen Notfall haben wir Neuland betreten, wo »der Normalbetrieb« nicht einfach weitergehen kann. Wir müssen die Initiative ergreifen, um eine sichere Klimazukunft für alle Menschen und alle Arten zu gewährleisten, indem wir diese Welt heilen und beschützen.
 – *Tenzin Gyatso, der Vierzehnte Dalai Lama*

Meine Generation hat getan, was keine vorherige Generation tun konnte, weil ihr die technologische Macht fehlte, und was keine zukünftige Generation wird tun können, weil der Planet nie wieder so schön und üppig sein wird.
 – *Thomas Berry*

Die Zerstörung von Lebensräumen, invasive Arten, Umweltverschmutzung, Überbevölkerung und Übernutzung verursacht globale Veränderungen. Wenn diese nicht reduziert werden, könnte die Hälfte der Tier- und Pflanzenarten bis zum Ende des Jahrhunderts ausgestorben sein oder sich zumindest unter den »lebenden Toten« befinden, die kurz vor dem Aussterben stehen. Wir verwandeln das Gold, das wir von unseren Vorfahren geerbt haben, ohne guten Grund in Stroh, und dafür werden wir von unseren Nachkommen verachtet werden.
 – *E. O. Wilson*

Die Vorstellung, dass die Wissenschaft uns retten wird, ist ein Hirngespinst, das es der heutigen Generation erlaubt, Ressourcen beliebig zu verbrauchen, als würden keine Generationen folgen. Es ist das Beruhigungsmittel, das es der Menschheit erlaubt, so unerschütterlich in Richtung Umweltkatastrophe zu marschieren. Es verhindert die wirkliche Lösung, die in der schwierigen, nicht technischen Arbeit der Veränderung des menschlichen Verhaltens besteht.
– *Kenneth Brower*

Vielleicht ist die Art und Weise, wie wir auf die Krise reagieren, Teil der Krise.
– *Bayo Akomolafe*

Die Wahrheit ist, dass der Konsum von umweltfreundlichen Produkten praktisch keinen Unterschied gemacht hat. Er hat lediglich die Verantwortung von den Schultern der großen Umweltverschmutzer und der Regierungen, die neue politische Strategien einführen müssten, auf die Einzelperson verlagert. Individuen als Bürger*innen – das heißt, als politische Akteure – können sehr effektiv sein, weil wir nur durch einen weitreichenden, mandatierten Politikwechsel eine Antwort von der Art bekommen, wie wir sie brauchen.
– *Clive Hamilton*

Welche Werte begründen unser Engagement für die Idee, dass die globale Erwärmung behoben würde, wenn wir die Kohlendioxidwerte in der Atmosphäre auf 350 Millionstel

reduzieren können? Strategischer Umweltschutz bedeutet, Deals in moralischen Abgründen auszuhandeln. Der Vorteil dabei ist, dass man gelegentlich den Sieg erklären und das Wrack verlassen kann, weil Zugeständnisse an die Stelle von Werten getreten sind.
– *Curtis White*

Wir sind eine Star-Wars-Zivilisation. Wir haben steinzeitliche Emotionen. Wir haben mittelalterliche Institutionen, vor allem die Kirchen. Und wir haben gottgleiche Technologien. Und diese gottgleichen Technologien zerren uns auf unvorhersehbare Weise voran.
– *E. O. Wilson*

Mit Mutter Natur lassen sich keine Geschäfte machen.
– *Mohamed Nasheed*

Der Klimawandel ist das größte Marktversagen, das die Welt je gesehen hat.
– *Nicholas Stern*

Die ökonomischen und ökologischen Zusammenbrüche haben die gleiche Ursache: der unregulierte, freie Markt und die Vorstellung, dass Gier gut und die Natur eine Ressource zur kurzfristigen persönlichen Bereicherung ist. Das Ergebnis sind tödliche, giftige Anlagegüter und eine toxische Atmosphäre.
– *George Lakoff*

Die grundlegende Unreife der menschlichen Gattung zu diesem Zeitpunkt der Geschichte besteht darin, dass unsere Regierungs- und Wirtschaftssysteme es Teilmengen des Ganzen (Einzelpersonen und Unternehmen) nicht nur erlauben, auf Kosten des Ganzen zu profitieren, sondern sie sogar dazu ermutigen.
– *Michael Dowd*

Wenn die Natur eine Bank wäre, hätten wir sie bereits gerettet.
– *Eduardo Galeano*

Eine Lebenseinstellung, die ihre Erfüllung im einzig auf Reichtum gerichteten Streben sucht – kurzum Materialismus –, passt nicht in diese Welt, denn sie enthält in sich selbst kein beschränkendes Prinzip, während die Umwelt, in der sie sich befindet, streng begrenzt ist.
– *E. F. Schumacher*

Im Grunde besteht die Aufgabe darin, nicht nur eine Reihe von alternativen Vorschlägen für politische Inhalte zu formulieren, sondern eine alternative Weltanschauung, die es mit jener, die im Zentrum der ökologischen Krise steht, aufnehmen kann – eingebettet eher in gegenseitiger Abhängigkeit als in Hyperindividualismus, eher in Wechselseitigkeit als in Dominanz und eher in Kooperation als in Hierarchie.
– *Naomi Klein*

Es ist beängstigend, dass wir unsere eigene Regierung bekämpfen müssen, um die Umwelt zu retten.
– *Ansel Adams*

Wenn Leute etwas Ersetzbares und vom Menschen Gemachtes zerstören, werden sie Vandalen genannt; wenn sie etwas Unersetzliches und von Gott Gemachtes vergiften, werden sie Entwickler genannt.
– *Joseph Wood Krutch*

Irgendjemand muss mir erklären, warum dich der Wunsch nach sauberem Trinkwasser zu einer Aktivistin macht und warum der Vorschlag, Wasser durch chemische Kriegsführung zu vergiften, ein Unternehmen nicht zum Terroristen macht.
– *Winona LaDuke*

Wenn ein Mann aus Liebe zum Wald darin den halben Tag spazieren geht, läuft er Gefahr, als Faulenzer betrachtet zu werden. Verbringt er aber seine Tage als Spekulant, der die Wälder abholzt und die Erde kahl macht, gilt er als fleißiger und unternehmungslustiger Bürger.
– *Henry David Thoreau*

Frage: Wie viele Klimaskeptiker braucht es, um eine Glühbirne auszuwechseln?
Antwort: Keine. Es ist zu früh, um zu sagen, ob die Glühbirne ausgewechselt werden muss.

Antwort: Keine. Wir wissen nur, wie man den Planeten »verdreht«.
– *Anonym*

Da die Wurzeln unserer Schwierigkeiten so weitgehend religiös sind, muss das Heilmittel auch religiös sein, ob wir es nun so nennen oder nicht. Wir müssen unsere Natur und unsere Bestimmung neu denken und neu fühlen.
– *Lynn White junior*

Je tiefer ich nach den Wurzeln der globalen Umweltkrise suche, desto mehr bin ich davon überzeugt, dass sie die äußere Erscheinung einer inneren Krise ist, einer – in Ermangelung eines besseren Wortes – spirituellen Krise.
– *Al Gore*

Der erste Schritt, um sich eine furchtbar missratene Welt neu vorzustellen, wäre, die Vernichtung derjenigen zu stoppen, die eine andere Vorstellung haben – eine Vorstellung, die außerhalb des Kapitalismus wie auch des Kommunismus liegt. Eine Vorstellung, die ein völlig anderes Verständnis davon hat, was Glück und Erfüllung ausmacht.
– *Arundhati Roy*

Was ist, wenn die globale Erwärmung ein großer Schwindel ist und wir umsonst eine bessere Welt erschaffen?
– *Frage auf einer Konferenz zum Klimawandel*

1
IST DER KLIMAWANDEL DAS PROBLEM?

Sagen wir es klar und deutlich: Der Klimawandel ist die größte Herausforderung, mit der die Menschheit jemals konfrontiert war. In der Tat sind seine Konsequenzen so schwerwiegend, dass der Begriff *Klimawandel* und sein netter Verwandter *globale Erwärmung* Beschönigungen sind für etwas, das treffender als *Klimanotstand* zu bezeichnen ist. Dieses Buch betrachtet die Klimakrise durch eine buddhistische Linse und reflektiert dabei die Bedeutung dieser Krise auf die Art und Weise, wie wir den Buddhismus heute verstehen und praktizieren.

Aber geht es nicht um etwas noch Größeres als den Klimanotstand?

Trotz fortdauernder Versuche seitens gewisser Interessengruppen, die Situation zu beschönigen, sind die von zahlreichen wissenschaftlichen Studien gelieferten Beweise schlüssig und werden daher hier nicht diskutiert. Die menschliche Zivilisation entwickelte sich im als Holozän bekannten Zeitalter (ungefähr die letzten 11.700 Jahre), in dem das Klima im Allgemeinen stabil und milde war. Der Ackerbau begann, zufällig oder nicht, vor etwa 11.500 Jahren, als Kulturpflanzen wie Weizen, Gerste, Erbsen und Linsen in der Levante kultiviert wurden. Das Holozän neigt sich nun seinem Ende zu, hauptsächlich aufgrund steigender Kohlendioxidwerte in den Meeren und der Atmosphäre (derzeit deutlich über 400 Teilchen pro einer Million im Vergleich zu etwa 262 Teilchen in der vorindustriellen Zeit). Dieser Anstieg ist vor allem auf menschliche Aktivitäten zurückzuführen: auf das Verbrennen von fossilen Treibstoffen wie Kohle, Erdöl und Methangas. Heute leben wir im Zeitalter des Anthropozän, von *anthropos*, dem altgriechischen Wort für »Mensch«, abgeleitet. Und abgesehen von unerwarteten Naturkatastrophen, wie einem Meteoriteneinschlag oder dem Ausbruch von Supervulkanen, scheint die Zukunft der Biosphäre in den nächsten Jahrtausenden davon abhängig zu sein, was die Menschheit in den nächsten Jahrzehnten tut (und nicht tut) – oder sind es bloß die nächsten paar Jahre?

Anstatt zu wiederholen, was die meisten von uns ohnehin schon wissen, will ich mich hier auf zwei grundlegende Tatsachen bezüglich der Klimakrise beschränken. Erstens ist sie nicht ein Problem von außen, das uns widerfährt, sondern etwas, was wir uns selbst antun – auch wenn gewisse Menschen und gewisse Gesellschaften dafür natürlich mehr Verantwortung tragen als andere. Rund ein Sechstel der Weltbevölkerung ist so arm, dass es keinen bedeutenden Anteil an Treibhausgasen produziert. Tragischerweise sind es jene Menschen in den weniger entwickelten Ländern, hauptsächlich in Afrika und Südasien, die unter den klimatischen Veränderungen am meisten zu leiden haben, während jene in den überentwickelten Ländern in Nordamerika und

Europa bisher relativ wenige Beeinträchtigungen erfahren mussten. Wir werden zu den ethischen Konsequenzen dieses Unterschieds zurückkehren, an dieser Stelle geht es mir lediglich um den Hinweis, dass der *Homo sapiens sapiens* die Schuld am gegenwärtigen Geschehen nicht Naturkatastrophen oder anderen Spezies zuweisen kann. Stellen Sie sich vor, wie wir reagieren würden, wenn außerirdische Raumschiffe auftauchten und begännen, Kohlendioxid in unsere Atmosphäre zu pumpen! Die Wurzeln unseres Problems sind leider nicht so einfach zu identifizieren und anzugehen. Wie Walt Kellys Pogo schon während des Vietnamkriegs gesagt hat: »Wir haben den Feind getroffen, und er ist wir.«

Zweitens möchte ich auf die Tatsache hinweisen, dass unsere gemeinschaftliche Reaktion auf die Klimakrise zwar nicht unbedeutend, aber bei weitem nicht angemessen ist. Weiterhin werden internationale Konferenzen abgehalten und konkrete Verpflichtungen eingegangen (und manchmal gebrochen), und dennoch tun wir nicht, was notwendig wäre, um den Ausstoß von Kohlendioxid ausreichend zu senken. Angesichts der außergewöhnlich bedeutsamen Folgen des Problems müssen wir uns fragen: Warum nicht?

In aller Deutlichkeit gesagt: Die überwältigende Dringlichkeit des Klimakollapses – der nicht mehr nur eine Bedrohung ist, sondern bereits eingesetzt hat – bedarf unserer ungeteilten Aufmerksamkeit und unserer aufrichtigen Anstrengungen. *»Klimawandel« ist aber nicht das grundlegende Problem, mit dem wir heute konfrontiert sind.* Es geht um eine umfassendere ökologische Herausforderung, die noch viel beängstigender ist.

Das zu betonen ist wichtig, da viele Menschen annehmen, dass unsere Wirtschaft und unsere Gesellschaft auf unbegrenzte Zeit so weiterlaufen könnten wie bisher, wenn wir nur auf erneuerbare Energiequellen umstiegen. Ein Problem dieser Denkweise ist, dass es bis zu einer Generation dauern kann, bis die erwärmende Wirkung von neuen Kohlenstoffemissionen erkannt wird, was bedeutet, dass wir viele weitere Jahre intensiver Klimaverschiebungen zu erwarten haben, mitsamt zunehmend ernsthaften sozialen und ökonomischen Konsequenzen, die nur schwer abschätzbar sind. Die Klimakrise ist nur die Spitze eines ökologischen Eisbergs, der noch tiefgreifendere Konsequenzen für die Zukunft der menschlichen Zivilisation birgt. Aus dieser breiteren Perspektive betrachtet haben wir bisher nicht viel mehr unternommen, als Liegestühle auf der Titanic umzuarrangieren – eine müde Metapher, die angesichts der steigenden Zahl von Eisbergen, die nun in der Arktis und Antarktis treiben, allerdings höchst angemessen erscheint.

Denken Sie zum Beispiel daran, was mit den Weltmeeren geschieht. Natürlich hat vieles davon mit der Zunahme von Kohlenstoffemissionen zu tun. Bisher haben die Meere über 90 Prozent der zusätzlichen Wärme absorbiert, die durch die Verbrennung fossiler Energieträger entstanden ist. Ohne diesen Kühlkörper wäre die durchschnittliche Lufttemperatur auf der Welt einigen Berechnungen zufolge bereits um atemberaubende 36 Grad Celsius gestiegen, und wir wären alle gegrillt. Die Aufnahme zunehmender Mengen von Kohlendioxid hat das Meerwasser versauert (es ist bereits saurer als jemals zuvor in den letzten 800.000 Jahren), was Weichtiere und Plankton am unteren Ende der Nahrungskette daran hindert, Schalen aus Calciumcarbonat zu bilden. Ganz offensichtlich führt die einflussreiche Kombination von Erwärmung und Übersäuerung des Wassers zum Ausbleichen der Korallenriffe (die Heimat eines Viertels aller Meerestiere). Dem Dokumentarfilm *Chasing Coral* aus dem Jahr 2017 zufolge hat die Welt in den letzten dreißig Jahren bereits etwa die Hälfte ihrer Korallenriffe verloren, und das Absterben der verbleibenden Korallen ist für die nächsten dreißig Jahre zu erwarten. Ereignisse in den Jahren 2016 und 2017 haben zwei Drittel des Großen Barrierriffs vor der Küste Australiens massiv beschädigt, und Meeresforscher haben wenig Hoffnung auf dessen Rettung.

Und es gibt weitere Probleme mit den Meeren. Die weltweiten Fangmengen in Meeresgewässern haben seit 1996 abgenommen, und eine Studie in der Zeitschrift *Science* prognostiziert, dass die Meere bis 2048 kommerziell abgefischt sein werden. Einem Bericht des Weltwirtschaftsforums aus dem Jahr 2016 zufolge wird es bis 2050 mehr Plastik als Fische in den Meeren geben. Laut einer Studie des Londoner *Guardian* aus dem Jahr 2017 wird weniger als die Hälfte der pro Minute verkauften eine Million Plastikflaschen wiederverwertet, und der geschätzte jährliche Verbrauch soll bis 2021 eine halbe Milliarde überschreiten. Seit den 1950er Jahren wurden etwa eine Milliarde Tonnen

Plastik weggeworfen, und eine in *Science* veröffentlichte Untersuchung aus dem Jahr 2015 hat berechnet, dass acht Millionen Tonnen davon jährlich in den Meeren landen. Im Bericht des Weltwirtschaftsforums von 2016 schätzt man außerdem, dass sich heutzutage bereits über 165 Millionen Tonnen Plastik in den Weltmeeren befinden, vieles davon in einem riesigen Strudel von Mikroplastikteilchen im Pazifischen Ozean, bekannt als der Große Pazifische Müllteppich (ein weiterer existiert im Nordatlantik). Anders als organisches Material ist Plastik nicht biologisch abbaubar; es zerfällt lediglich in immer kleinere Teilchen, die oft von Meeresorganismen selbst in den tiefsten Gräben des Pazifischen Ozeans aufgenommen werden – und von uns. Eine wissenschaftliche Studie aus dem Jahr 2017 hat in 83 Prozent der weltweiten Leitungswasserproben winzige Plastikfasern entdeckt. Der höchste Anteil an Verschmutzung wurde mit 94 Prozent in den Vereinigten Staaten gemessen.

Es gibt auch ein weltweites Problem mit *Eutrophierung*, wenn Chemikalien wie Kunstdünger und Waschmittel in Seen und Flüsse fließen, dort die Wasserqualität verschlechtern und schließlich zu riesigen »toten Zonen« in Buchten und Mündungen führen. Algenblüten, die für Pflanzen, Tiere und Menschen giftig sein können, treten häufiger auf und können zu Fischsterben und Artenverlust führen. Eine Studie hat mehr als sechshundert solcher Küstenbereiche auf der ganzen Welt identifiziert. Eine der größten »toten Zonen« befindet sich an der Mündung des Mississippi: Sie variiert zwar in der Größe, dehnt sich aber im Allgemeinen aus. Im Sommer 2017 hatte sie nach Angaben der National Oceanic and Atmospheric Administration eine Rekordgröße von 22.730 Quadratkilometer erreicht.

Alles in allem verändert menschliche Aktivität die chemischen Eigenschaften der Ozeane radikal und rapide, mit endgültigen Konsequenzen, die schwer vorherzusagen sind, sich aber höchstwahrscheinlich weder für das Leben in den Meeren noch für uns als positiv erweisen werden.

Und es gibt viele weitere Herausforderungen.

Die Landwirtschaft ist der Lebensnerv der uns bekannten Zivilisation, doch an den meisten Orten leben Menschen nicht mehr in Familienbetrieben. Die Priorität der industriellen Landwirtschaft ist maximale Produktivität bei minimalen Kosten, was einen intensiven Einsatz von Düngemitteln, Pestiziden und Herbiziden erfordert. Wie zum Beispiel Monsantos berüchtigtes Roundup-Pestizid (Glyphosat), von dem man heute annimmt, dass es für Menschen ebenso wie für Honigbienen und viele andere Arten giftig ist. Es gibt jedoch ein weiteres grundlegendes Problem, das das Grantham-Zentrum für nachhaltige Zukünfte der Sheffield-Universität als »katastrophal« bezeichnet: Ein Drittel der weltweiten Ackerfläche ist in den letzten vierzig Jahren verloren gegangen, während zugleich die Nachfrage nach Nahrungsmitteln stark angestiegen ist. »Das ständige Pflügen der Felder, kombiniert mit einem hohen Einsatz von Düngemitteln, hat die Böden auf der ganzen Welt erodieren lassen, so die Forschung, wobei die Erosion bis zu hundertmal schneller vor sich geht als die Bodenbildung.«

Aufgrund dieser Verschlechterung prognostiziert die Ernährungs- und Landwirtschaftsorganisation der UNO (FAO), dass die Welt angesichts der derzeitigen landwirtschaftlichen Praktiken im Durchschnitt nur noch sechzig weitere Anbaujahre hat. Um mit der weltweiten Nachfrage nach Nahrungsmitteln Schritt zu halten, schätzt die FAO, dass jedes Jahr etwa fünfzehn Millionen Hektar neues Ackerland gebraucht werden, stattdessen aber gehen jedes Jahr etwa dreißig Millionen Hektar durch die Verschlechterung der Bodenqualität verloren. Als ob das noch nicht genug wäre, hat eine im Jahr 2014 in der Zeitschrift *Nature* veröffentlichte Studie festgestellt, dass die Zunahme von Kohlendioxid in der Atmosphäre zu einem signifikanten Rückgang des Nährwerts von Pflanzen geführt hat, insbesondere von Eiweiß, Eisen und Zink.

Als Zen-Praktizierender habe ich oft das Bodhisattva-Gelübde rezitiert, »alle Lebewesen zu retten«. Und aus buddhistischer Sicht gibt es heute vielleicht kein bedeutungsvolleres Problem als die Tatsache, dass wir uns in einer Zeit befinden, die von wissenschaftlicher Seite als das sechste große Artensterben der Erde bezeichnet wird und die von einem weitreichenden Rückgang der Artenvielfalt durch das Verschwinden vieler Pflanzen- und Tierarten gekennzeichnet ist. Es gibt in der heutigen biologischen Forschung unterschiedliche Ansichten darüber, wie schnell das Aussterben derzeit voranschreitet, aber meist wird es auf das Tausend- bis Zehntausendfache der »natürlichen Rate« geschätzt – jene Geschwindigkeit, mit der Arten ohne menschlichen Einfluss aussterben. Laut einem Bericht des UN-Umweltprogramms von 2010 sind heute jede vierte Säugetierart, jede achte Vogelart, jede dritte Amphibienart und 70 Prozent aller Pflanzenarten auf der Welt gefährdet, hauptsächlich durch Abholzung, industrielle Landwirtschaft, Urbanisierung und globale Erwärmung. In einem Bericht des World Wildlife Fund aus dem Jahr 2016 heißt es, dass die Populationen wildlebender Wirbeltiere zwischen 1970 und 2012 um 58 Prozent zurückgegangen sind, wobei die Verluste bis 2020 wohl auf 67 Prozent steigen werden. Eine Studie über Naturschutzgebiete in Deutschland ergab, dass der Insektenbestand zwischen 1989 und 2017 um 75 Prozent zurückgegangen ist. Am bedrohlichsten ist die Warnung des renommierten Biologen E. O. Wilson von der Harvard-Universität, dass bis 2100 die Hälfte aller Pflanzen- und Tierarten auf der Erde aussterben oder so geschwächt sein könnten, dass sie bald darauf verschwinden werden.

Reicht das? Nicht ganz. Die Liste der vom Menschen verursachten Probleme ist lang; einige weitere werden im Folgenden kurz angeführt:

Lester Browns Forschungen über das Grundwasser zeigen, dass der Süßwasserschwund ein weltweites Problem mit gravierenden Folgen vor allem für Asien sowie Nord- und Südamerika ist. Laut der FAO ist die weltweite Pro-Kopf-Verfügbarkeit von Süßwasser weniger als halb so groß wie Anfang der 1960er Jahre. Sinkende Grundwasserspiegel und das Überpumpen von Grundwasserleitern drohen der Landwirtschaft in Trockengebieten wie dem Nahen Osten und dem Südwesten der USA ein Ende zu setzen.

Im letzten Jahrhundert wurden viele Tausend neue Chemikalien entwickelt und in Umlauf gebracht, aber nur sehr wenige davon wurden bezüglich ihrer Auswirkungen auf Mensch und Umwelt bewertet. Eine der diesbezüglich erforschten Kategorien sind dauerhafte organische Schadstoffe (persistent organic pollutants = POPs). Diese werden nicht natürlich abgebaut, sondern reichern sich oft biologisch an – mit toxischer Wirkung. Einige davon sind als endokrine Disruptoren bezeichnete hormonaktive Substanzen, die Entwicklungsstörungen verursachen; andere sind bekannte Karzinogene – Krebserreger – oder Verursacher anderer chronischer Krankheiten. Beinahe jede und jeder von uns trägt zumindest Spuren von POPs im eigenen Körper. Bisher konzentrierten sich die Bemühungen zur Lösung dieses Problems darauf, die Produktion und Verwendung neuer POPs einzustellen, da niemand weiß, wie die bereits in der Umwelt vorhandenen POPs entfernt werden können. Neuere Forschungen, die in der Zeitschrift *Nature Ecology and Evolution* veröffentlicht wurden, haben »außergewöhnliche« Mengen an POPs selbst in jenen Organismen gefunden, die an den tiefsten Stellen der Ozeane leben, dem Marianen- und dem Kermadecgraben.

Bei der katastrophalen Atomexplosion von Tschernobyl in der damaligen Sowjetunion wurden 1986 enorme Mengen an Radioaktivität in die Atmosphäre freigesetzt. Einige von uns erinnern sich noch an die teilweise Kernschmelze von 1979 auf Three Mile Island in Pennsylvania – aber es gab auch schwere Unfälle in Kyshtym in der Sowjetunion 1957, in Windscale in Großbritannien 1957, in Chalk River in Kanada 1952 und in Tokaimura, Japan, 1999. Im März 2011 löste ein Erdbeben der Stärke 9 vor der Küste Japans einen Tsunami aus, der die Kernschmelze von drei Atomreaktoren in der Nähe der Küstenstadt Fukushima verursachte. Einige Jahre und viele Milliarden Dollar später ist die Situation immer noch außer Kontrolle. Die beschädigten Reaktoren erzeugen weiterhin hohe Mengen an radioaktivem Abfall (hauptsächlich kontaminiertes Wasser), und Bemühungen um eine Lösung des Problems haben noch kaum begonnen. Bis Ende 2017 konnte der Betreiber der Anlage, Tepco, noch immer nicht den genauen Ort und Zustand des geschmolzenen Brennstoffs bestimmen. Tepco erwartete, dass die Aufräumarbeiten dreißig bis vierzig Jahre dauern würden, aber Shaun Burnie, ein in Japan stationierter Atomkraftexperte von Greenpeace, sagte, dass ein solcher Stilllegungsplan »nie realistisch oder glaubwürdig« sein könne, weil die Herausforderung »beispiellos und fast unfassbar« wäre.

Zusätzlich zu solchen nuklearen Katastrophen – weitere sind mehr als wahrscheinlich – produzieren die weltweit über vierhundert aktiven Kernkraftwerke jährlich fast 13.000 Tonnen hochgefährlichen Abfall (von Joanna Macy als »vergiftetes Feuer« bezeichnet). In den Vereinigten Staaten gibt es mindestens 108 als verseucht und unbrauchbar ausgewiesene radioaktive Standorte, von denen einige Tausende Hektar umfassen. Manche der radioaktiven Materialien an diesen Standorten haben eine sehr lange Lebensdauer: Plutonium-239 hat eine Halbwertzeit von 24.000 Jahren. Und niemand weiß bis heute, wie man diesen Abfall für solche extrem langen Zeiträume sicher lagern kann.

Und dann ist da noch die Überbevölkerung – ein Thema, über das Politiker*innen nie gerne sprechen, denn es gibt keine Stimmen zu gewinnen, wenn man den Leuten sagt, dass sie weniger Kinder haben sollten. 2020 betrug die Weltbevölkerung schätzungsweise 7,8 Milliarden Menschen, also weit mehr als dreimal so viel wie am Ende des Zweiten Weltkriegs 1945. Das Global Footprint Network hat berechnet, dass die Erde nur etwa zwei Milliarden Menschen nachhaltig mit einem durchschnittlichen europäischen Lebensstandard versorgen könnte – und noch deutlich weniger mit einem US-amerikanischen. Das zeigt: Ökologische Belastungen lassen sich nicht von Fragen der sozialen Gerechtigkeit trennen.

Mit einer einzigen mir bekannten Ausnahme (mehr dazu weiter unten) sind alle großen Religionen der Welt pronatalistisch: Sie ermutigen die Menschen, sich zu vermehren. Das war verständlich, solange unsere Gattung insgesamt wesentlich weniger Einfluss hatte. Die Weltbevölkerung zur Zeit des Buddha betrug wahrscheinlich etwa 100 Millionen Menschen, ungefähr 1,3 Prozent der heutigen Bevölkerung, die weiterhin exponentiell wächst. Es ist schwer vorstellbar, wie ökologische Nachhaltigkeit ohne eine massive Reduzierung unserer Anzahl – beabsichtigt oder nicht – erreicht werden könnte. Es ist fast ebenso schwer vorstellbar, wie diese Reduzierung auf demokratische und gerechte Weise erreicht werden kann.

Die einzige Ausnahme zum Pronatalismus der Religionen ist der Buddhismus. Soweit ich weiß, ermutigen traditionelle buddhistische Lehren die Familien nicht dazu, viele Kinder zu bekommen. In einigen buddhistischen Gesellschaften hat die Betonung eines zölibatären Klosterlebens das Bevölkerungswachstum eher begrenzt.

Die vielleicht beste Zusammenfassung unserer Situation liefert James Gustav Speth auf den ersten Seiten seines Buches *The Bridge at the Edge of the World: Capitalism, the Environment, and Crossing from Crisis to Sustainability*:

Die Hälfte der tropischen und gemäßigten Wälder der Welt ist nun verschwunden. Die Abholzungsrate in den Tropen setzt sich seit Jahrzehnten mit etwa einem Hektar pro Sekunde fort. Die Hälfte der Feuchtgebiete auf dem Planeten sind verloren. Schätzungsweise 90 Prozent der großen Raubfische sind gestorben, und 75 Prozent der Meeresfischgründe sind heute überfischt oder werden bis zur maximalen Kapazität abgefischt. Fast die Hälfte der Korallen sind verschwunden oder ernsthaft bedroht. Die Arten verschwinden etwa tausendmal schneller als gewöhnlich. Der Planet hat seit dem Verschwinden der Dinosaurier vor fünfundsechzig Millionen Jahren kein derartiges Massenartensterben erlebt. Die Wüstenbildung beansprucht jedes Jahr weltweit eine Produktionskapazitätsfläche von der Größe

Nebraskas. In praktisch jedem von uns können heutzutage langlebige giftige Chemikalien gefunden werden.
[Die Vereinigten Staaten] verlieren jeden Tag 6.000 Morgen an Freifläche und jedes Jahr 100.000 Morgen an Feuchtgebieten. Etwa ein Drittel der amerikanischen Pflanzen- und Tierarten sind vom Aussterben bedroht. Die Hälfte der Seen und ein Drittel der Flüsse in den Vereinigten Staaten erfüllen noch immer nicht die Standards, die bis 1983 gesetzlich hätten erfüllt werden müssen. Und wir haben wenig getan, um unsere verschwenderischen Energiegewohnheiten oder unser enormes Bevölkerungswachstum einzudämmen. … Alles was wir tun müssen, um das Klima und die Flora und Fauna des Planeten zu zerstören und unseren Kindern und Enkeln eine ruinierte Welt zu hinterlassen, ist, weiterhin genauso wie heute zu handeln, auch ohne Bevölkerungs- oder Wirtschaftswachstum. Wenn wir weiterhin Treibhausgase im derzeitigen Ausmaß erzeugen, wenn wir weiterhin Ökosysteme im derzeitigen Tempo verarmen lassen und giftige Chemikalien freisetzen, dann wird die Welt in der zweiten Hälfte dieses Jahrhunderts nicht mehr lebensfähig sein. Doch die menschlichen Aktivitäten bleiben nicht auf dem gegenwärtigen Niveau – im Gegenteil, sie beschleunigen sich auf dramatische Weise.

Speths Buch erschien bereits 2008. Das bedeutet, dass sich die darin betonten Probleme seitdem beschleunigt *haben*. Unsere ökologische Situation verschlechtert sich also weiterhin auf dramatische Weise.

Es gibt noch eine weitere Dimension der Umweltkrise, die betont werden muss: die »Schnittmenge« von ökologischen Herausforderungen und Fragen der sozialen Gerechtigkeit, insbesondere Rassismus, ethnische Zugehörigkeit, Neokolonialismus, Geschlecht und Klasse. Die ökologischen Probleme und die ungerechten und hierarchischen Strukturen der meisten menschlichen Gesellschaften sind keine separaten Themen. Es ist kein Zufall, dass zum Beispiel Schwarze und andere benachteiligte Menschen in den Vereinigten Staaten viel eher in der Nähe von Mülldeponien und anderen verschmutzten Standorten leben. Die Lebensweise der 500 Millionen reichsten Menschen der Welt ist für fast die Hälfte aller globalen Kohlenstoffemissionen verantwortlich, und ein Teil dieses Reichtums wird natürlich dafür ausgegeben, sich von den Folgen der Klimakrise zu isolieren, unter denen die weniger glücklichen Menschen bereits leiden.

»Katastrophen sind ebenso undemokratisch wie der Untergang der *Titanic*«, hat Henry I. Miller, ein Mitglied des Hoover-Instituts an der Universität Stanford, gesagt. »Bei den Passagieren der unteren Decks war der Anteil an Verschwundenen wesentlich höher. Das gleiche Phänomen werden wir in Bezug auf die Erderwärmung sehen.« Justin Lin, ein führender Wirtschaftswissenschaftler der Weltbank, schätzt, dass 75 bis 80 Prozent der durch die Erderwärmung verursachten Schäden von den Entwicklungsländern getragen werden,

»Die Ungerechtigkeit der gesamten Situation ist enorm, wenn man betrachtet, wer dafür verantwortlich ist und wer darunter leidet«, so Rajendra Pachauri, ehemaliger Vorsitzender des Weltklimarats der UNO. Doch Michael Glantz, der am Nationalen Zentrum für Atmosphärische Forschung der USA die Klimagefahren untersucht und mehr Forschung zur Anpassung an die Erwärmung gefordert hat, zweifelt an ernsthaften Bemühungen, den ärmeren Ländern zu helfen: »Die Dritte Welt war bisher auf sich selbst gestellt. Und ich denke, sie wird auch weiterhin großenteils auf sich selbst gestellt bleiben.«

Aber es gibt ein wachsendes Bewusstsein für die Zusammenhänge zwischen der Umweltkrise und sozialer Gerechtigkeit, und das eröffnet neue Möglichkeiten. Die Standing Rock Bewegung in North Dakota im Jahr 2016 brachte die »Wasserbeschützenden« von verschiedenen Stämmen amerikanischer Ureinwohner mit nicht indigenen Gruppen wie Kriegsveteranen zusammen und war ein wichtiges Ereignis für die Verknüpfung von ökologischen und Menschenrechtsbelangen.

Natürlich sind hier noch viele weitere soziale Themen hinzuzufügen: Am offensichtlichsten ist die rasch wachsende Kluft zwischen einer kleinen, wohlhabenden globalen Elite und allen anderen. Diese Kluft wird durch sogenannte demokratische Regierungssysteme ermöglicht, die selbst unter Korruption durch einige wenige mächtige Personen und Institutionen leiden. Es sollte uns daher nicht überraschen, dass die Mehrheit der »entwickelten« Länder einen sprunghaften Anstieg des Gebrauchs von Antidepressiva und anderen legalen und illegalen Drogen zu verzeichnen hat; eine Epidemie mit oft tödlichen Folgen.

Kurz gesagt: Auch wenn man den Fokus von den Kohlenstoffemissionen hin zur Gesamtheit der ökologischen Krise verlagert, bleibt das Bild noch unvollständig und einseitig. Tatsächlich steht etwas noch Größeres auf dem Spiel. Um das deutlich zu machen, greife ich die bereits erwähnte Metapher des Eisbergs wieder auf. Wenn der Klimanotstand die Spitze des Eisbergs ist, dann liegt der Rest der ökologischen Krise, einschließlich der Problematik der sozialen Gerechtigkeit, unterhalb dieser Spitze – aber immer noch sichtbar oberhalb der Wasserlinie. Was befindet sich unter der Oberfläche? Alles bisher Besprochene kann als Symptom für ein noch grundlegenderes Problem verstanden werden: das Dilemma einer heute globalen Zivilisation, die trotz ihrer erstaunlichen technologischen Errungenschaften äußerst selbstzerstörerisch zu sein scheint.

Thomas Berry hat diesen Zustand treffend beschrieben: »Wir könnten unsere gegenwärtige menschliche Situation in einer einfachen Feststellung zusammenfassen: Im zwanzigsten Jahrhundert ist der Ruhm der Menschheit zur Verwüstung der Erde geworden, und jetzt wird die Verwüstung der Erde zum Schicksal der Menschheit.«

Üblicherweise sind wir uns nicht bewusst, dass unsere kollektive Beschäftigung mit endlosem Wirtschaftswachstum und Konsum – die entsprechend zu den wichtigsten Zielen der Moderne geworden sind, zum *Sinn* unserer Zivilisation – unvereinbar ist mit den endlichen Ökosystemen der Erde, von denen wir ein kleiner Teil sind …

Mittel kontra Zwecke

Um die Beziehung zwischen den *sichtbaren* und den *unter Wasser liegenden* Teilen des Eisbergs noch besser zu verstehen – wie die ökologische Krise aus etwas noch Problematischerem resultiert –, kehren wir zunächst zu den Ozeanen zurück und wenden uns einem besonders aufschlussreichen Beispiel der Überfischung zu: dem Roten Thunfisch.

Wie Sie vielleicht wissen, lieben Japaner Sashimi (rohen Fisch). Ihr Lieblingsgericht ist der Rote Thunfisch. Leider hat die Überfischung den Roten Thunfisch aber zu einer sehr gefährdeten Art werden lassen. Das Mitsubishi-Konglomerat, eines der größten Firmenimperien der Welt, hat nun eine raffinierte »Lösung« gefunden. Es hat etwa 40 Prozent des Weltmarktes aufgekauft, indem es sich auf legale wie illegale Weise so viel Roten Thunfisch wie möglich beschafft hat, obwohl dessen Population weltweit vom Aussterben bedroht ist. Dieser Bestand übersteigt zwar die gegenwärtige Nachfrage, aber der Thunfisch wird weiter importiert und bei minus 60 Grad Celsius in den Tiefkühlgeräten von Mitsubishi eingefroren, denn er wird bald astronomische Preise erzielen, wenn, wie prognostiziert, der Rote Thunfisch aufgrund der anhaltenden Überfischung demnächst aussterben sollte.

Infolge des Tsunamis und der Zerstörung des Kernkraftwerks Fukushima im Jahr 2011 versagte ironischerweise die Stromzufuhr einiger dieser Tiefkühlgeräte; tausende Tonnen von Rotem Thunfisch tauten auf und verdarben. Die eher zögerlichen japanischen Behörden wurden durch die Aufdeckung von illegaler »Ernte« und Schmuggel veranlasst, einige der Importe zu beschlagnahmen.

Von einem ökologischen Standpunkt aus betrachtet ist Mitsubishis Reaktion auf das abnehmende Angebot an Rotem Thunfisch unmoralisch, ja sogar obszön. Von einem rein wirtschaftlichen Standpunkt aus aber ist sie ganz logisch, ja sogar klug. Denn je weniger Roter Thunfisch im Meer vorhanden ist, desto wertvoller wird der Tiefkühlbestand von Mitsubishi. Und es liegt in der Natur des wirtschaftlichen Wettbewerbs, dass Unternehmen wie Mitsubishi manchmal dazu ermutigt oder »gezwungen« werden, so zu handeln. Wenn es Mitsubishi nicht tut, tut es wahrscheinlich ein anderes Unternehmen. Tatsächlich ist Mitsubishi nicht das einzige japanische Unternehmen, das Roten Thunfisch tiefkühlt, sondern lediglich das auffälligste. So spielt sich die »Tragödie der Gemeingüter« tendenziell im globalen Maßstab ab.

Dieses Beispiel veranschaulicht das grundlegende Problem in der Beziehung zwischen moderner Zivilisation und Natur: die Perversität eines jeden Wirtschaftssystems, das die Biosphäre (zu der natürlich auch die Menschheit gehört) zu einem *Mittel* zum Erreichen von etwas anderem abwertet. Dieses Problem ist nicht nur Teil des Kapitalismus, denn es war auch in der Sowjetunion und im vorkapitalistischen China vorhanden. Und es ist auch nicht nur der Moderne vorbehalten, denn im Laufe der Geschichte haben viele Zivilisationen (anders als einige bevölkerungsarme indigene

Gesellschaften) ihre Umwelt, soweit es ihre Technologien erlaubten, ausgebeutet. Was an unserer heutigen Situation einzigartig ist, ist die *Kombination* von besonders leistungsfähigen Technologien, einem beispiellosen Bevölkerungswachstum und einem Wirtschaftssystem, das auf ständigem Wachstum basiert, wenn es nicht zusammenbrechen soll.

Die Natur wird dem Ziel der Rentabilität untergeordnet. Der Konzernkapitalismus war und ist erstaunlich kreativ und für viele von uns eine Quelle beachtlicher Freiheiten und Möglichkeiten. Dennoch hat er sehr problematische Züge. Profit bedeutet Geld. Weil wir jeden Tag mit Geld zu tun haben, glauben wir, es zu verstehen. Doch weil seine Verwendung so nahtlos in unseren Alltag integriert ist, sind wir uns normalerweise der Tatsache nicht bewusst, dass Geld an sich wertlos ist. Wir können weder unter den Papierscheinen in unseren Brieftaschen schlafen noch die digitalen Zahlen auf unseren Bankkonten essen. Gleichzeitig aber ist Geld das wertvollste Gut, weil es unser Tauschmittel ist. Es kann gleichzeitig wertlos und das Wertvollste sein, denn Geld ist ein gesellschaftlich konstruiertes (und rechtlich erwirktes) *Symbol* – und zweifellos unser wichtigstes, denn unsere heutige Zivilisation könnte ohne es nicht funktionieren. Es ist wie Wasser, ein »universelles Lösungsmittel«, das es einem Ding ermöglicht, sich in ein anderes zu verwandeln. Mit Geld können wir fast alles erwerben, was wir begehren, was eine weitere seiner Funktionen begünstigt: die Funktion als Wertaufbewahrungsmittel, weil wir es ansammeln (das heißt sparen) können.

Der Liebe zum Geld selbst (anstelle der konkreten Dinge, die man damit kaufen kann) haftet etwas Geschmackloses an, denn sie stellt eine Anhaftung an ein Symbol dar, das an sich wertlos ist. Der Anthropologe Weston LaBarre beschreibt den »Geldkomplex« als eine Psychose, die als Normalität gilt, »ein institutionalisierter Traum, den alle gleichzeitig träumen«. Da wir dazu neigen, die Befriedigung unserer Wünsche mit Glück gleichzusetzen, wird Geld psychologisch – und vielleicht unvermeidlich – zu dem, was die Möglichkeit von Glück repräsentiert. Damit wird es ein »reines« Mittel, das alle Ziele verschluckt: »abstraktes Glück« (in Schopenhauers Worten) – und so finden die, die unfähig sind, konkretes Glück zu empfinden, ihre Seligkeit darin, Geld (als »abstraktes Glück«) anzuhäufen. Geld wird zu »eingefrorenem Begehren« – nicht länger das Begehren nach etwas Bestimmtem, sondern nach einem Symbol für die Befriedigung von Begehren allgemein.

Ökologisch gesehen besteht das Problem darin, dass unsere institutionalisierte Fixierung auf Profit und Geldmacherei unsere Wertschätzung der Natur überlagert. Das bedeutet, wir sind davon besessen, den eigentlichen Schatz – eine gedeihende Biosphäre mit gesunden Wäldern und Böden, Ozeane voller Meereslebewesen und so weiter – zu plündern und zu missbrauchen, um Ziffern auf Bankkonten zu maximieren. *Am Ende opfern wir alles Reale für ein an sich wertloses Symbol und tauschen das Wertvollste gegen etwas ein, das an sich keinerlei Wert hat.* Und aufgrund unserer kollektiven Beschäftigung mit diesem Symbol werden viele der

Dinge, die wir damit kaufen wollen, in Zukunft vielleicht nicht mehr erhältlich sein.

Wenn der letzte Baum gefällt, der letzte Fisch gefangen, der letzte Fluss vergiftet ist, werden wir begreifen, dass man Geld nicht essen kann. (Sprichwort der Ureinwohner Nordamerikas)

Dies weist darauf hin, warum die gesamte ökologische Krise symptomatisch für einen noch größeren Notfall ist und die Zwangslage einer Zivilisation offenbart, deren vorrangige Besessenheit unvereinbar mit buddhistischen Werten ist. Die bösartige Logik impliziert, dass unsere kollektive Ausrichtung auf Rentabilität und endloses Wachstum – auf ständig wachsende Produktion und steigenden Konsum, was eine immer größere Ausbeutung »unserer natürlichen Ressourcen« erfordert – früher oder später unweigerlich an die Grenzen des Planeten stoßen muss. »Um einen Klimakollaps zu vermeiden, braucht es einen Rückgang des menschlichen Verbrauchs von Ressourcen; um den Kollaps unseres Wirtschaftsmodells zu vermeiden, braucht es uneingeschränkten Aufschwung. Nur eines dieser Regelwerke kann geändert werden, und es sind nicht die Naturgesetze.« (Naomi Klein) Alle Volkswirtschaften der Welt sind hundertprozentige Tochtergesellschaften der Biosphäre der Erde, aber das haben wir immer noch nicht verstanden.

Etliche buddhistische Lehren werden im Laufe dieses Buches diskutiert werden. Als Vorgeschmack möchte ich die traditionelle Betonung von wechselseitiger Abhängigkeit und Ungetrenntheit erwähnen. Sowohl individuell als auch kollektiv verfolgen wir oft unsere eigenen Vorteile auf Kosten des Wohlergehens anderer. Dabei tun wir dies auf eine Art und Weise, welche die ökologische Krise leugnet, weil wir alle zusammen drinstecken oder (besser) weil wir alle Teile voneinander sind. Ein Planet, der in über zweihundert kleine Götter (Nationen) zerstückelt ist, die nichts Größerem als sich selbst verpflichtet, aber durch die geografischen Grenzen und die Ambitionen der anderen Götter beschränkt sind, wird immer problembehaftet sein: Wenn China Kohle verbrennt, beschränkt sich die Luftverschmutzung nicht auf den chinesischen Himmel, und das radioaktive Wasser der Atomkatastrophe von Fukushima verbleibt nicht in den japanischen Küstengewässern.

Die ökologische Krise stößt uns mit der Nase auf eine grundlegende Tatsache, die wir immer wieder zu ignorieren versuchen: Ob es uns gefällt oder nicht, in der Hauptsache sind wir alle eins.

Der Verlust des Heiligen

Ich habe bereits erwähnt, dass unsere gegenwärtige Beziehung zur Natur – sie als Mittel für andere Zwecke auszubeuten – wegen unserer besonders leistungsfähigen Technologien, des explosiven Bevölkerungswachstums und der Notwendigkeit unseres Wirtschaftssystems, dauerhaft zu wachsen, einzigartig ist. Wir missbrauchen die Erde auf die Art und Weise, wie wir es tun, weil die vorherrschende Auffassung der Natur diesen Missbrauch mit Vernunft begründet. Unser Verständnis davon, was die Welt ist und wer wir sind, fördert eine Besessenheit, mit der Wirtschaftswachstum und Konsum unabhängig vom ökologischen Preis vorangetrieben werden.

Selbstverständlich müssen wir die natürlichen Ressourcen, die die Welt bietet, nutzen, um zu überleben und uns zu entfalten – das tut auch jede andere Gattung, so gut sie kann. Das Ironische dabei aber ist, dass sich die Menschheit von der Natur getrennt fühlt, obwohl wir vollkommen von ihr abhängig sind. In unserem Glauben, *die* besondere Gattung zu sein, haben wir die Welt zu einer Außenwelt versachlicht, »in der« wir uns zufälligerweise befinden. Bedenken wir dagegen die Perspektive der meisten indigenen Traditionen. Viele bekunden den von ihnen gejagten Tieren ihre Dankbarkeit dafür, dass sie sich fangen und essen lassen. Einer Salish-Legende zufolge kommen Lachse beispielsweise absichtlich in die Welt der Menschen, um ihren Körper als Nahrung anzubieten. »Lachse sind selbst eine stolze Rasse. Sie sind glücklich, jedes Jahr an Land zu kommen und ihr reiches Fleisch zu geben, um die Menschen zu ernähren. Aber sie müssen mit Respekt behandelt werden.« (Donna Joe: *Salmon Boy*) Mit dieser Gabe ist unweigerlich eine Verantwortung verbunden: nicht mehr zu nehmen als nötig. Unsere heutige Marktwirtschaft aber kennt keine solchen Beschränkungen, denn jede Vorstellung von einer gegenseitigen Beziehung mit nichtmenschlichen Wesen ist ein überholter Mythos, dem wir uns entwachsen glauben.

Es ist kein Zufall, dass sich die ökologische Krise zu dieser Zeit entwickelt hat, in einer modernen Welt, die im Hinblick auf wirtschaftliche Aktivitäten entschieden *säkular* ist: weltlich, areligiös, materialistisch. Viele Menschen nehmen eine solche Säkularität als selbstverständlich hin. Sie gehen davon aus, dass, wenn Aberglauben erst einmal beseitigt ist, die moderne säkulare Sicht die Welt genauso erfasst, wie sie wirklich ist. Aber Säkularität ist nicht einfach die Alltagswelt, in der wir tatsächlich leben. Sie ist ein historisch bedingtes Verständnis davon, wo und was wir sind – eine Weltanschauung, die kontrovers wird, sobald wir uns mit ihren Ursprüngen und Auswirkungen befassen.

Die säkulare Welt, in der wir heutzutage zu leben meinen, war ursprünglich die eine Hälfte einer zweiteiligen Ganzheit, und sie wird heute noch vom Verlust ihrer anderen Hälfte verfolgt. Die Moderne entwickelte sich aus einer Spaltung zwischen der Transzendenz Gottes und einer entspiritualisierten, materiellen Welt. Bis in die Neuzeit glaubte man, dass Gott die Quelle von Sinn und Nutzen sei. Und als Gott schließlich oben im Himmel verschwand, blieb es uns überlassen, so gut wie möglich mit dem zurechtzukommen, was übrigblieb: einem entheiligten, mechanistischen Universum.

Zu Beginn der Renaissance verstanden die Europäer die Erde und ihre Geschöpfe noch im Rahmen eines organischen und hierarchischen Weltbildes. Alles, einschließlich der menschlichen Gesellschaft, hatte seinen zugewiesenen Platz in einem gestaffelten Kosmos, der von Gott geschaffen und getragen wurde. »Naturphilosophie«, eine alte Bezeichnung für die Naturwissenschaften, war das Streben nach dem Verständnis des Wirkens Gottes in der natürlichen Welt. Wie offenbart die Natur Gottes Geist und Willen? Wie verkörpern ihre Wesen Gottes »Signatur«? Und vor allem, was sagt dieses Verständnis der Welt über unsere Rolle in ihr, über den Sinn unseres Lebens? Man beachte, dass diese spirituelle Perspektive Tatsachen nicht von Werten trennt. Die Suche nach dem, *was ist*, wurde nicht von unserem existenziellen Bedürfnis unterschieden zu bestimmen, wie wir (als Teil dessen, was ist) leben sollten. In Gottes kosmischem Plan waren sie nondual.

Im sechzehnten und siebzehnten Jahrhundert brachen dieses mittelalterliche Weltbild und seine tragenden Institutionen zusammen. Das führte zu einer enormen Beunruhigung. Es war, als hätte man allen den Boden unter den Füßen weggezogen: der Religion (die Reformation), der Regierung (weitverbreitete Aufstände und Revolutionen), dem Krieg (Schießpulver führte zu aggressiverer Kriegsführung), der Wirtschaft (neue Wirtschaftsorganisationen wie Konzerne und die Entdeckung neuer Länder), der Wissenschaft (Zusammenbruch des Aristotelismus) und nicht zuletzt der Natur selbst (eine außergewöhnliche Anzahl von Naturkatastrophen – schlechtes Wetter, schlechte Ernten, Hungersnöte, Plagen, die zu Unruhen, Kriminalität und anderem führten).

Die alte Ordnung lag im Sterben, und niemand wusste, welche neue Ordnung sie, wenn überhaupt, ersetzen würde.

Die Hauptmerkmale unserer modernen Welt – einschließlich des Nationalstaates, des Kapitalismus und der mechanistischen Wissenschaft – entwickelten und verbanden sich während des Chaos jener beiden Jahrhunderte.

Diese Krise wurde in großen Teilen auch von der protestantischen Reformation ausgelöst. Luther und Calvin beseitigten das vielschichtige Netz der Vermittlung (durch Sakramente, Priester, Ikonen, Feiertage, Mönchtum, Pilgerfahrten und so weiter) zwischen Gott und dieser Welt – ein Netzwerk, das im Ergebnis die heilige Dimension dieser Welt konstruiert hatte. Für die protestantischen Gläubigen verloren Mysterium und Wunder an Bedeutung, und so war die Tür geöffnet für die materiellen Erklärungen der Wissenschaft und die materialistischen Anliegen des Kapitalismus. In *Zur Dialektik von Religion und Gesellschaft* beschreibt Peter Berger diese aufkommende Weltsicht als eine, in der »die Realität zwischen einer radikal transzendenten Gottheit und einer radikal ›gefallenen‹ Menschheit, die keine heiligen Qualitäten hat, polarisiert ist. Dazwischen liegt ein ganz und gar ›natürliches‹ Universum, ohne Zweifel Gottes Schöpfung, aber in sich selbst jeder Numinosität beraubt.« Das Ergebnis dieses komplexen historischen Prozesses (den ich hier natürlich sehr vereinfacht skizziere) ist, dass Religion in einem wichtigen Sinne privatisiert wurde. Gott wurde zunehmend verstanden als weit über den schmutzigen Angelegenheiten dieser korrupten Welt weilend, aber ebenso tief im Herzen jedes Menschen wohnend. Gott wurde nach oben befördert, und zwar sogar dann, als das Prinzip einer direkten und persönlichen Beziehung zu Gott legitim wurde. »Jeder Mensch ist sein eigener Priester«, erklärte Luther. Aber wo Gott so gut wie nicht mehr weilte, waren unsere politischen und wirtschaftlichen Institutionen sowie der Natur. Wie der Theologe Dan Maguire es in *Ethics for a Small Planet* formuliert: »Die Erfahrung des Heiligen auf einen immateriellen Gott zu projizieren bedeutet, die Heiligkeit als eine Dimension des materiellen Lebens zu unterschlagen und sie zu einem Objekt der Anbetung zu machen, das unsere Welt übersteigt und daher dem Leben fremd ist.« Und das auch jenseits der Ökosysteme der Erde liegt.

Trotzdem waren die frühen Wissenschaftler, die im Wesentlichen für diese neue Weltanschauung verantwortlich sind – Kopernikus, Galileo, Kepler, Newton – auch zutiefst religiös und verstanden diese Welt in Beziehung zu einer höheren. Sie alle glaubten noch an einen Schöpfer, wenn auch an einen, der sich immer weiter entfernte. Sie schufen ein neues Paradigma: Gott regiert das Universum nicht durch eine Hierarchie spiritueller Untergebener, sondern durch ein rationales System »verborgener Gesetze«. Wir verwenden dasselbe Wort für die von einer Legislative verabschiedeten *Gesetze* und für die Natur*gesetze*, weil die Architekten der modernen Anschauung glaubten, dass auch die Naturgesetze von Gott bestimmt sind. Während die mittelalterliche Weltanschauung den Einfluss Gottes durch Vertreter*innen (zum Beispiel Engel) mit einem unterschiedlichen Grad an Seligkeit und Macht sah, war der große Vermesser nicht mit der gefallenen Welt gleichzusetzen, über die er aus der Ferne unpersönlich regierte. Wie der Astronom Johannes Kepler schrieb: »Mein Ziel ist es zu zeigen, dass die Himmelsmaschine nicht mit einem göttlichen Organismus, sondern mit einem Uhrwerk zu vergleichen ist.« Und nachdem Gott dieses Uhrwerk aufgezogen hatte, war er nicht mehr nötig, um es am Laufen zu halten.

Da Gott die letzte Quelle alles Guten war, war dies auch der Ursprung einer immer schärferen Spaltung zwischen Tatsachen und Werten. Indem das Göttliche allmählich im Himmel verschwand, wurde die von ihm hinterlassene materielle Welt langsam aber sicher entwertet. Das hat neue spannende Möglichkeiten eröffnet. Diejenigen, die Gottes verborgene Gesetze begriffen, konnten sie dazu verwenden, die Natur für ihre eigenen Zwecke zu manipulieren. Doch es gab auch eine Kehrseite. »Der Prozess der Mechanisierung des Weltbildes entfernte jegliche Kontrolle über die Ausbeutung der Umwelt, welche ein inhärenter Teil der organischen Auffassung war, dass die Natur lebendig und empfindlich sei und auf menschliches Handeln reagiere.« (Carolyn Merchant) Der Weg, der in unsere ökologische Krise geführt hat, war damit vorgezeichnet.

Für die protestantischen Reformatoren war das säkulare Leben in dieser Welt eine Vorbereitung auf unsere letztendliche Bestimmung: die Ewigkeit mit Gott an einem besseren Ort. Die Verflüchtigung dieser heiligen Dimension – Gott als Garant für den Sinn des Lebens und die Möglichkeit der Erlösung – hat uns mit nichts anderem als der säkularen Dimension zurückgelassen. Dem modernen Bewusstsein wurde seine spirituelle Orientierung geraubt, welche die Reformation ursprünglich gefördert hatte.

Mit Darwin wurde der Übergang zu einer säkularen Ethik abgeschlossen. Darwin widerlegte das »Argument vom Entwurf«, den letzten verbliebenen Beweis für die Existenz Gottes. Da die Evolution durch natürliche Auslese keinen Gott braucht, um sie zu lenken, war keine allmächtige Instanz mehr notwendig, um die außerordentlich komplexen Organismen zu erschaffen, die das Netz des Lebens bilden, einschließlich der Menschen. Tatsächlich brauchte die neue säkulare Welt überhaupt keinen Gott mehr.

Dieser letzte, von Darwin bewirkte Schlag ließ den modernen Westen wohl oder übel in einer mechanistischen und entheiligten Welt stranden, ohne einen verbindlichen Moralkodex, um die Beziehungen zwischen den Menschen zu regeln. Das neue säkulare Universum wird von unpersönlichen physikalischen Gesetzen regiert und ist unserem Schicksal gegenüber gleichgültig. Der Tod ist nicht länger ein Tor zu einer anderen Realität, sondern lediglich das Ende dieser Realität. Als Einzelpersonen glauben wir vielleicht nicht daran oder fühlen uns persönlich nicht von den Folgen eingeschränkt, aber die Säkularisierung prägt unsere wirtschaftlichen, politischen und pädagogischen Einrichtungen durch und durch. Diese moderne Mentalität breitet sich zunehmend auch über den Westen hinaus aus und bestimmt so das soziale Umfeld, in dem Menschen auf der ganzen Welt leben und handeln müssen.

Obwohl Darwin selbst von den religiösen Implikationen seiner Arbeit beunruhigt war, wurde seine Theorie bald herangezogen, um die rationale Begründung für eine neue Sozialethik zu liefern: Auch das menschliche Leben ist ein Kampf, in dem nur die Stärksten überleben und sich entfalten. Dadurch wurden die rücksichtslosesten Formen wirtschaftlichen und politischen Wettbewerbs gerechtfertigt, wie die jüngste Geschichte zeigt.

Wenn die Menschheit zudem nur das zufällige Resultat einer genetischen Mutation ist und wir keine besondere Rolle in einem bedeutungslosen mechanistischen Kosmos zu spielen haben, was gibt es dann noch zu tun, außer unsere materiellen Möglichkeiten zu genießen, so gut wir können, solange wir können ..., wenn wir können? Das wiederum führt zu einer kollektiven Beschäftigung mit ständig wachsender Produktion und steigendem Konsum im Wettbewerb mit anderen, die auf die gleichen Ressourcen und Möglichkeiten zugreifen wollen wie wir.

Dieses Verständnis davon, wer und was wir sind, ist der Teil des Eisbergs, der unter Wasser ist. Wir nehmen diese Sicht gewöhnlich als selbstverständlich hin – so ist die Welt eben –, anstatt sie als eine Sichtweise zu betrachten, die immer bedenklicher geworden ist. Viele vormoderne Zivilisationen mit unterschiedlichen Weltanschauungen haben ihre eigenen ökologischen Zusammenbrüche erlebt, die manchmal auf die Erschöpfung von natürlichen Ressourcen zurückzuführen waren (siehe Jared Diamonds Buch *Kollaps* für einige historische Beispiele). Heute ist jedoch klar, dass das mechanistische Verständnis einer verdinglichten Natur, zu der wir keine innige Beziehung haben und für die wir daher keine Verantwortung tragen, ein wichtiger Teil der ökologischen Krise ist. Insofern muss das Infragestellen dieser Weltanschauung auch Teil der Lösung sein.

Der Buddhismus hat seinen Ursprung in Asien und entwickelte sich in sehr unterschiedlichen kulturellen Kontexten, sodass seine Sichtweisen nicht ganz sauber in diese Geschichte passen. Die buddhistischen Lehren vertreten weder einen Schöpfergott vom Typ der abrahamitischen Tradition noch stehen ihre traditionellen Weltanschauungen in Übereinstimmung mit den atheistischen oder agnostischen Alternativen der säkularen Moderne. Die im nächsten Kapitel angebotene buddhistische Herangehensweise ist vielmehr vereinbar mit jenen alternativen Perspektiven, die den säkularen Materialismus in Frage stellen, ohne dabei zwangsläufig die Rückkehr zur Idee eines transzendenten Mechanismus zu befürworten.

Nach dem vorherrschenden säkularen Paradigma ist die biologische Evolution das Ergebnis physikalischer Prozesse, die nach unpersönlichen Gesetzen ablaufen. Es ist ein mechanistisches Modell. Aber was wäre, wenn wir, anstatt die Biologie auf die Physik zu reduzieren und den Kosmos als Maschine zu betrachten, versuchen würden, das physikalische Universum nach Maßgabe eines biologischen Modells zu verstehen – also als lebendig? Wie schon Joseph Campbell bemerkt hat: »Wenn man die Welt ändern will, muss man die Metapher ändern.«

Tatsächlich wirft ein mechanistisches Modell ein grundlegendes Problem auf. Eine Maschine setzt einen Maschinen*hersteller* voraus: jemanden, der sie entwirft und konstruiert. Ein maschinenartiger Kosmos war sinnvoll, solange das Universum als von Gott nach seinem eigenen Plan und seinen eigenen Absichten geschaffen verstanden wurde. In dieser Weise verstanden die Begründer der modernen Wissenschaft – Galileo, Kepler, Descartes, Newton und andere – auch die Naturgesetze. Ohne Schöpfer aber ist eine mechanische Metapher nicht wirklich sinnvoll. Welche anderen Modelle sind also möglich? Da das Universum fortwährend neue und komplexere Strukturen entwickelt, wäre es vielleicht besser als ein *Organismus* zu verstehen?

Diese verschiedenen Metaphern haben sehr unterschiedliche Folgen. Maschinen können in ihre Bestandteile zerlegt und gereinigt werden, und nach dem erneuten Zusammenbauen funktionieren sie besser denn je – aber versuchen Sie das nicht mit einem Tier! Das liegt daran, dass die verschiedenen Teile eines Mechanismus an sich leblos sind, während ein Organismus lebendig ist. Und die Bestandteile eines Organismus werden besser als Organe verstanden.

Dies entspricht dem Netz Indras, einer Metapher des Mahayana, bei der der Kosmos als multidimensionales Netz mit einem Juwel an jedem Knoten gesehen wird. Jedes dieser Juwelen spiegelt alle anderen wider, und jede dieser Reflexionen spiegelt alle anderen Reflexionen wider, ad infinitum. Francis Cook erklärt in *Hua-Yen-Buddhism*, dass das Netz Indras »ein Symbol für einen Kosmos darstellt, in dem es eine unendlich sich wiederholende Wechselbeziehung zwischen allen Mitgliedern des Kosmos gibt«. Da die Gesamtheit ein riesiger Körper aus Gliedern ist, von denen jedes alle anderen erhält und definiert, »ist der Kosmos, kurz gesagt, ein sich selbst erschaffender, sich selbst erhaltender und sich selbst definierender Organismus«. In der Sprache der Biologie ist ein solcher Kosmos *selbstorganisierend*.

Wenn der Kosmos ein sich selbst organisierender Organismus ist, dann ist vielleicht auch die Erde mehr als ein Ort, an dem wir uns zufällig aufhalten, und mehr als eine Quelle von Ressourcen, die wir nach Belieben ausbeuten können. Bedeutet das auch, dass unsere Gattung mehr als das Zufallsprodukt einer willkürlichen genetischen Mutation ist? Ein Organ ist eine Ansammlung von Geweben, die eine strukturelle Einheit bilden, die wiederum eine bestimmte Funktion innerhalb des größeren Organismus hat. Ist der Mensch ein Organ innerhalb des großen Organismus? Und wenn ja, was ist unsere Funktion?

Wir werden auf diese Fragen zurückkommen.

Eine spirituelle Krise

Dieses Kapitel hat erörtert, dass die Klimakrise, auch wenn sie so dringlich erscheint, nur Teil einer viel größeren Herausforderung ist. Die meisten, wenn nicht sogar alle der erwähnten Funktionsstörungen stehen im Zusammenhang mit einer fragwürdigen mechanistischen Weltsicht, die die natürliche Welt ungehindert ausbeutet, weil sie der Natur keinen Wert an sich beimisst – ebenso wenig uns Menschen, denn das vorherrschende materialistische Verständnis betrachtet auch den Menschen lediglich als eine komplexe Maschine.

Diese umfassendere Betrachtungsweise impliziert, dass wir etwas mehr haben als lediglich ein technologisches, ein wirtschaftliches, ein politisches oder ein weltanschauliches Problem. Die moderne Zivilisation ist selbstzerstörerisch, weil sie sich verirrt hat. Man kann auch sagen: Die Menschheit erlebt eine kollektive *spirituelle* Krise.

Die traditionellen buddhistischen Lehren beschreiben unser grundlegendes Problem in individueller Hinsicht. Mein *dukkha* (Leiden) ist auf mein eigenes Karma, mein Begehren und meine Unwissenheit zurückzuführen, und deshalb führt auch ein individueller Weg zu ihrer Auflösung. Die Idee einer zivilisatorischen Krise – kollektives, institutionalisiertes *dukkha*, das auch gemeinschaftlich angegangen werden muss – ist für den Buddhismus etwas Neues, aber angesichts unserer prekären Situation dennoch Unvermeidliches. Es ist eine spirituelle Herausforderung, vor der wir stehen, denn sie geht bis zu den Wurzeln unseres Weltverständnisses, einschließlich der Frage nach unserem Platz und unserer Rolle in dieser Welt. Ist die ökologische Krise die Art, wie die Erde uns mitteilt: »Wacht auf oder tragt die Konsequenzen«?

Wenn dem so ist, können wir nicht erwarten, dass das, was wir suchen, durch eine technologische, eine wirtschaftliche, eine politische Lösung oder eine neue wissenschaftliche Weltanschauung erreicht werden kann, weder einzeln noch gemeinsam mit allen. Wie auch immer der weitere Weg aussehen mag, er muss diese Beiträge mit Sicherheit einbeziehen. Doch es ist noch mehr erforderlich.

Und hier hat der Buddhismus etwas Wichtiges anzubieten. Doch die ökologische Krise ist auch eine Krise dessen, wie wir den Buddhismus heutzutage verstehen und praktizieren. Dieser muss seine wesentliche Botschaft klären, wenn er sein befreiendes Potenzial in unserer modernen, säkularen, gefährdeten Welt erfüllen soll.

Muss der Buddhismus selbst erwachen?

Wir alle gehen bei derselben Meisterin in die Lehre, mit der die religiösen Institutionen ursprünglich gearbeitet haben: der Wirklichkeit.
– *Gary Snyder*

Vielleicht ist eine große Institution in einem sehr realen Sinne das Grab ihres Gründers. ... Es scheint, dass die meisten Organisationen als Körperschaften für die schmerzlose Auslöschung der Ideen ihrer Gründer gegründet werden.
– *Albert Guerard*

Die Erde kann dem Himmel nicht entfliehen: sie fliehe auf oder nieder, der Himmel fliesst in sie und drückt seine Kraft in sie und macht sie fruchtbar, es sei ihr lieb oder leid.
– *Meister Eckhart*

Ohne Schmerzen wird man nicht vollkommen menschlich.
– *Rollo Mai*

Wer hervorbringt, was in ihm ist, wird durch das gerettet, was er hervorbringt. Wer nicht hervorbringt, was in ihm ist, wird durch das zerstört, was er nicht hervorbringt.
– *Jesus im Thomasevangelium*

Wer wirklich entsagt, verschmilzt tatsächlich mit der Welt und dehnt seine Liebe aus, um die gesamte Welt zu umarmen ... Du wirst fühlen, dass die ganze Welt dein Zuhause ist.
– *Ramana Maharshi*

Weisheit sagt: »Ich bin nichts.« Liebe sagt: »Ich bin alles.« Zwischen diesen beiden fließt mein Leben.
— *Nisargadatta*

Wenn du weißt, wer du bist, dann kannst du von Nutzen sein.
— *Linji*

2
IST DIE ÖKOLOGISCHE KRISE AUCH EINE BUDDHISTISCHE KRISE?

Im vorigen Kapitel war von einem Eisberg die Rede. Ganz oben, an der Spitze dessen, was wir sehen, steht der Klimanotstand. Darunter, immer noch über dem Meeresspiegel, liegt der Rest der ökologischen Krise, verknüpft mit Fragen der sozialen Gerechtigkeit. Der größte Teil, das Grundproblem, liegt unter Wasser und bleibt für gewöhnlich unbeachtet: eine heute globale Zivilisation, die sich verirrt hat und dabei zu sein scheint, sich selbst zu zerstören.

In diesem Kapitel werden wir einen weiteren Eisberg beleuchten: den Buddhismus. Angesichts der Art und Weise, wie sich die Lehren des Buddha und die von ihm gegründete Bewegung historisch und geografisch entwickelt haben, wäre es angemessener, von »buddhistischen Traditionen« oder sogar »Buddhismen« zu sprechen. Die Vielfalt der buddhistischen Perspektiven implizieren letztlich auch unterschiedliche Wege, auf die ökologische Herausforderung zu reagieren. Es ist wichtig, uns daran zu erinnern, dass alle traditionellen buddhistischen Sutras und Kommentare vormoderne Werke sind. Einige Lehrmeinungen sind allerdings durchaus kompatibel mit dem, wie wir heute das Wesen der Welt verstehen (oder was wir hierzu glauben); nicht zufällig scheinen diese für unsere heutige Situation am relevantesten zu sein. Angesichts der Vielfalt der Lehren kommt man nicht umhin, einige mehr zu betonen als andere. Das bedeutet aber nicht, dass buddhistische Perspektiven modernen (oder postmodernen) Sichtweisen untergeordnet werden sollten. Ein Dialog gewinnt an Wert, wenn jede Seite hinterfragt, was die andere Seite als gegeben hinnimmt – wozu uns die ökologische Krise einen guten Anlass gibt.

An die Spitze des buddhistischen Eisbergs stellen wir, der Klimakrise entsprechend, *ÖkoDharma*, jene neue Entwicklung, die jene Aspekte der Lehren betont, die uns am besten helfen können, die ökologische Krise zu verstehen und zu bewältigen. Diesen relativ neuen Begriff so prominent darzustellen, wirft schon Fragen auf. Die Umwelt- oder Klimakrise ist keine neue Entwicklung. Seit über einem halben Jahrhundert ist sie auf den Titelseiten von Zeitungen. Rachel Carson veröffentlichte 1962 das Buch *Der stumme Frühling*, das die schädlichen Auswirkungen von Pestiziden dokumentierte und die Gründung der US-Umweltschutzbehörde im Jahr 1970 inspirierte. James Hansen sprach 1986 vor dem US-Kongress über die Dringlichkeit der Klimakrise, und mit dem »Erdgipfel« in Rio de Janeiro 1992 wurde das Thema noch viel bedeutender. Meiner Erfahrung nach aber machten sich die meisten buddhistischen Praktizierenden und Gruppen bis 2010 nicht übermäßig Sorgen um die ökologische Krise, zumindest nicht in den Vereinigten Staaten. Und ich bezweifle, dass das in buddhistischen Gruppen in anderen entwickelten Ländern anders war.

Im Jahr 2009 veröffentlichte der Verlag Wisdom Publications einen Sammelband mit dem Titel *A Buddhist Response to the Climate Emergency*, der gemeinsam von John Stanley, Gyurme Dorje und mir herausgegeben wurde. Wie die meisten Sammlungen war es eine bunte Mischung, doch der Sammelband enthielt etliche gute Beiträge vom Dalai Lama, von Thich Nhat Hanh, dem Karmapa und weiteren prominenten Lehrenden – unter anderem Bhikkhu Bodhi, Joanna Macy, Robert Aitken, Matthieu Ricard und Joseph Goldstein. Dennoch weckte er zu unserer Überraschung in der buddhistischen Gemeinschaft kaum Interesse. Wenn ich die Leute bei meinen Vorträgen und Workshops frage, ob sie den Band gesehen oder zumindest schon einmal davon gehört haben, schütteln fast alle den Kopf. Etwa zur gleichen Zeit, als das Buch veröffentlicht wurde, begann ich, Workshops und Meditations-Retreats anzubieten, die sich auf ÖkoDharma und sozial engagierten Buddhismus konzentrierten. Viele davon wurden abgesagt (oder hätten abgesagt werden sollen), weil sich nur wenige Leute angemeldet hatten. Ich fragte mich, ob dies mehr über mich als über die Themen aussagte, aber ich war mit dieser Erfahrung nicht allein. In den letzten Jahren hat unter US-amerikanischen Dharmalehrenden das Interesse an ÖkoDharma zugenommen, aber die meisten von ihnen berichten von ähnlichen Erfahrungen: Wenn ein Dharmavortrag mit dem Titel »Buddhismus und Umwelt« angekündigt wird, ist die Zahl der Teilnehmenden geringer als üblich. *Warum?*

Die vielleicht wichtigste buddhistische Organisation in den Vereinigten Staaten, die sich ausdrücklich auf ökologische Probleme konzentriert, ist die von Kristin Barker und Lou Leonard im Jahr 2013 gegründete One Earth Sangha. Dann wurde 2017 das Rocky Mountain Ecodharma Retreat Center in der Nähe von Boulder, Colorado, eröffnet. Beide Organisationen leisten wichtige Arbeit – und beide haben finanziell zu kämpfen. US-amerikanische Buddhist*innen sehen in deren Unterstützung offenbar keine Priorität.

Wie der Klimawandel nur Teil einer umfassenderen ökologischen Krise ist, so ist auch ÖkoDharma nur ein kleiner Teil des sozial engagierten Buddhismus, und die Gleichgültigkeit oder der Widerstand gegenüber ÖkoDharma ist Teil eines umfassenderen Problems des sozial engagierten Buddhismus in den Vereinigten Staaten. Infolge der Finanzkrise von 2008 sind die zwei größten Organisationen des engagierten Buddhismus, die Buddhist Peace Fellowship und die Zen Peacemakers, aufgrund stark zurückgegangener finanzieller Unterstützung fast eingegangen und müssen inzwischen mit sehr viel bescheideneren Verhältnissen zurechtkommen – das tun sie oft recht effektiv, wie ich gerne hinzufüge. Bemerkenswert ist jedoch, dass einige andere buddhistische Institutionen finanziell sehr erfolgreich sind. In den letzten Jahren hat zum Beispiel Spirit Rock in Nordkalifornien für einen millionenschweren Erweiterungsplan erfolgreich Spenden gesammelt. Diesen Unterschied festzustellen ist keineswegs als Kritik an deren Leistung zu verstehen, doch der Kontrast öffentlicher Unterstützung ist auffallend. Während beträchtliche Summen in einige hochkarätige Meditationszentren für den Rückzug von Einzelpersonen fließen, gehen jene Organisationen, die die sozialen und ökologischen Folgerungen aus den buddhistischen Lehren fördern wollen, leer aus.

Das heißt nicht, dass der sozial engagierte Buddhismus gescheitert ist. In gewisser Weise mag er ein Opfer seines eigenen Erfolges sein, insofern einige Formen des *Dienens* – Gefängnisarbeit, Palliativ- und Hospizversorgung, Obdachlosenküchen und so weiter – heute weitgehend als Teil, manchmal sogar als wichtiger Teil, des buddhistischen Weges anerkannt sind. Dabei handelt es sich in der Regel um Einzelpersonen, die anderen Einzelnen helfen. Meiner Meinung nach sind Buddhist*innen in der letzten Generation viel besser darin geworden, Ertrinkende aus dem Fluss zu retten, aber – und hier liegt das Problem – wir haben uns nicht darin verbessert zu fragen, warum so viel mehr Menschen ertrinken. Dharmagruppen in Gefängnissen helfen einzelnen Insassen, die manchmal sehr interessiert daran sind, etwas über den Buddhismus zu erfahren. Aber solche Gruppen tun nichts oder wenig, um die strukturellen Probleme unseres Strafrechtssystems wie Rassismus und Überbelegungen zu lösen. Im Jahr 2014 erreichte die Zahl der obdachlosen Kinder, die eine Schule besuchen, in den Vereinigten Staaten einen neuen Rekord: etwa 1,36 Millionen. Das sind fast doppelt so viele wie 2006–2007. Warum hat das bei weitem reichste Land der Menschheitsgeschichte so viele obdachlose Schulkinder und die bei weitem größte Gefängnispopulation der Welt?

Buddhist*innen sind besser darin, Einzelpersonen aus dem Fluss zu ziehen, weil der Buddhismus traditionellerweise genau das betont. Wir lernen, unsere Vorurteile loszulassen, um das Hier und Jetzt noch unmittelbarer zu erfahren; und wenn wir beispielsweise einer obdachlosen Frau begegnen, wollen wir mit Mitgefühl reagieren. Doch wie können wir mit Mitgefühl auf ein Gesellschaftssystem reagieren, das mehr und mehr Obdachlose schafft? Um Institutionen zu analysieren und politische Inhalte zu bewerten, müssen wir auf eine Weise nachdenken und Konzepte entwerfen, zu der uns traditionelle buddhistische Praktiken nicht ermutigen.

Eine ähnliche Kluft zeigt sich in der Art und Weise, wie Buddhist*innen auf die Klimakrise und andere ökologische Fragen reagiert haben. Ich vermute, dass die meisten Leser*innen dieses Buches von der Erderwärmung bisher kaum persönlich betroffen waren. Wir haben weder persönlich beobachtet, wie das Eis in der Arktis schwindet oder die Permafrostböden in der Tundra auftauen, noch sind wir aufgrund des steigenden Meeresspiegels und weil unsere Häuser unter Wasser stehen, zu Klimaflüchtlingen geworden. Die Auswirkungen werden zum Großteil anderswo und von weniger Begünstigten erfahren. Traditionelle Formen des Buddhismus konzentrieren sich auf individuelles Dukkha aufgrund von individuellem Karma und Begehren. Es ist schwieriger, sich mit kollektivem Karma und den institutionellen Ursachen von Dukkha zu befassen – sowohl von der Lehre her als auch politisch.

Ich erinnere mich an eine wohlbekannte Bemerkung des brasilianischen Erzbischofs Dom Helder Camara: »Wenn ich den Armen Essen gebe, nennen sie mich einen Heiligen. Wenn ich frage, warum die Armen nichts zu essen haben, nennen sie mich einen Kommunisten.« Gibt es davon auch eine buddhistische Fassung? Vielleicht diese: »Wenn Buddhist*innen Obdachlosen und Gefängnisinsassen helfen, werden sie Bodhisattvas genannt. Aber wenn Buddhist*innen fragen, *warum* es mehr Obdachlose gibt und so viele People of Color unter den Gefangenen sind, dann werden sie von den anderen Buddhist*innen als Linke oder Radikale bezeichnet – mit dem Argument, dass diese Art sozialer Praxis nichts mit dem Buddhismus zu tun habe.«

Vielleicht ist die individuelle Entsprechung von *Dienen* in Hinblick auf den Klimanotfall die Änderung des persönlichen Lebensstils, wie zum Beispiel der Kauf von Hybrid- oder Elektroautos, die Anbringung von Sonnenkollektoren, Vegetarismus, der Verzehr von lokal produzierten Lebensmitteln und so weiter. Ein solcher »grüner Konsum« ist natürlich wichtig, aber eine individuelle Veränderung allein wird nie ausreichen.

Wie Bill McKibben schreibt:

Wir können als Einzelne einfach nicht schnell genug vorgehen, damit es für die Atmosphäre einen wirklichen Unterschied macht. Hier ist die naturgemäß ungenaue Rechnung:

ungefähr zehn Prozent der Bevölkerung sind ausreichend besorgt, um sich für Veränderungen wirklich anzustrengen – vielleicht sind es auch fünfzehn. Wenn sie alles in ihrer Macht Stehende tun, in ihren Häusern und Büros und so weiter, dann, nun ... wird sich nicht viel ändern. Der Kurs unseres Klimahorrors bleibt ungefähr gleich.
Aber wenn zehn Prozent der Menschen, nachdem sie die Glühbirnen gewechselt haben, alles daransetzen, das System zu ändern? Das ist genug. Das ist mehr als genug.

Um auf den buddhistischen Eisberg zurückzukommen: Alle Arten von sozialem Engagement, einschließlich des ÖkoDharma, bilden seine Spitze. Darunter, noch über dem Meeresspiegel, liegt etwas viel Größeres und stetig Wachsendes: die Achtsamkeitsbewegung. Sie hatte in den letzten Jahren einen unglaublichen Erfolg, wurde aber gleichzeitig innerhalb der buddhistischen Welt auch zunehmend kontrovers diskutiert. Ich werde diese Auseinandersetzung hier nicht weiter vertiefen, möchte aber anmerken, dass, obwohl Achtsamkeitsübungen sehr hilfreich sein können, sie die kritische Betrachtung von institutionellen Ursachen des kollektiven Leidens, was als *soziales* Dukkha zu bezeichnen wäre, möglicherweise auch verhindern. Bhikkhu Bodhis Warnung vor der Vereinnahmung der buddhistischen Lehren gilt in noch höherem Maße für die Kommerzialisierung der Achtsamkeitsbewegung, insofern sie sich von dem ethischen Kontext gelöst hat, den der Buddhismus traditionellerweise bietet: »Ohne eine scharfe Sozialkritik könnten buddhistische Übungen leicht dazu missbraucht werden, den Status quo zu legitimieren und zu stabilisieren und so den Konsumkapitalismus weiter zu stärken.« Mit anderen Worten, buddhistische Achtsamkeitsübungen können verwendet werden, um unser Besessensein von ständig steigendem Produzieren und Konsumieren normal erscheinen zu lassen. In beiden Fällen kann die Konzentration auf die persönliche Transformation unsere Aufmerksamkeit von der Bedeutung der gesellschaftlichen Transformation ablenken.

Der Kontrast zwischen der außergewöhnlichen Wirkung der Achtsamkeitsbewegung und dem viel geringeren Einfluss des sozial engagierten Buddhismus ist auffallend. Warum ist die eine Bewegung so erfolgreich, während die andere hinterherhinkt? Diese Diskrepanz scheint sich gerade etwas zu verändern: Eine wachsende Anzahl von Achtsamkeitslehrenden bezieht Fragen der sozialen Gerechtigkeit mit ein, und die Wahl von Donald Trump hat viele Buddhist*innen dazu motiviert, sich stärker zu engagieren. Trotz allem steht die gängige Ausrichtung der buddhistischen Praxis im Einklang mit der großen Anziehungskraft der Achtsamkeit, und beide stimmen mit dem grundlegenden Individualismus der westlichen Gesellschaften gut überein: »Was springt für mich dabei heraus?« Aber vielleicht gibt es noch andere Faktoren, die dieses Missverhältnis zwischen Achtsamkeit und sozialem Engagement fördern? Gibt es noch andere wesentliche Aspekte der buddhistischen Traditionen, die uns helfen können, die offensichtliche Gleichgültigkeit vieler am

Buddhismus interessierter Menschen gegenüber der ökologischen Krise zu verstehen?

Diese Fragen führen uns zu den tieferen, grundlegenden Teilen des buddhistischen Eisbergs, jenen unter der Oberfläche, die üblicherweise unbemerkt bleiben. Normalerweise ist uns nicht bewusst, welche Auswirkungen das Untere auf das Obere hat. Wir müssen diese Beziehung aber näher beleuchten, wenn der buddhistische Pfad sein Potenzial in der modernen Welt verwirklichen und in dem Maße, wie wir es brauchen, befreiend wirken soll.

Die Herausforderung

Vor einigen Jahren las ich ein schönes Buch von Loyal Rue mit dem Titel *Everybody's Story: Wising Up to the Epic of Evolution*. Dabei stieß ich auf eine Passage, die ein gewisses Unbehagen am Buddhismus (oder an einigen Arten des Buddhismus), das mich schon länger beschäftigt hatte, sehr gut herauskristallisiert. Die Passage bezieht sich nicht auf den Buddhismus im Besonderen, sondern auf die zur Zeit des Buddha entstandenen Religionen der »Achsenzeit« im Allgemeinen (Kursivsetzungen von mir):

> Der Einfluss der achsenzeitlichen Traditionen wird weiter abnehmen, da es immer deutlicher wird, dass ihre Ressourcen in keinem Verhältnis zu den moralischen Herausforderungen der globalen Problematik stehen. Insbesondere können wir sagen, dass diese Traditionen in dem Maße, wie sie einen *kosmologischen Dualismus* und eine *individuelle Er-*

lösung betonten, eine Haltung der Gleichgültigkeit gegenüber der Integrität von natürlichen und sozialen Systemen gefördert haben.

Da die Traditionen der Achsenzeit (darunter neben dem Buddhismus, Vedanta und Daoismus auch die abrahamitischen Religionen wie das Judentum, das Christentum und der Islam) »einen kosmologischen Dualismus und eine individuelle Erlösung« betonen, fördern sie eine Gleichgültigkeit gegenüber Fragen der sozialen Gerechtigkeit und der ökologischen Krise.

Ich habe die Auswirkungen dieser These in meinem Buch *Erleuchtung, Evolution, Ethik: Ein neuer buddhistischer Pfad* ausführlich betrachtet und werde diese Diskussion hier nicht wiederholen.[*]

Was Loyal Rue als »kosmologischen Dualismus« bezeichnet, ist der Glaube, dass es neben dieser Welt noch eine andere, für gewöhnlich bessere oder irgendwie höhere gibt. In diesem wichtigen Aspekt sind sich die theistischen Traditionen einig, auch wenn jene höhere Realität nicht unbedingt in gleicher Weise verstanden wird. Während alle abrahamitischen Traditionen Gott von der durch ihn geschaffenen Welt unterscheiden, ist das klassische Judentum hinsichtlich der Möglichkeit einer nach dem Tod ewigen Glückseligkeit mit Gott im Paradies mehrdeutig. Für das Christentum und

---

[*] Ich habe die Auswirkungen dieser These eingehend in meinem Buch *Erleuchtung, Evolution, Ethik: Ein neuer buddhistischer Pfad* betrachtet und werde diese Diskussion hier nicht wiederholen.

den Islam hingegen ist diese Möglichkeit die wesentliche religiöse Botschaft. Wenn wir uns in dieser Welt gut verhalten, können wir auf den Einzug in den Himmel hoffen. Die Frage ist, ob dieser Ansatz die Welt nicht zu einer Kulisse für das zentrale Drama der menschlichen Erlösung macht. Entwertet dieses *Ziel* das eigene Leben in dieser problembeladenen Welt nicht zu einem bloßen *Mittel*?

Lehrt auch der Buddhismus einen solchen kosmologischen Dualismus? Das ist abhängig von unserem Verständnis der Beziehung zwischen *samsara* (diese Welt von Leiden, Begehren und Verblendung) und *nirvana* (oder *nibbana*, der ursprüngliche Palibegriff für das *summum bonum*, das höchste Gut des Buddhismus). Trotz zahlreicher Verweise auf das Nibbana im Palikanon bleibt das Wesen dieses Ziels etwas unklar. Die meisten Beschreibungen sind vage Metaphern (der Schutzraum, die Zuflucht und so weiter) oder werden negativ wiedergegeben (das *Ende* von Leiden, Begehren und Verblendung). Ist Nibbana also eine andere Realität oder eine andere Erfahrung dieser Welt? Die Theravada-Tradition betont das *parinibbana*. Das ist das Nibbana, das eine beim Tod vollständig erwachte und daher der Wiedergeburt nicht länger unterworfene Person erlangt. Das Parinibbana wird klar vom Nihilismus unterschieden – dem Glauben, dass der leibliche Tod lediglich die endgültige Auflösung von Körper und Geist ist. Das scheint zu implizieren, dass es eine nachtodliche Erfahrung geben muss, was wiederum eine andere Welt oder Realitätsdimension nahelegt. Das wird auch von den vier traditionellen Erleuchtungsstufen im Palikanon unterstützt: die In-den-Strom-Eingetretenen, die Noch-einmal-Wiederkehrenden (die höchstens noch einmal wiedergeboren werden), die Nichtwiederkehrenden (die noch nicht vollständig erleuchtet sind, aber nach dem Tod keine körperliche Wiedergeburt erfahren) und die oder der Arhat (die das Nibbana erreicht haben). Wenn die Nichtwiederkehrenden nach dem Tod weiter praktizieren, wo verweilen sie während dieser Zeit?

Wenn Nibbana ein Ort oder ein Zustand ist, der über diese Welt hinausgeht, dann ist das ein Konzept des kosmologischen Dualismus.

Eine solche Weltanschauung lehnt soziales Engagement nicht unbedingt ab, aber sie ordnet es ihrem transzendenten Ziel unter, wie Bhikkhu Bodhi erklärt:

Trotz gewisser Unterschiede scheinen alle Formen des klassischen Buddhismus das Endziel mitfühlenden Wirkens in einer transzendenten Dimension zu verorten, die jenseits des Wandels und der Turbulenzen der Welt der Phänomene liegt. Für das Mahayana ist das Transzendente nicht vollkommen verschieden von der phänomenalen Realität, sondern existiert als ihre innere Essenz. Allerdings beginnen fast alle klassischen Formulierungen des Mahayana, ebenso wie des Theravada, mit einer Entwertung der Realität der Phänomene zugunsten eines transzendenten Zustands, in dem das spirituelle Streben gipfelt.
Aus diesem Grund verleiht der klassische Buddhismus dem sozial wohltätigen Wirken einen seiner Natur nach *instru-*

mentellen Wert. Solches Wirken kann eine Mitursache für das Erlangen des Nibbana oder die Verwirklichung der Buddhaschaft sein; es kann für seinen Beitrag dazu, bessere Bedingungen für ein moralisches und meditatives Leben zu schaffen oder andere zum Dharma zu führen, gewürdigt werden; aber der letztendliche Wert, das übergeordnete Gut, wird in einer Sphäre transzendenter Verwirklichung gefunden. Da sich sozial engagiertes Handeln auf eine verhältnismäßig elementare Stufe des Pfades bezieht, auf die Praxis des Gebens oder die Anhäufung von Verdiensten, spielt es im spirituellen Leben eine untergeordnete Rolle. Der vorrangige Raum ist die innere Disziplin der Meditation, durch die das höchste Gut erreicht wird. Und diese Disziplin erfordert, um wirksam zu sein, normalerweise ein hohes Maß an *sozialem Rückzug*.

Bhikkhu Bodhi unterscheidet zwischen dem Theravada-Verständnis von Transzendenz, in dem die Transzendenz streng von unserer durch Phänomene geprägten Welt unterschieden wird, und der Mahayana-Perspektive, die Transzendenz als »innere Essenz« der phänomenalen Realität versteht. Dennoch steht seiner Ansicht nach am Anfang beider Traditionen eine Abwertung der Realität der Erscheinungsformen. Die entscheidende Frage ist, ob das »Transzendieren dieser Welt« metaphorisch als eine andere Art verstanden werden kann, diese Welt zu erfahren (und zu begreifen). Nagarjuna, der wichtigste Vertreter der Mahayana-Tradition, behauptete bekanntlich, dass es nicht den geringsten Unterschied zwischen Samsara und Nirvana gebe: Das *kotih* (die Grenze oder Schranke) des Nirvana unterscheidet sich nicht vom Kotih des Samsara. Diese Behauptung ist schwer mit einem Ziel zu vereinbaren, das den Ausstieg aus dem körperlichen Zyklus von Tod und Wiedergeburt oder die Transzendenz der phänomenalen Realität als Priorität hat. (Ich werde im nächsten Kapitel mehr zu Nagarjunas Behauptung sagen.)

Nagarjuna wird weithin als ein Gründungsvater der ostasiatischen buddhistischen Traditionen verehrt, einschließlich der meditativ orientierten Schulen des Chan/Zen und den eher auf Hingabe fokussierten Schulen des Reinen Landes. Ich weiß nicht mehr, was mein japanischer Zen-Meister über das, was nach unserem Tod geschieht, gesagt hat, aber er sprach viel über die wahre Natur dieser Welt und die Relevanz, sie für uns selbst in einer *Kensho*-Erfahrung (wörtlich: »in das eigene Wesen hineinschauen«) zu erkennen. Im Gegensatz dazu betonen die meisten ostasiatischen Schulen des Reinen Landes, was nach dem Tod geschieht: Wenn man Vertrauen in Buddha Amitabha hat, wird er uns begegnen und in sein westliches Paradies führen. Die Bedingungen in diesem idealen Reich sind so perfekt, dass es relativ einfach ist, dort zu praktizieren und das vollkommene Nirvana zu erlangen – offenbar ein Prozess ohne weitere Beziehung zu dieser Welt des Leidens, Begehrens und der Verblendung.

Anstelle eines endgültigen Ausstiegs aus dieser Welt ohne jegliche körperliche Wiedergeburt betonen Mahayana-Traditionen wie Chan/Zen die Erkenntnis im Hier und Jetzt, dass alles, einschließlich uns selbst, *shunya* (japanisch: *ku*) ist, was gewöhnlich mit »leer« übersetzt wird. *Shunyata* oder »Leerheit« ist also die transzendente »innere Essenz« der Realität der Phänomene, auf die sich Bhikkhu Bodhi bezieht. Dass alle Dinge »leer« sind, bedeutet, dass sie nicht substanziell oder selbstexistierend, sondern bedingte, vergängliche Phänomene sind. Die Folgen dieser Einsicht für unseren Umgang mit der Welt können auf verschiedene Weise verstanden werden. Manchmal werden sie nihilistisch gelesen: Nichts ist real, daher ist nichts wichtig. Alles als illusorisch zu betrachten entmutigt soziales oder ökologisches Engagement. Warum sich die Mühe machen?

Der wichtige Punkt dabei ist, dass das »Festhalten an Leerheit« die gleiche Funktion erfüllen kann wie der kosmologische Dualismus. Beide entwerten die Welt und ihre Probleme. Joanna Macy identifiziert in ihrem Beitrag zu *A Buddhist Response to the Climate Emergency* dieses Missverständnis als eine von vielen »spirituellen Fallen, die den Nerv des mitfühlenden Handelns beschneiden«:

Dass die Welt der Phänomene eine Illusion ist: Vergänglich und aus Materie gemacht, ist sie weniger wert als ein Reich des reinen Geistes. Ihr Schmerz und ihre Anforderungen an uns sind weniger real als die Freuden oder die Ruhe, die wir finden können, wenn wir sie überwinden.

Dass Leiden ein Fehler ist: Der beim Anblick der Welt empfundene Schmerz rührt von unserem eigenen Begehren und unseren Anhaftungen her. Dieser Ansicht nach wird Freiheit von Leiden durch das Nichtanhaften an das Schicksal aller Wesen erlangt und nicht durch das Nichtanhaften an egoistische Belange.

Dass wir unsere Welt einseitig durch die Kraft unseres Geistes erschaffen: Unsere subjektiven Gedanken diktieren die Form, die die Dinge annehmen werden. Trauer um die schwere Not der Welt gleicht negativem Denken. Die Konfrontation mit Ungerechtigkeiten und Gefahren schafft lediglich mehr Konflikte und Leid.

Und die Konsequenz ist, dass die Welt bereits perfekt ist, wenn wir sie spirituell betrachten. Wir fühlen uns dann so friedlich, dass die Welt auch friedlich wird – ohne dass wir handeln müssten.

Diese Welt als Illusion zu betrachten bedeutet laut Macy, dass wir in einer von ihren Formen losgelösten Leerheit leben, in der das Ende des Leidens mehr im Nichtanhaften an das Schicksal der Wesen als im Nichtanhaften an das eigene Ego besteht. Aber der Buddha hat nicht gelehrt – und auch sein Leben hat nicht demonstriert –, dass Nichtanhaften bedeutet, sich nicht darum zu kümmern, was dieser Welt geschieht und was in dieser Welt geschieht. Wenn das Herz-Sutra sagt, dass »Form nichts anderes ist als Leerheit«, so fügt es unmittelbar hinzu, dass »Leerheit nichts anderes ist als Form«. Und Formen – einschließlich der Lebewesen und Ökosysteme dieser Welt – leiden.

Die Betonung der Nondualität von Leerheit und Form im Herz-Sutra deutet auf ein anderes Verständnis von

Shunyata, das mehr impliziert als die einfache Behauptung, dass nichts aus sich selbst heraus existiert, weil alles von allem anderen abhängig ist. Wenn wir uns an die buddhistische Betonung von Vergänglichkeit und Substanzlosigkeit erinnern, dann kann »Leerheit« (oder »Grenzenlosigkeit«, eine von manchen Lehrenden bevorzugte Neuübersetzung) auf eine *unbeschränkte Potenzialität* verweisen, die ihrem Wesen nach formlos ist, aber dennoch etwas hervorbringt. Daher kann sie ihre Form den Bedingungen und Veränderungen anpassen, auch während sich diese Bedingungen verändern. Wie Shunryu Suzuki, der Gründer des San Francisco Zen Center, betont hat, ist Shunyata nicht das Gleiche wie Leere oder Nichtigkeit: »Es gibt etwas, aber dieses Etwas ist etwas, das stets bereit ist, eine bestimmte Form anzunehmen …« Unser üblicher Erfahrungshorizont von der Welt und uns selbst verdinglicht diese vergänglichen Erscheinungsformen zu vermeintlich substanziellen, selbstexistierenden Objekten; Erleuchtung beinhaltet die Einsicht in die »Leerheit« solcher Erscheinungsformen.

Das zu erklären ist schwierig, denn wenn man versucht, etwas über »es« zu sagen – diese »reine« Potenzialität ohne jegliche Eigenmerkmale –, macht die Sprache dieses *Nichts* unweigerlich zu einem *Etwas*. Nagarjuna vergleicht dieses Missverständnis von Shunyata damit, eine Schlange am falschen Ende zu packen. Die korrekte Sichtweise von Shunyata ist das vielleicht am heftigsten diskutierte Thema in der Philosophie des Mahayana. Hier ist nicht der richtige Ort für einen Überblick über diese Debatte. Ich möchte aber darauf hinweisen, dass ein solches »potenzialistisches« Verständnis von Shunyata gut mit dem dynamischen und selbstgestaltenden *Tathagatagarbha* (oft übersetzt mit »Buddha-Natur«, aber wortgetreuer »Buddha-Schoß« oder »Buddha-Embryo«) zusammenpasst, das in den Tathagatagarbha-Sutras ebenso wie im Lotus-Sutra, Avatamsaka-Sutra und Lankavatara-Sutra beschrieben wird. Es stimmt auch mit den Dzogchen-Lehren überein und ist implizit in der Shentong-Sichtweise der Jonang-Schule des tibetischen Buddhismus enthalten, die lange Zeit von den Gelugpas unterdrückt wurde, aber mittlerweile von bedeutenden Meistern wie Dilgo Khyentse Rinpoche, Kalu Rinpoche und Dudjom Rinpoche vertreten worden ist. Und es entspricht dem im vorigen Kapitel erwähnten Verständnis unseres Universums als eines dynamischen, sich selbst organisierenden Organismus im Gegensatz zum leblosen Mechanismus eines Uhrwerks.

Shunyata ist also ein formloses Potenzial, das Form annimmt oder »präsent wird« als alles, was wir erleben – einschließlich unserer selbst. Das Potenzial ist dabei *nicht* zu trennen von der Art und Weise, wie es in Erscheinung tritt. Das bedeutet, das Ziel der buddhistischen Praxis besteht nicht darin, gleichmütig in reiner Möglichkeit zu verweilen (das heißt, »nicht an der Leerheit anzuhaften«), sondern unser innewohnendes Potenzial auf weise und mitfühlende Art zu verkörpern, weil das zum Wohlbefinden der Formen dieser Potenzialität beiträgt – einschließlich der vielfältigen Arten der Biosphäre.

Loyal Rue verbindet die vom kosmologischen Dualismus geförderte Gleichgültigkeit mit der Konzentration auf die individuelle Erlösung. Im Christentum zum Beispiel hat die Frage, ob ich in den Himmel komme, nichts damit zu tun, ob auch Sie in den Himmel kommen. Obwohl es für mein spirituelles Schicksal sehr wichtig ist, wie ich mich auf Sie beziehe, hat das keinen direkten Einfluss auf Ihr Schicksal – das ist von Ihrer Antwort abhängig. Ich darf aufrichtig hoffen, dass auch Sie in den Himmel kommen, und mein Bestes tun, um Sie positiv zu beeinflussen. Doch am Ende des Tages – am Ende unserer Tage – sind wir getrennte Wesen und unsere Schicksale sind letztlich Einzelschicksale.

Zumindest in psychologischer Hinsicht hat diese Vorstellung von spiritueller Erlösung etwas Beunruhigendes. Alle kürzlich erschienenen Studien, die ich zum Thema Glück gelesen habe, heben als den wichtigsten Faktor, um sich glücklich zu fühlen, die Qualität unserer Beziehungen zu anderen hervor. Beziehungen sind nicht einfach nur wichtig; in einem tieferen Sinne *sind* wir Beziehungsgeflechte, genau wie es Indras Netz andeutet. Der Tod trennt diese Verbindungen, zumindest die leiblichen. Aber die Vorstellung, dass ein Individuum durch die Befreiung von solchen irdischen Verstrickungen das Paradies erreicht, nährt die vom Buddhismus in Frage gestellte Verblendung eines getrennten Selbst.

Bedeutet das, dass es im Buddhismus keine individuelle Erlösung gibt? Buddhist*innen wollen nicht in den Himmel: Wir wollen erwachen oder erleuchtet werden (das sind verschiedene Begriffe für die gleiche Sache). Was Erleuchtung tatsächlich bedeutet, mag unklar sein, doch normalerweise wird es als die Erfahrung eines Individuums abseits der Erfahrung anderer verstanden. Das Erwachen geschieht einzeln, wie Gautamas unverwechselbare Erfahrung unter dem Bodhi-Baum. Sie können erleuchtet sein, während ich es nicht bin. Sie können hoffen, dass auch ich erleuchtet werde, und alles unternehmen, um es zu begünstigen. Doch letztlich scheint Ihr höchstes Wohlsein – Ihre Arhatschaft oder Buddhaschaft – von meinem getrennt zu sein.

Oder doch nicht? Ein Gegenbeispiel zum individuellen Erwachen bietet möglicherweise der Weg des Bodhisattva, je nachdem, wie wir diesen Weg verstehen. Traditionellen Darstellungen zufolge schiebt ein Bodhisattva seine vollkommene Erleuchtung auf, um anderen beim Erwachen zu helfen. Das stimmt mit der üblichen Ansicht überein, dass Erwachen einzeln geschieht. Aber wenn Erwachen im Loslassen und »Sich-selbst-Vergessen« (wie Dogen es ausdrückt) besteht – der Erkenntnis, dass ich nicht »innen« und von der Welt »außen« getrennt bin –, dann deutet eine solche Nondualität darauf hin, dass meine »Erlösung« nicht von der anderer getrennt ist. Denn wenn ich selbst nicht unabhängig von der Welt existiere und von allem anderen abhängig bin, wie kann ich dann vollkommen erwacht sein, wenn und bevor nicht alle anderen auch erwacht sind?

Zusammenfassend lässt sich sagen: Loyal Rues Bedenken, dass kosmologischer Dualismus und individuelle Erlösung die Gleichgültigkeit gegenüber sozialen und ökologischen Problemen fördern, trifft auf einige buddhistische Lehren oder zumindest auf ihre Interpretationen zu, auf andere jedoch nicht. Anders ausgedrückt: Unsere sozialen und ökologischen Probleme ermutigen uns zu klären, wie die buddhistischen Lehren heute verstanden werden sollten.

Bislang hat die zeitgenössische Wissenschaft nichts entdeckt, was solche kosmologischen Dualismen, ob abrahamitisch oder buddhistisch, unterstützen würde. Im Gegenteil: Die Betonung der Interdependenz ist mit den Funktionsweisen von Ökosystemen vereinbar. Was der Buddhismus über Anatta (»Nicht-Selbst«) aussagt, ist mit den Entdeckungen der Entwicklungspsychologie über die Konstruktion des Ego-Selbst vereinbar. Und die buddhistische Sprachkritik – wie das begriffliche Denken uns täuscht – ist mit einem Hauptanliegen der neueren Philosophie vergleichbar.

Viele Buddhist*innen sind heute unsicher, was sie in Bezug auf eine transzendente, »überweltliche« Realität oder Karma als moralisches Gesetz von Ursache und Wirkung oder die körperliche Wiedergeburt nach dem Tod glauben sollen. Einige fragen sich, ob auch das Erwachen ein überholter Mythos ist, vielleicht ähnlich der leiblichen Auferstehung Jesu nach seiner Kreuzigung. Es ist also nicht überraschend, dass vor allem im Westen eine eher säkulare, *diesseitige* Alternative populär geworden ist. Sie versteht den buddhistischen Weg mehr psychologisch als eine neue Art der Therapie, mit einer alternativen Perspektive bezüglich des Wesens von psychischem Stress und neuen Methoden zur Förderung des geistigen Wohlbefindens. Dazu gehören nicht nur die Reduzierung von Gier, Böswilligkeit und Verblendung im Hier und Jetzt, sondern auch das Klären unseres Gefühlslebens und das Durcharbeiten persönlicher Traumata.

Wie in der Psychotherapie liegt der Schwerpunkt dieses psychologisierten Buddhismus darin, uns zu helfen, uns besser an unsere Lebensumstände anzupassen. Der grundlegende Ansatz ist, dass mein Hauptproblem die Funktionsweise meines Geistes ist, und die Lösung besteht darin, diese zu ändern, damit ich meine verschiedenen Rollen (bei der Arbeit, in der Familie, mit Freunden und Freundinnen und so weiter) besser spielen kann – kurz gesagt, damit ich *besser in diese Welt passe*. Eine häufige Schlussfolgerung daraus ist, dass die Probleme, die wir in der Welt sehen, Projektionen unserer eigenen Unzufriedenheit mit uns selbst sind. Dieser spirituellen Falle zufolge »ist die Welt bereits perfekt, wenn wir sie spirituell betrachten«, wie Joanna Macy sagt.

Ein Großteil des traditionellen Buddhismus in Asien, insbesondere der Theravada-Buddhismus und der Palikanon, betont das *Beenden der körperlichen Wiedergeburt* in dieser unbefriedigenden Welt. Das Ziel ist es, Samsara zu entkommen, diesem Reich des Leidens, Begehrens und der Verblendung, das nicht umgestaltet werden kann. Im Gegensatz dazu betont eine Mehrheit des modernen Buddhismus, insbesondere die buddhistische Psychotherapie (und der größte Teil der Achtsamkeitsbewegung), *den Einklang* mit dieser Welt durch die Transformation des eigenen Geistes. Denn der eigene Geist ist das Problem, nicht die Welt. Der überweltliche Buddhismus und der weltliche Buddhismus erscheinen wie polare Gegensätze, doch in einem wichtigen Punkt stimmen sie überein: Keiner der beiden ist sehr darum bemüht, die Probleme dieser Welt anzugehen und die Erde zu einem besseren Ort zu machen. Ob sie die Welt ablehnen oder annehmen, beide nehmen deren Unzulänglichkeiten als selbstverständlich hin und akzeptieren sie in diesem Sinne so, wie sie ist.

Keiner der beiden Ansätze fördert ÖkoDharma oder andere Arten von sozialem Engagement. Stattdessen ermutigen beide zu einer anderen Art, auf die ökologische Krise zu reagieren, die ich manchmal scherzhaft als deren buddhistische »Lösung« bezeichne. Inzwischen sind wir alle mit dem Muster vertraut: Wir lesen einen weiteren Zeitungsbericht oder Blogbeitrag, der über die neuesten wissenschaftlichen Studien mit entmutigenden ökologischen Folgen berichtet. Dinge werden nicht nur schlimmer, sondern es geht auch schneller, als alle erwartet haben. Wie reagieren wir darauf? Die Nachrichten machen uns tendenziell depressiv oder ängstlich – aber wir sind buddhistische Praktizierende und wissen damit umzugehen. Wir meditieren eine Weile, und *unser Unbehagen darüber, was der Erde geschieht, verschwindet* …, jedenfalls für eine Weile.

Damit soll der Wert von Meditation, die Relevanz von Gleichmut oder die Wichtigkeit der Verwirklichung von Shunyata nicht abgewiesen werden. Nichtsdestotrotz sind sie allein als Antwort auf unsere Situation unzureichend.

Wenn wir diese Perspektiven zusammenfassen – wir versuchen, diese Welt zu transzendieren, oder wir versuchen, mehr mit ihr im Einklang zu leben –, können wir sehen, dass die Ambivalenz in Bezug auf das Wesen des Erwachens eine tiefsitzende Herausforderung ist, der sich der zeitgenössische Buddhismus nicht länger entziehen kann. Ermutigen uns der Weg und das Ziel des Buddhismus, uns mit sozialen und ökologischen Fragen zu beschäftigen? Oder betrachten sie solches Engagement als Ablenkung und raten uns davon ab? Um die Probleme, mit denen wir heute konfrontiert sind, von ganzem Herzen anzugehen, müssen wir wirklich klären, was die wesentliche Botschaft ist.

Das Selbst dekonstruieren

Anstatt dieser Welt entfliehen oder sich an sie anpassen zu wollen, können wir sie und uns selbst auf eine andere Art und Weise zu erleben suchen. Dazu gehören das Dekonstruieren und Rekonstruieren der individuellen Wahrnehmung des Selbst, oder (genauer gesagt) der Beziehung zwischen dem Selbst und seiner Welt. Meditation baut den Selbstsinn oder das Selbstempfinden ab, weil wir dabei die gewohnheitsmäßigen Gedanken-, Gefühls- und Handlungsmuster, aus denen es sich zusammensetzt, »loslassen«. Gleichzeitig wird der Selbstsinn im täglichen Leben durch das Transformieren der wichtigsten Gewohnheitsmuster neu aufgebaut: unserer Absichten, die sich nicht nur auf unseren Umgang mit anderen Menschen auswirken, sondern auch darauf, wie wir sie und die Welt im Allgemeinen eigentlich wahrnehmen.

Der tibetische Lehrer Chögyam Trungpa hat meines Erachtens eine der besten Beschreibungen dieses Verständnisses vom Pfad und seiner Verwirklichung gegeben: »Erleuchtung ist wie aus einem Flugzeug zu fallen. Die schlechte Nachricht ist, dass es keinen Fallschirm gibt. Die gute Nachricht ist, dass es keinen Boden gibt.«

Dieser lakonische Vergleich will näher untersucht werden. Was ist das Flugzeug? Warum haben wir keinen Fallschirm? Wie fallen wir raus? Was bedeutet »keinen Boden«?

Was ist das für ein Flugzeug, aus dem wir fallen? Das Flugzeug ist die Welt, in der wir leben oder zu leben glauben: eine Ansammlung meist getrennter Dinge, einschließlich uns selbst, in gegenständlichem Raum und gegenständlicher Zeit. Diese Gegenstände erscheinen zu einem bestimmten Zeitpunkt, verändern sich schnell oder langsam und verschwinden schließlich aus der Existenz. Normalerweise nehmen wir diese Art des Erlebens als selbstverständlich hin, so wie die Welt eben ist. Aber tatsächlich ist es ein kollektives Konstrukt, in das hinein wir sozialisiert werden, während wir aufwachsen. Wir lernen, die Welt so zu sehen, wie die Menschen um uns herum sie sehen (zum großen Teil mittels Sprache).

Obwohl diese »Konsensrealität« nicht einfach nur eine Illusion ist, ist sie nicht real in der Art, wie wir das normalerweise annehmen. Ram Dass nennt sie »relativ real«. Die Philosophie des Mahayana unterscheidet diese konventionelle oder von den Erscheinungsformen hergeleitete Realität (wie Bhikkhu Bodhi und andere sie nennen) von der absoluten oder letztendlichen Realität. Diese sind wie die zwei Seiten einer Hand. Der Handrücken – was man sieht, wenn man eine Faust macht – entspricht dem konventionellen Verständnis. Normalerweise nehmen wir nur die Faust wahr, sodass die erste Aufgabe darin besteht, sich der Handfläche bewusst zu werden. Doch das bedeutet nicht, dass die Faust eine Illusion ist, die man ablehnen muss. Um die Metapher auszudehnen: Es ist wichtig zu wissen, wie man sowohl die Handfläche als auch die Faust benutzt und wann.

> Deine Hand öffnet sich und schließt sich und öffnet sich und schließt sich.
> Wenn sie immer eine Faust wäre oder immer geöffnet, wärest Du gelähmt.
> – *Rumi*

Das Problem mit der konventionellen Realität ist, dass sie uns nicht vollständig zufriedenstellen kann. Sie bringt Leiden mit sich. Zusätzlich zu den Begehren und Schmerzen unseres fragilen Körpers wird das Leben in der Welt der Phänomene von Alter, Krankheit und Tod heimgesucht, wie in der mythischen Geschichte von Buddhas eigenem Leben hervorgehoben wird. Wir Menschen sind uns unserer selbst bewusst, und das bedeutet, dass wir nicht nur wissen, dass wir leben, sondern auch, dass wir nicht immer leben werden. Jemand hat es einmal so ausgedrückt: Es gibt nur zwei Arten von Menschen, diejenigen, die tot sind, und diejenigen, die bald tot sein werden.

Der Prinz, der später zum Buddha wurde, verließ sein Zuhause, weil er vom Anblick einer alten Person, einer kranken Person und einer Leiche schockiert war. Als ihm bewusst wurde, dass dies das Schicksal aller Menschen ist, auch sein eigenes, stürzte ihn das in eine existenzielle Krise. Nach seinem Erwachen unter dem Bodhi-Baum lehrte er viele Jahre lang. Schließlich wurde er alt, hatte Rückenschmerzen und Magenprobleme, und dann starb er. Inwiefern hat er also das Problem gelöst?

Der Theravada-Tradition zufolge löste er es, indem er der körperlichen Wiedergeburt in dieser Welt des Samsara entkam. Aber es gibt noch eine andere Möglichkeit, das Geschehene zu verstehen, nämlich das Nibbana, das sich unter dem Bodhi-Baum ereignete, stärker zu betonen als das Parinibbana, das einsetzte, als er starb. Alter, Krankheit und Tod sind Aspekte der Welt der Erscheinungen – die Faust –, und in seiner Erleuchtung enthüllte sich dem Buddha die Handfläche: dass Altern, Kranksein und Sterben insofern »leer« sind, als es kein stoffliches Selbst gibt, das diese erlebt.

Körperliche und geistige Schmerzen sind Formen des Leidens, genauso wie das Unvermögen, die eigenen Begehren zu befriedigen und unsere Sterblichkeit zu erkennen. Doch das Mühsamste aller Formen des Dukkha liegt in der Illusion eines *inneren* Selbst – vielleicht hinter den Augen oder zwischen den Ohren –, das glaubt, vom Rest der *äußeren* Welt getrennt zu sein. Dass die Welt, die wir normalerweise für gegeben ansehen, ein Konstrukt ist, bedeutet nicht nur, dass die von uns wahrgenommenen Erscheinungen zu selbstexistierenden *Objekten* verdinglicht werden. Es bedeutet auch, dass Gewohnheiten, zu denken, wahrzunehmen, zu fühlen, zu handeln, zu reagieren, zu erinnern, zu beabsichtigen und so weiter, zu einem selbstexistierenden *Subjekt* verdinglicht werden. Weil dieses vermeintlich getrennte Selbst in Wirklichkeit ohne Substanz ist, eher eine Ansammlung von geistigen und körperlichen Prozessen als etwas Reales, ist es von Natur aus unsicher. Es kann sich niemals selbst absichern, weil es nichts gibt, was gesichert werden könnte. Wie Gertrude Stein vielleicht sagen würde: Es gibt dort kein Dort.

Auch wenn dieses Selbstverständnis theoretisch erscheinen mag – seine Folgen sind es nicht. Wir erleben diese Unsicherheit normalerweise als ein Gefühl des *Mangels*: das Gefühl, dass etwas mit uns nicht stimmt, dass *wir nicht gut genug sind*, was sich individuell unterschiedlich ausprägt. Wir alle haben dieses Mangelempfinden, aber für gewöhnlich betrachtet es jede und jeder von uns als ganz persönliches Problem, anstatt es als etwas zu sehen, was zum (unerleuchteten) Menschsein gehört. Eine andere Art, diese Situation zu beschreiben, ist, dass es eine Spannung gibt zwischen dem, was ich glaube zu sein (*etwas* Substanzielles und Reales; im Englischen: *some*-thing = *ein* Ding), und dem, was ich spüre oder empfinde zu sein (*nichts;* im Englischen: *no*-thing = *kein* Ding). Das erzeugt, *was ich sein sollte* ... ein Selbstbild, dem ich nie ganz gerecht werde.

Die Welt als eine Ansammlung vermeintlich realer, selbstexistierender Dinge, darunter ich selbst, wird von

Dukkha heimgesucht. Das ist das Flugzeug, aus dem wir herausfallen müssen.

Warum haben wir keinen Fallschirm? Fallschirme halten uns davon ab, in den Abgrund zu stürzen. Weil der Selbstsinn immer unsicher ist, versucht er ständig, sich mit etwas zu identifizieren, um sich festen Boden unter den Füßen zu verschaffen. Wir beschäftigen uns mit etwas, was wir *Mangelprojekte* (mit denen wir versuchen, unser Gefühl von Mangel aufzufüllen) oder *Realitätsprojekte* (mit denen wir versuchen, realer zu werden oder uns realer zu fühlen) nennen könnten. Diese Projekte nehmen verschiedene Formen an. Viele von ihnen sind »*wenn nur*« : »Wenn ich nur genug Geld ... eine größere Wohnung ... ein Auto ... ein besseres Auto ... einen Partner ... eine bessere Partnerin ... hätte.« Es sind nicht immer Objekte: »Wenn ich nur berühmter ... intelligenter ... mächtiger ... attraktiver ... wäre.« In einer Rede vor Universitätsabsolventen am Kenyon College (jetzt als Buch unter dem Titel *Das hier ist Wasser* erschienen) beschreibt der Schriftsteller David Foster Wallace sie als Dinge, die wir verehren:

In den alltäglichen Grabenkämpfen des Erwachsenenlebens gibt es keinen Atheismus. Es gibt keinen Nichtglauben. Jeder betet etwas an. Aber wir können wählen, was wir anbeten. Und es ist ein äußerst einleuchtender Grund, sich dabei für einen Gott oder ein höheres Wesen zu entscheiden, ob das nun Jesus ist, Allah, Jahwe, die Wicca-Göttin, die „vier edlen Wahrheiten" oder eine Reihe unantastbarer ethischer Prinzipien, denn so ziemlich alles andere, das Sie anbeten, frisst Sie bei lebendigem Leibe auf. Wenn Sie Geld und Güter anbeten – wenn hierin für Sie der wahre Sinn des Lebens besteht –, dann können Sie davon nie genug haben. Nie das Gefühl haben, dass Sie genug haben. Das ist die Wahrheit. Wenn Sie Ihren Körper, die Schönheit und erotische Reize anbeten, werden Sie sich immer hässlich finden, und wenn sich Zeit und Alter bemerkbar machen, werden Sie tausend Tode sterben, bevor man Sie dann wirklich unter die Erde bringt ... Wenn Sie die Macht anbeten, werden Sie sich schwach und ängstlich fühlen und immer mehr Macht über andere brauchen, um die Angst in Schach zu halten. Wenn Sie Ihren Intellekt anbeten und als schlau gelten wollen, werden Sie sich am Ende dumm vorkommen, als Hochstapler, dem man jeden Augenblick auf die Schliche kommen wird. Und so weiter.

Anbetung ist ein treffender Begriff für diese Mangelprojekte. Denn sie sind insofern heilig, als sie im Zentrum unseres Selbstverständnisses stehen, einschließlich unseres Lebenssinns und unserer Rolle in der Welt. Leider aber sind sie keine Lösung für unser Mangelgefühl, denn man sucht an der falschen Stelle. Solche Projekte sind Symptome eines tieferliegenden Problems. Wir suchen die Antwort im Außen, doch die grundlegende Schwierigkeit ist im Innern: ein unsicherer Selbstsinn, der nie dadurch Sicherheit gewinnen kann, dass er sich mit etwas identifiziert, und ein konstruiertes Selbst, das sich niemals real genug fühlen wird.

Im Inneren des Flugzeugs jedoch, bedingt durch unsere Erziehung und Kultur, sehen wir diese Formen von Besessenheit als gegeben an. Sie werden von allen verehrt, sind Aspekte der üblichen Realität, die feste Bestandteile unserer gesellschaftlichen Organisation sind. Normalerweise erkennen wir nicht, dass es andere Möglichkeiten gibt. Wallace fährt fort:

Wissen Sie, das Heimtückische an diesen Formen der Anbetung ist nicht, dass sie böse oder sündhaft wären, sondern dass sie so *unbewusst* sind. Sie sind Standardeinstellungen. Sie sind Glaubensformen, in die man nach und nach einfach so reinschlittert, jeden Tag ein bisschen mehr, man wird immer wählerischer bei dem, was man sieht und wie man Wert beurteilt, ohne eigentlich wahrzunehmen, dass man genau das tut. Und die sogenannte wirkliche Welt hält einen auch nicht davon ab, gemäß diesen Standardeinstellungen zu operieren, denn die sogenannte wirkliche Welt der Männer, des Geldes und der Macht läuft wie geschmiert dank dem Öl aus Angst, Verachtung, Frustration, Gier und Selbstverherrlichung.

David Foster Wallace war meines Wissens nicht an Buddhismus oder Meditation interessiert, aber er wusste, dass die Alternative zu solchen Idolen »Aufmerksamkeit und Bewusstsein und Disziplin und Anstrengung erfordert sowie die Fähigkeit, sich wirklich um andere Menschen zu sorgen und sich für sie zu opfern. Immer und immer wieder, unzählbar oft, unspektakulär, wenig sexy, jeden Tag.«

Eine Form von Verehrung, die Wallace nicht erwähnt, ist die Anhaftung an charismatische Menschen, die uns anziehen, weil sie nicht unter dem Gefühl des Mangels zu leiden scheinen, das uns so sehr plagt. Solche Personen scheinen überlebensgroß zu sein – *realer* als der Rest von uns –, was uns auf eine Art und Weise fasziniert, die oft problematisch ist (Hitler, Mao), aber auch positiv sein kann (Gandhi, der Dalai Lama). Es ist bezeichnend, dass Ernest Beckers großartiges Buch *Die Überwindung der Todesfurcht* ein Kapitel mit dem Titel »Das Charisma – die Verstrickung in Unfreiheit« enthält. Vielleicht sind wir Menschen, die wir eine einzigartig lange Kindheit durchlaufen, die uns abhängiger von Autoritätspersonen macht, so empfänglich dafür. Das Bedürfnis, Sicherheit zu finden, indem wir uns anderen unterwerfen, setzt sich fort in der Art und Weise, wie wir sie zu Helden machen und an ihrer Ausstrahlung teilhaben wollen. Politiker wie Ronald Reagan und Donald Trump nutzen diese Neigung aus. Und die Medien haben gelernt, sie durch das Erschaffen von Popstars und Filmidolen zu kommerzialisieren. Ist die religiöse Sehnsucht nach einem Messias, der schließlich erscheint, um uns vor uns selbst zu retten, nicht eine andere Version derselben Tendenz?

Das hat natürlich wichtige Auswirkungen darauf, warum wir Zen-Meister, Rinpoches und andere Gurus auf ein Podest stellen und sie als übermenschlich betrachten. Sind sie tatsächlich so besonders? Oder ist es eher unser Bedürfnis, sie als etwas Besonderes zu betrachten? Diese Projektion kann vorteilhaft sein: Wir lassen uns von ihrem Beispiel inspirieren, um ihnen ähnlich zu werden oder dem ähnlicher, wofür wir sie halten. Problematisch wird es, wenn sich der Lehrer oder die Lehrerin in einer Gegenübertragung verfängt: Ist man umgeben von Schüler*innen, die denken, dass man gottgleich ist, dann ist es verlockend, ihnen zuzustimmen. Früher oder später muss diese Projektion aufgebrochen werden, um zu erkennen, dass auch die Meisterin allzu menschlich ist. Das ist oft schmerzhaft. Aber geschieht es nicht, dann bleibt die Schülerin spirituell unreif. Wenn es zu früh geschieht – zum Beispiel, weil der Lehrer sich schlecht benimmt –, kann es die Praxis des Schülers zerstören. Wenn es zum richtigen Zeitpunkt geschieht, sind die Schüler*innen dafür bereit, weil sie ihre eigene Buddha-Natur erkannt haben.

Es gibt noch andere Dinge, mit denen wir uns identifizieren, um dem Selbst Sicherheit zu geben und zu versuchen, dessen Welt zu stabilisieren. Ich bin mir nicht sicher, ob diese als Mangelprojekte zu bezeichnen sind. Aber einige von ihnen laufen zumindest auf das Gleiche hinaus: Zum Beispiel neigen wir oft dazu, uns mit bestimmten Gruppen in Opposition zu anderen Gruppen zu verbinden. Daher die Anziehungskraft von Rassismus und Nationalismus. Wir hängen auch gern an bestimmten Weltanschauungen. Der Buddha identifizierte im Sammaditthi-Sutta Ansichten (*ditthi*) als eine der vier Arten des Anhaftens, die wir loslassen sollten (die anderen sind Sinneslust, Regeln und Rituale sowie der Glaube an ein wahres Selbst). Das Gleichnis vom Floß betrifft auch seine eigenen Lehren. Das Dharma soll uns helfen, auf die andere Seite »überzusetzen«. Es ist nicht etwas, das man als in sich und aus sich selbst heraus Heil stiftend behandelt – wie ein Floß, das man nach der Überquerung eines Flusses auf seinem Rücken herumträgt. Die buddhistischen Lehren sind nicht heilig, sondern Reiseführer oder Landkarten, die uns helfen, an ein Ziel zu gelangen.

Kann die Anhaftung an bestimmte Personen (Lehrende) und Ansichten (das Dharma) den buddhistischen Pfad zu einem Mangelprojekt/Realitätsprojekt machen (was wiederum uns zu etwas Besonderem macht)? So etwas mag zu Beginn unvermeidlich sein, und vielleicht ist das auch gar nicht so schlecht. Mit anderen Worten, der buddhistische Pfad ist zwar ein Mangelprojekt, er kann aber das Problem tatsächlich lösen: nicht durch das Aufheben des Mangels, sondern durch das Dekonstruieren des Selbstsinns, den er auf Schritt und Tritt begleitet.

Das heißt, wenn alles gut geht, ist der Buddhismus ein Weg, der sich selbst dekonstruiert. Obwohl er auch ein Kennzeichen für ethnische oder kulturelle Identität sein kann – eine weitere Sache, an der man sich festhalten könnte –, ist die Praxis der Meditation eher dergestalt, dass sie solche dualistischen Zugehörigkeiten untergräbt: »Ich bin Buddhistin, nicht ...« Solche Etiketten haben nichts Befreiendes. Von Bedeutung ist, ob man praktiziert oder nicht. Ironischerweise entdecken wir das, wonach wir suchen, indem wir uns der Bodenlosigkeit öffnen, vor der wir geflohen sind.

Wie fallen wir aus dem Flugzeug? Hier ist die Frage: Springe ich oder werde ich gestoßen? Das heißt, ist Erleuchtung etwas, was der Selbstsinn *tut*, oder etwas, was ihm geschieht? Zu erwachen bedeutet zu erkennen, was ich immer schon gewesen bin – dass es nichts zu erlangen gibt, weil das Selbst immer schon »leer« gewesen ist. Hier haben wir wieder einmal das bekannte Problem von Mittel und Zweck. Die Ironie besteht darin, dass wir nach etwas streben, was nicht erreicht werden kann, weil es etwas ist, an dem es uns niemals wirklich gemangelt hat.

Diese Spannung war und ist in vielen religiösen Traditionen ein zentrales Thema und wird auf unterschiedliche Weise in Begriffe gefasst. Im japanischen Zen beispielsweise entspricht es dem Unterschied zwischen Rinzai und Soto. Die Rinzai-Praxis nutzt intensive Meditations-Retreats, um Kensho zu erfahren, einen Geschmack von oder einen flüchtigen Blick auf die Erleuchtung, wie ein General, der alle seine Truppen auf das Schlachtfeld schickt. Im Gegensatz dazu stimmt die Soto-Praxis von *Shikantaza*, des »nur Sitzens«, mit Dogens Sichtweise überein, dass Meditation an sich bereits den »leeren« Geist der Erleuchtung erscheinen lässt, ob die Praktizierenden ihn nun schon realisiert haben oder nicht. Dieses Vorgehen kann man mit einer Bäuerin vergleichen, die geduldig ihre Reissämlinge pflanzt, einen nach dem anderen. Im Ansatz des Rinzai können Mittel und Ziel dualisiert werden und zu »Haften am Nichtanhaften« führen, während der Ansatz des Soto eine Selbstgefälligkeit fördern kann, der die

Wichtigkeit des eigentlichen Erwachens zu unserer wahren Natur abhandenkommt.

Die gleiche Spannung erscheint wieder im Unterschied zwischen Zen im Allgemeinen, welches *jiriki* oder »Eigenkraft« betont, und den Schulen des Reinen Landes, in denen Hingabe eine große Rolle spielt und die *tariki* oder »Fremdkraft« betonen. Praktizierende des Zen werden ermutigt zu meditieren, während Anhänger des Reinen Landes den Glauben kultivieren, dass Buddha Amida sie nach ihrem Tod in sein Reines Land führen wird.

In ähnlicher Weise unterscheidet das hinduistische Vedanta zwischen Affenbefreiung und Katzenbefreiung. Ein Affenjunge muss sich an die Brust seiner Mutter klammern, während sie sich von Baum zu Baum schwingt, aber ein Kätzchen muss nichts tun, weil seine Mutter es am Nacken aufhebt und mitträgt. Müssen wir praktizieren, um das Göttliche zu erreichen, oder umarmt uns das Göttliche, wenn und wann es will?

Ein Aphorismus, der manchmal Shunryu Suzuki zugeschrieben wird, besagt: »Erleuchtung ist immer ein Zufall, aber Meditation macht uns empfänglich für Zufälle.« Es gibt zwischen Meditation und Erleuchtung keine direkte Beziehung von Ursache und Wirkung. Meditation ist das Loslassen von gewohnten Gedankenmustern, die den Selbstsinn ausmachen, was ein gewisses Bemühen erfordert. Das Erwachen jedoch geschieht zu seiner eigenen Zeit. Das Selbst kann es nicht tun, weil es das ist, was diesem Selbstsinn geschieht. Mein Lehrer Yamada Koun hat gesagt: »Es gibt keinen größeren Dienst auf dieser Erde, als das Ego im Zazen schrumpfen zu lassen, damit das unendliche Leben in uns eine Chance hat, zu übernehmen.« Sitzen bewirkt diese Übernahme des unendlichen Lebens nicht, aber die Wahrscheinlichkeit dafür steigt erheblich. Obwohl Dogen empfiehlt, »das Selbst zu vergessen«, können wir das nicht willentlich tun – also gehen wir es indirekt an. Wie Yamada gesagt hat, geht es bei der Praxis darum, sich selbst zu vergessen, während man sich mit etwas vereint (oder eins wird), wie es zum Beispiel bei der Arbeit an einem Koan wie *Mu* geschieht. Während wir diesen Klang unendlich oft wiederholen, schwächt sich das Empfinden eines Selbst, das das *tut*, immer weiter ab.

Mit zunehmender Reife der Meditationspraxis fühlen sich einige Praktizierende wie am Rand eines Abgrunds. Vielleicht spüren wir, dass wir nur noch uns selbst loslassen müssten, aber wir schaffen es nicht. Stattdessen verspannen wir uns und ziehen uns zusammen. Hier kann die Lehrerin, der Lehrer helfen; manchmal mit ein paar Worten, manchmal mit einer abrupten, unerwarteten Handlung wie einem Schrei oder einem Schlag, der die Schülerin ins Loslassen aufschrecken kann. Aber der Schüler muss reif sein.

> »Das Dharma ist keine sichere Zuflucht. Wer eine sichere Zuflucht genießt, ist nicht am Dharma interessiert, sondern an einer sicheren Zuflucht.« (Vimalakirti-Sutra)

Was bedeutet »kein Boden«? Wir müssen »am Rand der Klippe mutig loslassen ... man lebt erst nach dem Tod wieder auf« (in den Worten des Chan-Meisters Boshan). Und ein Sufisprichwort besagt: »Stirb, bevor du stirbst, damit du, wenn es Zeit zum Sterben ist, bereits tot bist.«

Ein früherer Chan-Meister, Huangbo, erklärt (nach Übersetzung von John Blofeld): »Menschen haben Angst, ihren Geist zu vergessen. Sie fürchten sich davor, durch die Leere zu fallen und in ihrem Sturz von nichts aufgefangen zu werden. Sie wissen nicht, dass die Leere nicht wirklich leer ist, sondern das Reich des wahren Dharma.« An anderer Stelle führt er aus: »Viele Menschen haben Angst, ihren Geist zu leeren. Sie könnten dadurch in die Leere stürzen. Doch sie wissen nicht, dass ihr eigener Geist die Leerheit *ist*.«

Man fällt nicht wirklich, sondern lässt los, öffnet sich für ... was? Der springende Punkt ist, dass die von Huangbo erwähnte Leerheit nicht etwas ist, was den Selbstsinn begründet, sondern eine Bodenlosigkeit, in der es weder Sicherheit noch Unsicherheit gibt, weil es kein Selbst gibt, das abgesichert werden muss. Es stellt sich heraus, dass es dem wahren Wesen des Selbst, der eigenen wahren Natur, an nichts mangelt, weil sie nichts *ist* – oder, besser gesagt, *nicht etwas* ist. Dies zu erkennen befreit mich, dies zu werden und jenes zu tun, je nach Situation, denn ich bin nicht länger von einer verformten Besessenheit motiviert, realer zu werden.

Was über Shunyata (Leerheit) gesagt wurde, gilt auch für das, was Yamada Koun unser wahres Wesen nennt – denn sie sind eins. In seinem Kommentar zu einem Koan in *Die torlose Schranke* betont er: Jeder von uns ist

> eins mit dem ganzen Universum. Gleichzeitig ist jeder von uns äußerst arm, denn in unserer wahren Natur gibt es nichts. Es gibt weder Subjekt noch Objekt. Es gibt nichts zu sehen, zu berühren, zu regeln. Es hat keine Form, keine Farbe, kein Gewicht, *keine Bleibe*. Mit einem Wort, unser wahres Wesen ist vollkommen leer. Andererseits birgt diese Leerheit grenzenlose Schätze. Sie kann sehen, sie kann hören, sie kann weinen, sie kann lachen, rennen, essen. Mit einem Wort, sie ist grenzenlos. Leerheit und Grenzenlosigkeit sind Merkmale unserer wahren Natur.

Einer der größten Chan-Meister, Linji, hat gesagt: »Wenn du frei sein willst, um geboren zu werden oder zu sterben, zu gehen oder zu bleiben, wie man ein Kleidungsstück an- oder auszieht, dann musst du genau jetzt verstehen, dass diese Person, die hier dem Dharma lauscht [du!], keine Form hat, keine Eigenschaften, keine Wurzel, keinen Anfang, keinen Ort zum Verweilen, und doch ist sie quicklebendig. ... Das ist es, was ich das Geheimnis der Sache nenne.«

Keine Bleibe, kein Ort zum Verweilen: Der getrennte Selbstsinn kann sich nicht gründen. Doch wenn wir unsere wahre Natur erkennen, gibt es auch keine Notwendigkeit dafür. Bodenlosigkeit stellt sich als hinreichender Boden heraus. »Wundersamerweise wird alles radikal verwandelt, während es einfach bleibt, wie es ist.« (Yasutani Haku'un)

Loszulassen und sich dieser Bodenlosigkeit zu öffnen bedeutet zu erfahren, was nicht sterben kann, da es nie geboren wurde. In der Konsensrealität des Flugzeugs sind Sie und ich zwei weitere Objekte in der Welt, die zu einer bestimmten Zeit geboren wurden und irgendwann später sterben. Aus dieser anderen Perspektive aber waren wir (wie auch alles andere) immer schon vergängliche Erscheinungsformen von etwas Formlosem, Namenlosem und Grenzenlosem. Die Arten, in denen dieses unfassbare Kein-Ding-Sein erscheint, entstehen und vergehen, aber das, was vorübergehend als diese Formen und Namen erscheint, vergeht nicht.

In der buddhistischen Literatur finden sich viele Verweise auf »das Ungeborene«, ein weiterer Begriff für unser wahres Wesen. Passagen im Palikanon betonen, dass »der Weise, der in Frieden lebt, nicht geboren wird, nicht altert, nicht stirbt; er wird nicht erschüttert und nicht aufgewühlt. Denn es ist nichts in ihm vorhanden, durch das er geboren werden könnte. Nicht geboren, wie könnte er altern? Nicht alternd, wie könnte er sterben? Nicht sterbend, wie könnte er erschüttert werden?« (Dhatuvibhanga Sutta)

Das vielleicht bekannteste Beispiel stammt aus dem Udana-Sutta:

> Es gibt, o Mönche, ein Ungeborenes, ein Ungewordenes, ein Ungemachtes, ein Ungefertigtes; wenn, o Mönche, es hier nicht dieses Ungeborene, Ungewordene, Ungemachte, Ungefertigte gäbe, gäbe es hier kein Entkommen aus dem Geborenen, dem Gewordenen, dem Gemachten, dem

Gefertigten. Aber weil es ein Ungeborenes ... gibt, deshalb gibt es ein Entkommen aus dem Geborenen.

Solche Passagen werden oft als eine Beschreibung dessen verstanden, was geschieht, wenn eine vollständig erwachte Person körperlich stirbt: Sie wird nicht wiedergeboren. Die Lehren des Mahayana sind dahingehend deutlicher, dass sich das »Ungeborene« auf einen Aspekt von Shunyata im Hier und Jetzt bezieht. Das Herz-Sutra erklärt, dass alle Dinge *shunya* sind, weil sie »weder erschaffen noch vernichtet« werden, weshalb es »weder Alter noch Tod gibt«. Nagarjuna wiederholt das im einleitenden Vers zu seiner *Mulamadhyamakakarika*, dem wichtigsten Werk der Mahayana-Philosophie, in dem es heißt, dass das wahre Wesen der Dinge darin besteht, dass sie weder sterben noch geboren werden, dass sie weder aufhören zu sein noch ewig sind.

Im chinesischen Buddhismus verkündet das »Lied der Erleuchtung« von Yongjia Xuanjue, einem Schüler des sechsten Chan-Patriarchen, dass » ich keinen Grund mehr zur Freude oder Trauer über irgendeine Ehre oder Schande hatte, seit ich das Ungeborene schlagartig realisiert habe«. Niemand jedoch betonte das Ungeborene mehr als der beliebte japanische Zen-Meister des 17. Jahrhunderts Bankei, dessen zentrale Lehre das Ungeborene war. »Wenn du im Ungeborenen selbst verweilst, verweilst du an der wahren Quelle der Buddhas und der Vorfahren.« Da das Ungeborene unsere wahre Natur ist, kann man es nicht erlangen. »Es ist falsch, auf der Basis des Geistes, den man bereits hat, einen zweiten Geist auszubrüten, indem man versucht, das Ungeborene zu *werden*. Ihr seid von Anfang an ungeboren. … Das wahre Ungeborene hat mit grundlegenden Prinzipien nichts zu tun und ist jenseits von Entwicklung oder Erlangen. Es geht einfach darum, *zu sein, wer man ist*.« Ein Mönch, der zu Besuch kam, fragte Bankei: »Was passiert, wenn jemand, der an das Ungeborene glaubt, stirbt? Wird er wiedergeboren oder nicht?« Er antwortete: »Im Raum des Ungeborenen gibt es keinen Unterschied zwischen Geborenwerden und Nicht-Geborenwerden.«

Es gibt keinen Unterschied zwischen Geborenwerden und Nicht-Geborenwerden, denn solche Eigenschaften gelten nicht für etwas, was keine Merkmale hat. Das ist das wahre »leere« Wesen unseres Geistes.

Wenn wir Shunyata als »unbegrenzte Potenzialität« verstehen und uns an die Essenz des Herz-Sutra erinnern (»Form ist nichts anderes als Leerheit, Leerheit ist nichts anderes als Form«), realisieren wir aber, dass das Ungeborene zu erkennen allein nicht ausreicht. Leerheit ist kein Ort zum Verweilen, denn sie ist kein Ort, wie Linji und Yamada Koun beide betonen. Ich erinnere mich daran, wie Yamada Roshi erklärte, dass ein echtes Kensho von einem spontan aufsteigenden Mitgefühl begleitet wird. »Wenn du die leere Natur erkennst, wächst die Energie, anderen von Nutzen zu sein, mühelos und ganz natürlich«, hat Dilgo Khyentse gesagt. Die absolute Verwirklichung des Weges wird im letzten der zehn Bilder vom Ochsen und seinem Hirten beschrieben: mit helfenden Händen auf den Marktplatz zurückzukehren.

Das Erwachen zum Ungeborenen ist unvollständig, weil die Dekonstruktion des konstruierten Selbstsinns nicht automatisch unsere Beziehung zu anderen verwandelt. Unsere tief verwurzelten und normalerweise um uns selbst kreisenden Gewohnheiten des Denkens, Fühlens und Handelns neigen zu einem Eigenleben – was bedeutet, dass auch eine schrittweise *Rekonstruktion* dessen notwendig ist, wie wir eigentlich in der Welt leben. Die »drei Gifte« Gier, Böswilligkeit und Verblendung müssen in positivere Absichten umgewandelt werden: in Großzügigkeit, liebevolle Güte (oder grundlegende Freundlichkeit) und die Weisheit, die erkennt, dass mein Wohlergehen nicht von Ihrem Wohlergehen oder dem der Erde selbst getrennt ist. Rekonstruktion in Folge von Dekonstruktion anzusprechen lässt vermuten, dass eines nach dem anderen geschieht. Aber diese Prozesse treten zusammen auf und unterstützen sich gegenseitig. Meditation hilft uns, im täglichen Leben achtsamer zu sein, uns unserer Absichten bewusster zu werden und in weniger problematischer Weise zu reagieren.

Selbstloses Engagement

Was hat das alles mit ökologischem Engagement zu tun? Um zu begreifen, was der Buddhismus zum Verständnis der ökologischen Krise und zur Reaktion darauf beitragen kann, ist die Klärung wichtig, was der spirituelle Weg beinhaltet, und zwar in einer Sprache, die den von Loyal Rue kritisierten kosmologischen Dualismus vermeidet. Wenn wir das endgültige Ziel darin sehen, dieser Welt zu entkommen – sei es durch das Ende der Wiedergeburt oder das Verweilen in einer Leerheit, die ihren Formen gegenüber gleichgültig und daher immun gegen ihre Schwierigkeiten ist –, oder einfach mit der Welt und ihren Institutionen im Einklang zu sein, dann ist es unwahrscheinlich, dass wir uns voll und ganz auf die sozialen und ökologischen Herausforderungen einlassen, deren Ruf wir heute hören.

Einer der Zen-Koans, die ich am meisten schätze, spricht davon. Ein Schüler fragt den Meister: »Was ist die andauernde Aktivität aller Buddhas und Bodhisattvas?« Was ist also das Besondere daran, wie erleuchtete Menschen Augenblick für Augenblick leben? Vielleicht fragte sich der Schüler, ob sie außergewöhnliche Kräfte haben. Die Antwort des Meisters ist kurz und einfach: »Angemessen reagieren.« Das ist alles.

Wie wunderbar! Aber um angemessen reagieren zu können, müssen wir unsere Situation verstehen. In einem Zen-Kloster ist es einfach zu wissen, was angemessen ist: Wenn die Glocke läutet, ziehen wir unsere Roben an und gehen in die Meditationshalle. Aber was ist, wenn wir das begrenzte Klostergelände verlassen und in die Welt zurückkehren, mit ihren sozialen und ökologischen Problemen? Zu erkennen, dass unserer wesenhaften Bodenlosigkeit ein unerschöpfliches Potenzial innewohnt, ermöglicht es uns, angemessen auf diese Probleme zu reagieren.

Gandhi hat bekanntlich gesagt, dass unsere Größe als menschliche Wesen nicht so sehr in unserer Fähigkeit liegt, die Welt neu zu gestalten, sondern vielmehr darin, dass wir uns selbst neu gestalten können – aber sind diese Veränderungen wirklich so unabhängig voneinander? Sein eigenes Beispiel legt nahe, dass das nicht so ist. Wenn wir zu erwachen beginnen und erkennen, dass wir weder voneinander noch von dieser wunderbaren Erde getrennt sind, dann verstehen wir, dass auch unser Zusammenleben und unsere Beziehung zur Erde neu gestaltet werden muss. Das bedeutet nicht nur soziales Engagement als Einzelne, die anderen Einzelnen helfen. Sondern auch, Wege zu finden, um die problematischen wirtschaftlichen und politischen Strukturen anzugehen, die tief mit der Umweltkrise und den Fragen der sozialen Gerechtigkeit, mit denen wir uns heute konfrontiert sehen, verbunden sind. Damit weist das Ziel der Erleuchtung über ein ausschließlich individualistisches Modell hinaus. Engagement in der Welt ist die Art, wie unser persönliches Erwachen erblüht; kontemplative Praktiken wie Meditation erden unseren Aktivismus und verwandeln ihn in einen spirituellen Pfad.

Gehe so, als würdest du die Erde mit deinen Füßen küssen.
– *Thich Nhat Hanh*

Je schneller wir leben, desto weniger Gefühl bleibt in der Welt übrig. Je langsamer wir leben, desto tiefer empfinden wir die Welt um uns herum.
– *Stanko Abadžić*

Das Kind eines Rabbiners pflegte in den Wäldern umherzustreifen. Zuerst ließ es sein Vater gewähren, aber mit der Zeit machte er sich Sorgen. Eines Tages sagte er zu seinem Sohn: »Weißt du, ich habe bemerkt, dass du jeden Tag in den Wald läufst. Ich frage mich, warum du das machst?« Der Junge antwortete: »Ich gehe dorthin, um Gott zu finden.« »Das ist eine sehr gute Sache«, antwortete der Vater sanft. »Ich bin froh, dass du Gott suchst. Aber, mein Kind, weißt du nicht, dass Gott *überall* gleich ist?« »Doch«, antwortete der Junge, »aber ich bin es nicht.«
– *Richard Louv*

Früher hatte die Natur ein Eigenleben und eine eigene Seele. Die Bäume, der Himmel und die Flüsse waren beseelte Geister. Heute geht es uns nur noch darum, wie sie uns dienen können.
– *Phra Paisal Wisalo*

Wir müssen die Welt verlieren, um eine Welt zu verlieren und um zu entdecken, dass es mehr als eine Welt gibt, und dass die Welt nicht das ist, was wir denken.
– *Hélène Cixous*

Ich lehne nicht den gegenwärtigen Moment ab, um dem nachzugehen, was die Zeit bringen wird. Ich lehne ab, was die Zeit bringen wird, um dem gegenwärtigen Moment nachzugehen.
– *Samiddhi-Sutta*

Echte Großzügigkeit gegenüber der Zukunft liegt darin, der Gegenwart alles zu geben.
– *Albert Camus*

Wenn ich an all die Bücher denke, die ich gelesen habe, und an die weisen Worte, die ich gehört habe, und an die Angst, die ich Eltern und Großeltern gemacht habe, und an die Hoffnungen, die ich gehegt habe, dann scheint mir alles Leben, das in den Waagschalen meines eigenen Lebens gewogen wird, eine Vorbereitung auf etwas zu sein, das nie geschieht.
– *William Butler Yeats*

Wir verbringen die Hälfte unseres Lebens mit dem Versuch, die Zeit auszufüllen, die wir ein Leben lang durch unsere Eile bemüht sind, einzusparen.
– *Will Rogers*

Wenn wir uns Dingen widersetzen, die allzu effizient sind, dürfen wir nicht versuchen, noch effizienter zu sein. Denn das wird sich nicht als der effizienteste Weg erweisen.
– *Jacques Ellul*

Wenn ein Verhalten zur Norm wird, verlieren wir unsere Fähigkeit, es als dysfunktional anzusehen.
– *Jeff Garson*

Die Rose existiert ganz ohne *Warum*. Sie blüht einfach, weil sie blüht. Weder schenkt sie sich selbst Beachtung, noch fragt sie, ob jemand sie sieht.
– *Angelus Silesius*

Wir haben die Natur ihrer Unabhängigkeit beraubt, und das ist fatal für ihre Sinnhaftigkeit. Die Unabhängigkeit der Natur *ist ihr Sinn* – ohne sie gibt es nichts außer uns.
– *Bill McKibben*

Nicht das, was wir tun, macht uns heilig, sondern wir sollten heilig machen, was wir tun.
– *Meister Eckhart*

In Wahrheit gibt es keine Zweiteilung zwischen den menschlichen und den nichtmenschlichen Bereichen.
– *Warwick Fox*

Die westliche Version des mystischen Bewusstseins, unsere Version des Buddhismus oder Daoismus, wird ökologische Bewusstheit sein.

– Fritjof Capra

Es gibt noch keine Ethik, die sich mit dem Verhältnis des Menschen zum Land und zu den darauf wachsenden Tieren und Pflanzen befasst. … Die Beziehung zum Land bleibt streng ökonomisch, mit Privilegien, aber ohne Verpflichtungen. Die Ausdehnung der Ethik auf dieses dritte Element in der menschlichen Umwelt ist, wenn ich die Hinweise und Belege richtig lese, sowohl eine evolutionäre Möglichkeit als auch eine ökologische Notwendigkeit.

– Aldo Leopold

Früher oder später werden wir erkennen müssen, dass auch die Erde das Recht hat, ohne Umweltverschmutzung zu leben.

– Evo Morales, Präsident Boliviens

3
WAS ÜBERSEHEN WIR?

Traditionellen Biografien zufolge hatte Gautama Buddha eine besondere Beziehung zu Bäumen.

Er wurde unter Bäumen im Lumbini-Hain geboren, nachdem bei seiner Mutter die Wehen vorzeitig eingesetzt hatten. Als er als Kind unter einem Baum saß und seinem Vater beim Pflügen eines Feldes im Rahmen einer religiösen Zeremonie zusah, trat er spontan in eine meditative Trance ein. Später, als er auf seiner spirituellen Suche sein Zuhause verlassen hatte, ging er in den Wald, wo er mit zwei Lehrern studierte, asketische Übungen praktizierte und dann allein unter einem Baum meditierte – wo er erwachte. Danach verbrachte er weiterhin die meiste Zeit im Freien, lehrte oft unter Bäumen und starb schließlich zwischen zwei Bäumen.

Es überrascht also nicht, dass der Buddha wiederholt seine Wertschätzung für Bäume und andere Pflanzen zum Ausdruck gebracht hat. Einer Erzählung aus den Ordensregeln des Vinaya zufolge ist ihm ein Baumgeist erschienen, der sich darüber beschwerte, dass ein Mönch seinen Baum gefällt hatte. Als Reaktion darauf verbot der Buddha den Sangha-Mitgliedern Bäume oder Büsche zu verletzen, einschließlich dem Abschneiden von Ästen, Pflücken von Blumen und sogar grüner Blätter. Man fragt sich, was er wohl über unsere beiläufige Zerstörung ganzer Ökosysteme sagen würde.

Wir mögen auch über das umfassenere Muster nachdenken: warum religiöse Gründerfiguren so häufig ihre spirituelle Transformation erleben, indem sie die menschliche Gesellschaft verlassen und in die Wildnis gehen. Nach seiner eigenen Taufe ging Jesus in die Wüste, wo er vierzig Tage und Nächte allein fastete. Mohammeds Offenbarungen geschahen, als er sich in eine Höhle zurückzog, wo er vom Erzengel Gabriel besucht wurde. Das Khaggavisana-Sutta (»Die Lehrrede vom Rhinozeroshorn«), eines der frühesten Werke im Palikanon, ermutigt Mönche dazu, allein im Wald zu wandern wie ein Nashorn. Milarepa und viele spätere tibetische Yogis lebten und praktizierten viele Jahre lang allein in einer Höhle. Heute dagegen meditieren die meisten von uns in Gebäuden mit dichten, geschlossenen Fenstern, die uns vor Insekten, der heißen Sonne und kalten Winden schützen. Das hat sicherlich viele Vorteile – aber geht dabei nicht auch etwas Wesentliches verloren?

Obwohl wir die Natur oft unter dem Aspekt der Nützlichkeit betrachten, ist die natürliche Welt eine Gemeinschaft von Lebewesen in wechselseitiger Abhängigkeit, die uns zu einer anderen Art von Beziehung einlädt. Der Rückzug in die Natur, vor allem allein, kann unsere gewohnte Sichtweise unterbrechen und uns für eine andere Erfahrung öffnen. Wenn wir besser verstehen, wie dies geschieht, können wir auch einen tieferen Einblick in das gewinnen, was an unserer gegenwärtigen kollektiven Beziehung zur natürlichen Welt so problematisch ist.

Um dieses Verständnis zu erlangen, wollen wir jedoch zunächst ein Rätsel betrachten, das in einigen buddhistischen Lehren dargestellt wird. Das wird auch manche der im vorigen Kapitel angesprochenen Punkte klären.

Begierde versus Konzeptualisierung

Von Anfang an hat der Buddhismus Dukkha – »Leiden« im weitesten Sinne – betont. Der Buddha hat gesagt, er lehre ausschließlich Dukkha und dessen Beendigung. Warum leiden wir? Gemäß der zweiten der vier edlen (oder veredelnden) Wahrheiten ist die Ursache von Dukkha *tanha*, was gewöhnlich mit »Verlangen« oder »Begehren« übersetzt wird, vom Wortursprung her jedoch eher mit »Durst« verwandt ist. Tanha ist nicht der Durst nach etwas Bestimmtem, sondern der Durst nach allem, denn nichts kann ihn stillen.

Ich erinnere mich jedoch nicht, dass mein Zen-Lehrer Yamada Koun erwähnt hätte, das Problem läge im Begehren. Mir ist auch nicht in Erinnerung, dass er sich in diesem Zusammenhang jemals auf die vier edlen Wahrheiten bezogen hätte. Für die Zen-Tradition und das Mahayana im Allgemeinen besteht das größte Problem im begrifflichen Denken, das uns täuscht.

Auch in Palitexten ist von Verblendung die Rede und Theravada-Buddhist*innen sprechen davon, denn das Festhalten an bestimmten Denkweisen kann als eine Form des Verlangens verstanden werden – aber die unterschiedliche

Betonung ist nichtsdestotrotz auffällig. Ist unser hauptsächliches Problem nun Verlangen oder Verblendung? Wie können wir die Beziehung zwischen ihnen verstehen? Sprechen der frühe Buddhismus und Zen überhaupt von demselben Weg, derselben Erleuchtung?

Die Schwierigkeit hier ist, dass etwas fehlt, was das Verlangen mit trügerischen Konzepten verbindet. Um dieses fehlende Glied zu finden, kehren wir zurück zu Nagarjunas großer philosophischer Abhandlung, den *Mulamadhyamakakarika*. Den frühesten buddhistischen Texten zufolge besteht das Ziel des buddhistischen Pfades darin, Samsara – unsere alltägliche Welt des Leidens, Begehrens und der Verblendung – zu überwinden, indem wir das Nirvana erreichen und die Wiedergeburten beenden. Im vorigen Kapitel habe ich Nagarjunas berühmte Behauptung zitiert, dass es keinen Unterschied zwischen Samsara und Nirvana gibt. »Die Grenze [Kotih] von Nirvana ist auch die Grenze des alltäglichen Lebens. Es gibt nicht einmal den geringsten Unterschied zwischen ihnen.« Damit wird jeder kosmologische Dualismus geleugnet. Die »Konsensrealität«, die wir normalerweise als selbstverständlich betrachten, ist in Wirklichkeit eine psychologische und gesellschaftliche Konstruktion, die sich dekonstruieren und rekonstruieren lässt. Doch wie funktioniert dieses Konstrukt in unserem Alltag. Wie arbeiten Begehren und begriffliches Denken zusammen, um eine Welt zu erschaffen, die aus scheinbar getrennten Objekten besteht, die gelegentlich »im« objektiven Raum und »in der« objektiven Zeit interagieren? Um das zu erklären, braucht es noch etwas anderes.

Im letzten Vers desselben Nirvana-Kapitels weist Nagarjuna auf den fehlenden dritten Begriff hin. Mervyn Sprung übersetzt ihn folgendermaßen: »Absolute Gelassenheit [*shiva*] ist das Zur-Ruhe-Kommen aller Arten, die Dinge zu sehen, die Stille der benannten Dinge; keine Wahrheit [Dharma] ist jemals von einem Buddha irgendwo für irgendjemanden gelehrt worden.« Vom höchsten Standpunkt aus betrachtet lehrte der Buddha nichts, denn Erwachen beinhaltet nicht, etwas begrifflich zu erfassen: Es ist *die Ruhe der benannten Dinge*.

Wir nehmen diese Welt als Samsara wahr, weil wir sie zu *er*- oder *begreifen* suchen. Dinge zu erfassen verdinglicht sie zu Objekten. Wenn wir nicht nach den Dingen greifen, können wir sie (und uns selbst) ganz anders erleben. Die wichtige Frage ist also, wie wir die Welt begreifen. Nagarjunas Vers impliziert, dass das mit dem Benennen von Dingen zu tun hat.

Der wesentliche Punkt ist etwas, was gegen unsere Intuition spricht. Normalerweise glauben wir, dass wir die Dinge sehen und dann benennen, als wäre Sprache transparent oder ein Spiegel, der die Dinge so reflektiert, wie sie sind. Aber so funktioniert es nicht. Sprechen zu lernen spielt eine große Rolle dabei, wie wir die Welt strukturieren. Das ist Teil des Sozialisierungsprozesses. Wenn Kinder eine Sprache lernen, lernen sie, die Welt (einschließlich sich selbst) auf die gleiche Weise wahrzunehmen wie die anderen Nutzer dieser Sprache. Der Philosoph John Searle formuliert es treffend:

Wenn wir die Welt erfahren, erfahren wir sie durch sprachliche Kategorien, die helfen, die Erfahrungen selbst zu formen. Die Welt kommt nicht bereits in Objekte und Erfahrungen zerlegt zu uns. Was als Objekt gilt, ist bereits eine Funktion unseres Systems der Repräsentation [das heißt der Sprache], und wie wir die Welt erfahren, wird von diesem System der Repräsentation beeinflusst.

Psychologische Forschung hat gezeigt, dass wir normalerweise nicht so genau hinschauen. »Wahrnehmung scheint eine Frage des Abrufens von Informationen zu sein, die über Objekte und deren Verhalten in verschiedenen Situationen gespeichert sind. Das Netzhautbild tut kaum mehr als die relevanten gespeicherten Daten auswählen.« (Richard Gregory) Ein kleiner Blick genügt, um etwas *als* »Tasse« wahrzunehmen – in gewisser Weise *denken* wir mit den Augen. Das ist kein bewusster Prozess, sondern ein vorbewusster, der sich gewöhnlich nur schwer vermeiden lässt.

Die buddhistische Betonung der Vergänglichkeit legt nahe, dass die Welt ein Zusammenfließen von interagierenden Prozessen ist. Aber aufgrund der Sprache *nehmen* wir sie *wahr* als eine Ansammlung getrennter Dinge – jedes mit seinem eigenen Namen –, die gelegentlich interagieren.

Wenn wir zu sprechen beginnen, lernen wir, Dinge zu erkennen – Mama, Papa, Bett, Wasser, Toilette, Tasse, Löffel und so weiter –, und wir lernen auch Wörter, die Aktivitäten beschreiben – essen, trinken, waschen, zu Bett gehen und so weiter –, und das bringt uns zu dem entscheidenden

Punkt, dem fehlenden Glied, das Begehren (Absichten) und Verblendung (Begriffe) verbindet. Eine Tasse zum Beispiel ist nicht nur ein Etikett, das eine bestimmte Art von Ding identifiziert. Es geht um ein Konzept, das mit einer *Funktion* ausgestattet ist. Etwas *als* Tasse zu sehen bedeutet zu wissen, wofür dieser Gegenstand gebraucht wird. Diese Funktion ist bereits in unsere vorbewusste Wahrnehmung eingebaut, daher nehme ich, wenn ich mich in der Küche bewege, die Dinge nicht *als* Gabeln, Tassen und Teller wahr. Ich sehe Gabeln, Tassen und Teller – verschiedene Gebrauchsgegenstände, die unterschiedlich zu benutzen sind. Obwohl ich gelernt habe, die Küche und all diese Dinge auf diese Weise zu sehen, ist mir die Tatsache, dass ich gelernt habe, sie auf diese Weise zu sehen, normalerweise nicht bewusst.

So organisieren Konzepte für uns die Welt: Durch Sprache lernen wir, sie wie unsere Sprachgenoss*innen zu erfahren. Aber es gibt noch einen weiteren wichtigen Punkt: Meine Welt weitgehend als eine Ansammlung von Gebrauchsgegenständen zu sehen, verbindet sie mit meinen Absichten. Das ermöglicht mir, meine Bedürfnisse zu befriedigen. Wenn ich ein Schokoholiker bin, wird es wichtig, etwas als Schokoriegel bestimmen zu können. Diese Identifikation ist mit vielen anderen Konzepten, Funktionen und Absichten verbunden: zu wissen, wo ich einen Schokoriegel kaufen kann, was zu tun ist, wenn ich dort ankomme, was Geld ist. Viele Ursachen und Bedingungen müssen verstanden und erfüllt werden, damit ich diesen Schokoriegel genießen kann. Normalerweise ist dieser komplexe Ablauf jedoch automatisiert, sodass wir nicht viel darüber nachdenken müssen. Ich kaufe einfach den Schokoriegel und verspeise ihn dann.

Zusammenfassend lässt sich sagen, dass drei Dinge zusammenwirken, um unsere Welt zu konstruieren: *Sprache* (Konzepte), die die Welt nicht nur gliedert, sondern sie in *Funktionen* (kausalen Beziehungen) organisiert, und die Art und Weise, wie diese Funktionen es uns ermöglichen, *absichtsvoll zu handeln* (zum Beispiel um Bedürfnisse zu befriedigen).

Von den vielen bezeichneten Dingen sticht eines besonders hervor: *ich*. Das Selbst. *Ich* bin nicht der- oder diejenige, der oder die diese Konstruktion ausführt, denn der Selbstsinn oder das Selbstgefühl ist bereits eines dieser konstruierten Dinge. Subjektivität ist das Erste, was es zu »objektivieren« gilt. Wenn man lernt, Wörter wie *ich*, *mir* und *mein* zu benutzen, lernt man, sich selbst als eins der Objekte »in« der Welt zu verstehen – ein weiteres Ding, das geboren wird und stirbt oder erschaffen und zerstört wird – in ganz ähnlicher Weise wie alles andere. Das ist letztlich ziemlich merkwürdig, denn »ich« bin für »meine« Welt in einer Weise wesentlich, wie es nichts anderes jemals sein kann.

Der springende Punkt hier ist, dass aus diesem erlernten Betrachten der Welt als einer Sammlung von Gebrauchsgegenständen zur Befriedigung meiner Bedürfnisse das Gefühl der Trennung zwischen einem »inneren« Selbst (das die Dinge benutzt) und dem Rest der Welt »da draußen« (die benutzten Dinge) entsteht. Der Akt des *Begreifens* erschafft sowohl den *Begreifenden* als auch das *Begriffene*, die in Beziehung zueinander entstehen. Wie im letzten Kapitel besprochen, ist dieses konstruierte Gefühl der Trennung seinem Wesen nach unangenehm und schafft ein Selbst, das sich niemals selber fühlen kann, weil dieses vermeintliche Selbst eine Fiktion ist, die durch das Begreifen entsteht.

Dennoch sind die übliche Art, die Welt (einschließlich des eigenen Selbst) zu erfahren, und die übliche Art, in dieser Welt zu leben, nicht »schlecht«. Tatsächlich sind sie notwendig. Diese kollektive Konstruktion oder »Konsensrealität« ist für unsere evolutionäre Fähigkeit, zu überleben und zu gedeihen, unerlässlich gewesen. Und das Wissen, wie man innerhalb eines solchen Konstrukts funktioniert, ist in unserem täglichen Leben und in der Interaktion mit anderen Menschen von wesentlicher Bedeutung. Das Problem besteht darin, dass wir diese Art, die Welt zu verstehen, für gewöhnlich und unbewusst als ihre wirkliche Seinsweise akzeptieren, ohne zu wissen, dass es sich dabei um ein psychosoziales Konstrukt handelt, das dekonstruiert werden kann. Anstatt sich damit zu identifizieren oder es abzulehnen, gilt es zu erkennen, dass es eine andere Art gibt, die Welt zu erfahren, und frei von einem Modus in den anderen wechseln zu können, indem wir je nach den Umständen »angemessen reagieren«.

Wenn wir das Leben nur als eine unaufhörliche Abfolge von Absichten und Bedürfnissen erfahren, die uns die Welt fortwährend als eine Ansammlung von Gebrauchsgegenständen begreifen lässt, übersehen wir ständig etwas Wichtiges, das William Blake in *Die Hochzeit von Himmel und Hölle* so beschrieben hat:

> Würden die Pforten der Wahrnehmung gereinigt, erschiene dem Menschen alles, wie es ist: unendlich. Denn der Mensch hat sich verschlossen, sodass er alle Dinge durch enge Spalten seiner Höhle sieht.

Das Festhalten an Konzepten, Funktionen und Begehren ist die Art und Weise, wie wir uns verschließen. Wenn wir sie loslassen, werden die Pforten unserer Wahrnehmung gereinigt. Blake hat auf diese andere Art von Wahrnehmung auch in *Weissagungen der Unschuld* verwiesen:

> Um die Welt in einem Sandkorn zu sehen
> Und einen Himmel in einer wilden Blume
> Halte die Unendlichkeit in deiner flachen Hand
> Und die Ewigkeit in einer Stunde.

Wie Blakes Hinweis auf die Ewigkeit nahelegt, lässt sich das Problem des Feststeckens in einer Welt von Konzepten, Funktionen und Begehren auch in einem Zeitbezug ausdrücken: Wenn wir die Welt in erster Linie als eine Ansammlung von Gebrauchsgegenständen wahrnehmen, die wir ergreifen, um dem nachzujagen, was wir begehren, dann instrumentalisieren wir auch die Gegenwart als Mittel, um in der Zukunft etwas zu erreichen. Die Gegenwart wird zu einer Reihe von Momenten abgewertet, die wegfallen, während wir nach etwas greifen, das noch nicht ist. Das von unserem Selbstsinn empfundene Gefühl des *Mangels* bedeutet, dass die Gegenwart nie gut genug sein kann. Unsere Mangelprojekte sind immer zukunftsorientiert. Das bedeutet, wir übersehen genau in diesem Augenblick etwas, was manchmal das *ewige Jetzt* genannt wird: die Gegenwart »ohne Ende oder Anfang« (die wörtliche Bedeutung des englischen Worts »eternal«), nicht als eine verschwindende Trennlinie zwischen den Unendlichkeiten von Vergangenheit und Zukunft. Eine solche Gegenwart fällt nicht weg, weil ihr nichts fehlt.

Ist das der Grund, warum wir uns an der Unschuld von Kindern und Haustieren so sehr erfreuen, warum wir Musik und Tanz schätzen? In einer überinstrumentalisierten Welt bringen sie uns ins Hier und Jetzt zurück. Vor allem kleine Kinder haben noch nicht gelernt, dass das Leben eine ernste Angelegenheit ist und sie sich immer auf die Zukunft vorbereiten müssen. Vielleicht hat Jesus darauf angespielt, als er verkündete: »Wahrlich, ich sage euch: Wenn ihr euch nicht ändert und werdet wie kleine Kinder, werdet ihr nie in das Himmelreich eingehen.« Vielleicht ist das Himmelreich näher, als uns bewusst ist.

Erklärt das auch, warum wir uns so gerne in der Natur aufhalten? Wir finden es heilsam, auch wenn wir nicht verstehen, warum oder wie. Das hat eindeutig damit zu tun, dass die Natur uns eine vorübergehende Flucht aus unserem instrumentalisierten Leben bietet.

Das vorbewusste Konstruieren der Welt mittels Sprache hält uns in der Sprache gefangen. Da Bedeutung für uns zu einer Funktion von Wörtern geworden ist, neigen wir dazu, den Sinn von allem anderen zu übersehen. In *A Language Older than Words (Eine Sprache älter als Worte)* zitiert Derrick Jensen Christopher Manes, der das mit unserer früheren Erfahrung kontrastiert:

> In den meisten Kulturen – einschließlich unserer eigenen vor der Einführung der Schrift – sprach ihre gesamte Geschichte hindurch die ganze Welt. Anthropologen nennen das Animismus, die am weitesten verbreitete Weltanschauung in der Menschheitsgeschichte. Animistische Kulturen hören auf die Natur. Ihnen sagen Vögel etwas. Genauso wie Würmer, Wölfe und Wasserfälle.

Sie haben nicht aufgehört zu sprechen, aber wir können nicht mehr hören, was sie sagen.

In *Die Wiederverzauberung der Welt* geht Morris Berman auf diesen Punkt ein:

> Die Ansicht über die Natur, die im Westen bis zum Vorabend der wissenschaftlichen Revolution vorherrschte, war die einer verzauberten Welt. Felsen, Bäume, Flüsse und Wolken wurden alle als wundersam und lebendig betrachtet, und die Menschen fühlten sich in dieser Umgebung zuhause. Kurz gesagt, der Kosmos war ein Ort der Zugehörigkeit. Ein Angehöriger dieses Kosmos war kein entfremdeter Beobachter, sondern eine direkte Teilnehmerin an seinem

Drama. Ihr persönliches Schicksal war mit dessen Schicksal verbunden, und diese Beziehung gab dem Leben Sinn. Diese Art des Bewusstseins ... beinhaltet eine Verschmelzung oder Identifikation mit der Umgebung und zeugt von einer seelischen Ganzheit, die längst von der Bildfläche verschwunden ist.

Für viele indigene Völker »gibt es noch immer nicht zwei Welten, die der Menschen (die Gesellschaft) und die der Dinge (die Natur), sondern nur eine – eine Lebenswelt –, die reich ausgestattet ist mit persönlichen Kräften und die sowohl die Menschen, die Tiere und die Pflanzen, von denen der Mensch abhängig ist, als auch die Landschaft umfasst, in der er lebt und sich bewegt.« (Tim Ingold)

Ein klassisches Beispiel dafür findet sich in *Tahca Ushte, Medizinmann der Sioux*, wenn der Lakota-Indianer Lame Deer die Aufmerksamkeit eines Besuchers auf seinen Kochtopf lenkt:

Er scheint keine Botschaft zu haben, dieser alte Topf, und ich schätze, du machst dir keine Gedanken darüber. ... Aber ich bin ein Indianer. Ich denke über gewöhnliche, alltägliche Dinge wie diesen Topf nach. Das sprudelnde Wasser kommt aus der Regenwolke. Es steht für den Himmel. Das Feuer kommt von der Sonne, die uns alle wärmt – Menschen, Tiere, Bäume. Das Fleisch steht für die vierbeinigen Geschöpfe, unsere Tierbrüder, die von sich selbst gegeben haben, damit wir leben können. Der Dampf ist lebendiger Atem. Er war Wasser; jetzt steigt er in den Himmel, wird wieder zur Wolke. Diese Dinge sind heilig. ... Wir Sioux verbringen viel Zeit damit, über alltägliche Dinge nachzudenken. ... Wir sehen in der Welt um uns herum viele Symbole, die uns den Sinn des Lebens lehren. Wir sagen oft: Der weiße Mann sieht so wenig – er sieht wohl nur mit einem Auge. Wir sehen vieles, was ihr nicht mehr wahrnehmt. Es könnte auch euch auffallen, wenn ihr wolltet, aber meist seid ihr zu beschäftigt. Wir Indianer leben in einer Welt von Symbolen und Bildern, in der das Spirituelle und das Alltägliche eins sind.

Diese außergewöhnliche Passage beinhaltet keinen kosmologischen Dualismus, obwohl »eine Welt von Symbolen und Bildern« ein wenig irreführend erscheinen kann. Lame Deer beschreibt eine andere *Wahrnehmung* der Welt. Sein alter Topf ist mehr als ein Gebrauchsgegenstand. Für ihn ist das Zubereiten des Essens ein heiliger Akt, denn er übersieht nicht den verzauberten Kosmos, an dem er teilhat.

Diese Hinweise auf andere spirituelle Traditionen erinnern uns daran, dass der Buddhismus kein Monopol auf das Dharma hat. Die andere nonduale Tradition, die am tiefsten mit der in diesem Buch angebotenen Perspektive in Resonanz geht, ist der Daoismus. Das ist wenig überraschend, wenn man bedenkt, dass der Daoismus in China mit dem Mahayana-Buddhismus interagierte. Doch der Daoismus ist auch jene Tradition des Achsenzeitalters, die sich am einfühlsamsten in der natürlichen Welt verwurzelt hat. Nagarjunas Behauptung, das Samsara unterscheide sich nicht vom Nirvana, war für die Chinesen nichts Neues, denn sie hatten wenig Interesse an einem Erwachen, das uns von dieser Welt trennt.

In den beiden wichtigsten Texten des Daoismus, dem *Daodejing* und insbesondere dem *Zhuangzi*, ist die Natur nicht nur eine Zuflucht, sondern sie offenbart das wahre Wesen der Dinge, das von der menschlichen Zivilisation tendenziell verschleiert wird. Beide Texte wenden sich von der Gesellschaft ab, um mit den Wäldern und Bergen und ihren Geschöpfen Zwiesprache zu halten. Das Dao transzendiert diese Welt nicht, denn es ist ein leeres und unerschöpfliches Nicht-etwas-Sein (*no-thing-ness*), das all die zehntausend Dinge hervorbringt, und Nicht-Etwas zu werden ist eine Rückkehr zu diesem Ursprung. In der Tat: Wenn man das buddhistische Shunyata als ein grenzenloses Potenzial ohne eigene Gestalt oder Merkmale versteht, das alle von uns erfahrenen Formen hervorbringt, dann wird es schwierig, das Shunyata vom Dao zu unterscheiden. Im *Zhuangzi* heißt es:

Es gibt ein Irgendwo, aus dem wir geboren werden, in das hinein wir sterben, aus dem wir hervorgehen, in das wir eintreten; das ist es, was das Himmelstor genannt wird. Das Himmelstor ist das, was ohne irgendetwas ist; die unzähligen Dinge gehen aus dem hervor, was ohne irgendetwas ist. Etwas kann nicht durch etwas zu etwas werden, es geht notwendigerweise aus dem hervor, was ohne irgendetwas ist; aber das, was ohne irgendetwas ist, ist für immer ohne irgendetwas. Der oder die Weise schafft sich *darin* eine Unterkunft. (Englische Übersetzung von A. C. Graham, mit dessen Kursivsetzung)

Der oder die Weise schafft sich eine Unterkunft in dem für ewig von allem Befreiten – was *Nicht-Etwas* ist. Wie entstehen die unzähligen Dinge? Laut dem *Zhuangzi*:

Das Wissen der Älteren war vollkommen. Wie vollkommen? Zuerst wussten sie nicht, dass es Dinge gibt. Dies ist das vollkommene Wissen; ihm kann nichts hinzugefügt werden. Als Nächstes wussten sie, dass es Dinge gab, aber sie machten noch keine Unterschiede zwischen ihnen. Als Nächstes unterschieden sie zwischen ihnen, aber sie urteilten noch nicht über sie. Als sie begannen zu urteilen, wurde das Tao zerstört.

Die inneren Kapitel des *Zhuangzi* schließen mit den Worten: »Halte an allem fest, was du vom Himmel empfangen hast, aber glaube nicht, dass du irgendetwas bekommen hast. Sei leer, das ist alles.«

Auch wenn die Sprache nicht buddhistisch ist – scheinen diese Passagen nicht eine ähnliche Art des Erfahrens zu beschreiben? In der Tat kann uns das, was über Benennungen, Funktionen und Begehren (Absichten) gesagt wurde – wie sie die Welt konstruieren, die wir normalerweise als selbstverständlich betrachten –, dabei helfen, das rätselhafte erste Kapitel des *Daodejing* zu begreifen, in dem genau dieselben

Punkte angesprochen werden. Hier ist meine eigene Wiedergabe (mithilfe anderer Übersetzungen):

Das Dao, das geDao-t werden kann, ist nicht das beständige Dao
Der Name, der genannt werden kann, ist kein beständiger Name
Keine-Namen-Haben ist die Quelle von Himmel und Erde
Namen-Haben ist die Mutter der zehntausend Dinge
Ohne Begehren/Absicht betrachte das Wunder
Mit Begehren/Absicht betrachte die Formen
Diese beiden Dinge haben den gleichen Ursprung
Obwohl sie sich namentlich unterscheiden
Ihr Gleichsein wird das Mysterium genannt
Von Mysterium zu Mysterium: das Tor allen Staunens!

Der erste Vers betont, dass das Dao unbeschreiblich ist, weil es jenseits aller Namen liegt und nicht durch Sprache strukturiert ist. Das Dao kann nicht geDao-t werden, denn das würde ihm einen Namen geben und es zu einer Sache machen. Es ist beständig und unveränderlich, weil es weder Namen noch Formen hat, die sich ändern könnten. Der zweite Vers bezieht sich auf eine andere Art des Erlebens, die das Benennen beinhaltet. Die Dinge, die wir benennen, sind nicht beständig, weil sie »kommen und gehen«.

Keine-Namen-Haben ist die Quelle von Himmel und Erde
Namen-Haben ist die Mutter der zehntausend Dinge.

Das, was keinen Namen hat, was wir aber dennoch als Dao bezeichnen, ist die Quelle für alles, was erscheint. Aus der Benennung (Sprache) gehen alle Dinge hervor: Unsere Alltagswelt wird durch das Identifizieren und Differenzieren von Dingen konstruiert.

> Ohne Begehren/Absicht betrachte das Wunder
> Mit Begehren/Absicht betrachte die Formen

Dieser Vers weist auf die Verbindung zwischen den beiden Arten des Erlebens hin. Wenn es keine Begehrlichkeiten oder Absichten gibt (der chinesische Begriff *Yu* kann auf beide Arten übersetzt werden), wird die Welt nicht zu einer Ansammlung von Gebrauchsgegenständen verdinglicht, und wir können das unaussprechliche Mysterium des Dao wahrnehmen. Wenn wir Begehren/Absichten haben, begreifen wir die Welt und erleben sie in der üblichen zweckmäßigen Weise, als aus einer Vielzahl von (benannten) Formen bestehend.

> Diese beiden Dinge haben den gleichen Ursprung
> Obwohl sie sich namentlich unterscheiden

Nachdem diese beiden Arten der Erfahrung unterschieden wurden, weist dieser Vers nun auf ihre Nondualität hin. Sie sind nicht zwei verschiedene Realitäten, sondern zwei Seiten derselben Realität, was uns an Nagarjunas Behauptung erinnert, dass es keinen wirklichen Unterschied zwischen Samsara und Nirvana gibt.

Ihre Gleichsein wird das Mysterium genannt.
Von Mysterium zu Mysterium: das Tor allen Staunens!

Der letzte Vers bestaunt, dass die Welt diese zwei sehr unterschiedlichen Aspekte hat und doch eins ist, wie es die zwei Seiten einer Münze sind. Es ist ein Mysterium – aber vielleicht wird dieses Mysterium ein wenig nachvollziehbarer, wenn wir verstehen, wie Sprache vorbewusst die Welt konstruiert und wie Meditation (»Gedankenfasten« im Daoismus) sie dekonstruieren kann.

Zusammenfassend lässt sich sagen: Unser normales Beschäftigtsein mit allerlei Versuchen, Bedürfnisse zu befriedigen, beinhaltet, dass wir die Welt als eine Ansammlung von Dingen begreifen, deren Namen Funktionen sind; das macht sie zu Gebrauchsgegenständen mit dem Zweck, dass wir bekommen, was wir wollen. Natürlich müssen wir oft so handeln. Aber wenn es die einzige Art und Weise ist, wie wir uns auf die Welt beziehen, dann übersehen wir etwas Wesentliches: dass alle benannten und erfassten Formen – einschließlich unserer selbst – Manifestationen sind von etwas, das an sich namenlos, formlos, unfassbar und mysteriös ist.

Die Ökologie des Eigentums

Was bedeutet das alles für unsere kollektive Beziehung zur Erde? Die daoistische Betonung der Rückkehr zu einer natürlicheren Teilhabe an der Natur wirft unweigerlich die Frage nach der Beziehung zwischen der menschlichen Zivilisation und der sie tragenden Biosphäre auf. Heute ist diese Beziehung natürlich angespannter als zur Zeit von Laozi und Buddha. Vor zweihundert Jahren lebten etwas über drei Prozent der Weltbevölkerung in Städten; heute sind es weit mehr als die Hälfte. Umweltpsychologische Forschungen haben gezeigt, dass viele in der Stadt Wohnende nicht nur unter verschiedenen Arten von Überfüllung, Verdichtung und Umweltverschmutzung leiden, sondern auch unter dem, was als »Naturdefizitsyndrom« bezeichnet wird.

Städtische Gebiete bringen eine zweckmäßigere Beziehung zur eigenen Umgebung mit sich. Das hat wichtige Auswirkungen darauf, wie fest wir in der »Konsensrealität« verwurzelt sind, die uns die Welt als eine Ansammlung von Objekten für unseren Gebrauch erfahren lässt. In Städten ist fast alles, worauf wir uns beziehen, ein Gebrauchsgegenstand, einschließlich der meisten Menschen, die wir in ihren Funktionen zu sehen lernen: der Verkäufer, die Kellnerin, der Busfahrer und so weiter. Wir leben inmitten von Maschinen und von Maschinen produzierten Waren. In einem Wald hingegen sind wir in eine Welt von lebendigen Dingen eingebettet. Mit anderen Worten, städtische Gebiete sind so konstruiert, dass fast alles und jeder/jede ein *Mittel* ist, um etwas zu erhalten oder zu erreichen. Umgeben von so vielen anderen Menschen, die sich auf dieselbe Weise auf alles beziehen, fällt es schwer, diese Beziehung zur Welt zu *durchschauen* oder *loszulassen* und zu erkennen, dass es eine andere Art gibt, sie wahrzunehmen.

Das Nachdenken über Gebrauchsgegenstände wirft Fragen in Bezug auf die Technologie auf – unser größtes Hilfsmittel. Technologien erweitern unsere menschlichen Fähigkeiten, einschließlich der Fähigkeit, die Natur noch effektiver zu instrumentalisieren. Michael Zimmerman hat gesagt: »Derselbe Dualismus, der die Dinge zu Objekten des Bewusstseins reduziert, ist in der Art von Humanismus am Werk, der die Natur zum Rohstoff für die Menschheit reduziert.« Jacques Ellul beschreibt die moderne Technologie als »die bestimmende Kraft einer neuen sozialen Ordnung, in der Effizienz nicht mehr eine Option, sondern eine Notwendigkeit ist, die allen menschlichen Aktivitäten auferlegt wird«. Effizienz bedeutet nicht, jene Ziele oder Zwecke festzulegen, die es zu achten und anzustreben gilt; es geht nur darum, die Mittel – in Bezug auf die natürliche Welt – daraufhin zu beurteilen und zu messen, wie wirtschaftlich wir die »Ressourcen« der Welt (zu denen natürlich auch wir selbst gehören) nutzen können. Ist das ein weiteres Beispiel dafür, dass die Mittel die Zwecke verschlingen?

Max Frisch hat gesagt, die Technik sei der Trick, die Welt so einzurichten, dass wir sie nicht erleben müssen. Ist die moderne Zivilisation also die Fertigkeit, die Erde so einzurichten, dass wir sie nicht erleben müssen? Unser Zusammenleben so einzurichten, dass wir nicht merken, dass wir Teil der Natur sind?

Warum fällt uns das nicht auf? Eine der Säulen der heute von uns als selbstverständlich hingenommenen Weltanschauung ist ein Prinzip, das von der ökologischen Krise als problematisch, ja sogar gefährlich entlarvt wird. Es ist ein weiteres soziales Konstrukt, das, wie das Geld, wesentlich ist und sich, wie das Geld, in einer Weise entwickelt hat, die neu bewertet und rekonstruiert werden muss.

Das Grundproblem des *Eigentums* – vor allem an Land – besteht darin, dass es, wenn es jemand anderem (oder etwas anderem, einem Konzern zum Beispiel) gehört, auf ein Mittel zu den Zwecken des Eigentümers oder der Eigentümerin reduziert wird. Das moderne Konzept des Privateigentums ist für unsere heutige Zivilisation zwar unabdingbar, aber für die menschliche Gesellschaft nicht so selbstverständlich wie zum Beispiel Sprache und Gerätschaften. Jäger- und Sammlergesellschaften, die keine Nahrungsmittel anbauen, haben eine ganz andere Beziehung zu dem Land, auf dem sie leben, und zu den Lebewesen, mit denen sie leben. Das hat manchmal zu verhängnisvollen Missverständnissen geführt. Als die amerikanischen Ureinwohner Manhattan für den Gegenwert von sechzig Gulden an die Niederländer »verkauften«, haben beide Seiten dieses Geschäft wahrscheinlich nicht auf die gleiche Weise verstanden. Letzten Endes ging es darum, dass die Niederländer und ihre Nachfolger ihr Rechtsverständnis des Abkommens durchsetzen konnten. Die Tatsache, dass alle Vorstellungen von Eigentum kulturell und historisch bedingt sind, erinnert uns daran, dass Eigentum seinem Wesen nach nicht unantastbar ist. Unsere gesellschaftlichen Vereinbarungen über Eigentum können und müssen heute als Teil unserer Reaktion auf die zunehmenden sozialen und ökologischen Krisen geändert werden.

In der zweiten seiner *Zwei Abhandlungen über die Regierung* argumentiert der englische Vertreter der politischen Philosophie – John Locke, dass Regierungen eingesetzt werden, um die Rechte der Menschen auf »Leben, Freiheit und Eigentum« zu sichern. Bekanntlich hat das Thomas Jefferson in der Unabhängigkeitserklärung der Vereinigten Staaten in »Leben, Freiheit und das Streben nach Glück« umgewandelt. Obwohl es in der Genesis heißt, dass Gott die Welt der gesamten Menschheit überlassen habe, hat Locke behauptet, dass individuelle Eigentumsrechte natürliche Rechte seien. Weniger bekannt ist jedoch der Vorbehalt, den Locke hinzugefügt hat: dass man sich Eigentum nur dann auf diese Weise aneignen dürfe, wenn »genug, und ebenso gutes, für andere übrigbleibt«.

Der französische Aufklärer Jean-Jacques Rousseau hat Locke in seiner *Abhandlung über den Ursprung und die Grundlagen der Ungleichheit unter den Menschen* widersprochen: Eigentum ist kein unveräußerliches Recht, sondern ein soziales Konstrukt, das die soziale Ordnung begründet. »Der erste Mensch, der ein Stück Land umzäunt hat und dem es in den Sinn kam zu sagen, dass es ihm gehört, und der hinreichend einfache Menschen fand, die ihm glaubten, war der wahre Begründer der bürgerlichen Gesellschaft.« Obwohl Rousseau erklärte, dass diese hypothetische Person »ein Betrüger« und für Elend und Schrecken verantwortlich wäre, glaubte er dennoch an die Bedeutung dieses Konstrukts: »Das Recht auf Eigentum ist das heiligste aller Bürgerrechte.«

Obwohl diese beiden Ansichten über das Eigentum sich voneinander unterscheiden, weisen sie doch eine sehr bedeutende Ähnlichkeit auf. Beide befassen sich ausschließlich mit den Rechten des Eigentümers und verlieren kein Wort über die Rechte des Eigentums – denn das hat natürlich keine. Ein eher nondualistischer buddhistischer Ansatz legt jedoch eine andere Perspektive nahe.

Dem Palikanon zufolge hat der Buddha die Idee des Privateigentums nicht in Frage gestellt. Wenn ihn Kaufleute um Rat fragten, sprach er darüber, wie man Reichtum erlangt und wie man ihn nutzen sollte. Das Anhäufen von Reichtum um seiner selbst willen wurde zugunsten von Großzügigkeit missbilligt – was vielleicht damit zu tun hat, dass die Klostergemeinschaft auf die Unterstützung von Laien angewiesen war. Das Löwengebrüll-Sutta erzählt die Geschichte eines Königreichs, das zusammenbricht, als der Herrscher den Verarmten kein Eigentum überlässt. Die Moral von der Geschichte ist nicht, dass Verbrechen aus Armut streng bestraft werden sollten oder dass arme Menschen für ihre eigene Armut verantwortlich seien und härter arbeiten sollten, sondern dass der Staat eine Verantwortung hat, die Menschen bei der Befriedigung ihrer Grundbedürfnisse zu unterstützen.

Natürlich gibt es auch eine andere Seite von Buddhas Lehren, in der das Nichtanhaften an materielle Güter betont und für den Wert der Genügsamkeit geworben wurde. Mönche und Nonnen sollten sich beispielsweise mit vier Bedarfsgütern zufriedengeben: ausreichend Nahrung, um den

Hunger zu lindern und die Gesundheit zu erhalten, ausreichend Kleidung, um anständig zu erscheinen und den Körper zu schützen, ausreichend Unterkunft, um sich auf die Kultivierung des Geistes zu konzentrieren, und ausreichend medizinische Versorgung, um Krankheiten zu heilen und ihnen vorzubeugen. Der persönliche Besitz beschränkt auf drei Roben, eine Bettelschale, ein Rasiermesser, eine Nadel, ein Wassersieb und eine Kordel um die Taille.

Diese Ent-Wertung persönlichen Eigentums steht im Einklang mit den buddhistischen Lehren über das Selbst. Das englische Wort *property* leitet sich ab vom lateinischen *proprius*, »jemands Eigenes«. Es gibt kein Eigentum – ob Territorium oder bewegliches Eigentum – ohne jemanden, der oder die es besitzt. Das Konzept ist seinem Wesen nach dualistisch: Tatsächlich verdinglichen Eigentümer das, was ihnen gehört. Was bedeutet dann Eigentum für eine Tradition, die sich der Erkenntnis widmet, dass es keine wirklichen Eigentümer geben kann, weil es kein Selbst gibt?

Im Sinne der konventionellen »Konsensrealität« ist Eigentum offensichtlich ein notwendiges soziales Konstrukt. Warum? Das führt uns zurück zum buddhistischen Grundanliegen: der Linderung von Dukkha – »Leiden« im weitesten Sinne. Aus buddhistischer Sicht ist Eigentum ein nützliches soziales Konstrukt, sofern es Dukkha reduziert, aber problematisch, wenn es Dukkha vergrößert. Es erübrigt sich zu sagen, dass eine solche Perspektive sich stark unterscheidet von der vorherrschenden Sichtweise, die bestimmt, wie unsere Zivilisation heute mit der Erde umgeht.

Die Frage ist also nicht, ob ich exklusiven Zugang zu meiner Zahnbürste oder ähnlichen persönlichen Gegenständen habe. Die Frage ist, ob wohlhabende Menschen und Konzerne die Freiheit haben sollten, so viel Eigentum zu besitzen, wie sie wollen, und ob sie dieses Eigentum (insbesondere Land) auf jede beliebige Art und Weise nutzen dürfen – auch auf eine Weise, die der Erde schadet. Heute lautet das Fazit bis auf wenige Ausnahmen »Hände weg«, solange das Geld legal verdient und der Besitz rechtmäßig erworben worden ist. Es gehört ihnen, also können sie damit mehr oder weniger tun, was sie wollen. Wenn die Erde den Ansturm unserer Gattung überleben soll, muss diese gesellschaftliche Vereinbarung bezüglich Eigentum jedoch neu gedacht werden, anstatt sich nur darauf zu konzentrieren, was für *eine* Gattung von Vorteil ist – was ist mit dem Wohlergehen des Planeten? Gibt es eine andere Möglichkeit, als »sie« (wir sprechen hier von Mutter Erde!) als etwas anzusehen, das Menschen ausbeuten können?

Das ist kein Aufruf zum Sozialismus, insofern das bedeuten würde, dass der Staat im Namen aller seiner Bürger*innen alles besitzt. Aus ökologischer Sicht läuft das meist auf eine kollektive Version des gleichen Dualismus von Eigentümer und Eigentum oder Subjekt und Objekt hinaus.

Ich spreche von einer neuen Freiheitsbewegung.

Die nächste Befreiungsbewegung?

Die Entwicklung der westlichen Zivilisation ist oft unter dem Aspekt wachsender Freiheit verstanden worden. Dem

Historiker John Dalberg-Acton zufolge war die Zunahme von Freiheit das zentrale Thema der Geschichte. Seit der Renaissance gab es eine fortschreitende Betonung der Religionsfreiheit (die Reformation), gefolgt von politischer Freiheit (beginnend mit der englischen, amerikanischen und französischen Revolution), wirtschaftlicher Freiheit (Klassenkampf), kolonialer Freiheit (Unabhängigkeitsbewegungen), Freiheit der Rasse (Kampagnen gegen Sklaverei und die Bürgerrechtsbewegungen) und in jüngerer Zeit der Geschlechter- und sexuellen Freiheit (Frauenrechte, Rechte von Homosexuellen, Transgender-Personen und so weiter).

Es gibt jedoch auch noch eine andere Möglichkeit, diese historische Entwicklung zu beschreiben. Fast alle diese Freiheitsbewegungen können als Kämpfe zur Überwindung der hierarchischen Ausbeutung verstanden werden, die eine Form der (da ist sie wieder!) Dualität von Mitteln und Zwecken darstellt. Die Sklaverei zum Beispiel wurde als »sozialer Tod« bezeichnet, weil das Leben eines Sklaven, einer Sklavin völlig den Interessen der Herren untergeordnet war. Das Patriarchat unterwarf auf ähnliche Weise die Frauen den Männern, indem es sie für Hausarbeit, sexuelle Vergnügungen und Reproduktion ausbeutete. Die Herrscher und das von ihnen unterdrückte Volk, Kolonisatoren und die Kolonialisierten, Raubritter und Arbeiter: Sie alle sind Formen ungleicher Beziehungen, die als natürlich und daher angemessen gerechtfertigt wurden. In all diesen Fällen bedeutet Freiheit, nicht länger Mittel zum Zweck eines anderen zu sein. Demokratie führt im Prinzip dazu, dass niemandes

Menschensein dadurch definiert ist, dass er oder sie dem Willen eines anderen unterworfen ist.

Was ist der nächste Schritt in dieser historischen Entwicklung? Nun, welche Mittel-Zweck-Unterordnung bleibt auch heute noch das größte Problem, nachdem wir Menschen durch unsere außerordentlichen technologischen Kräfte die Erde und all ihre Geschöpfe in eine Ansammlung von Ressourcen verwandelt haben, die auf jede beliebige Art und Weise von uns gewonnen und verbraucht werden können?

Wenn diese instrumentalistische Sicht auf die Natur im Zentrum unseres ökologischen Dilemmas steht, dann besteht die nächste Entwicklung bei der Überwindung hierarchischer Mittel-Zweck-Beziehungen vielleicht darin zu erkennen, dass der Planet und sein großartiges Gewebe des Lebens bei weitem mehr als lediglich eine Ressource zum Nutzen einer Gattung ist. Anstatt eine solche Möglichkeit als unwahrscheinliche kollektive Selbstaufopferung abzutun, kann diese Freiheitsbewegung auf der gegenteiligen Erkenntnis beruhen: dass die ökologische Krise zeigt, wie unser eigenes Wohlergehen nicht wirklich vom Wohlergehen des Ganzen unterschieden werden kann.

Dem »Ökotheologen« Thomas Berry zufolge ist das Universum keine Ansammlung von Objekten, sondern eine Gemeinschaft von Subjekten. Unsere eigene Biosphäre ist ein strahlendes Beispiel für diese Gemeinschaft. Der Mensch ist nicht der letzte Zweck oder das Ziel des Evolutionsprozesses, weil das auf keine Gattung zutrifft – oder besser, weil es auf jede Gattung zutrifft. Heute müssen wir ernsthaft darüber nachdenken, wie es wäre, auf diese Weise auf der Erde zu leben.

Natürlich wäre angesichts der fest verwurzelten wirtschaftlichen und politischen Realitäten jede soziale Bewegung in dieser Richtung eine idealistische Phantasie.

Außer, dass es bereits geschieht.

»Ich bin der Fluss und der Fluss ist ich«

Unsere Einstellung zu Tieren hat sich seit den Tagen, als Passagiere aus Zugfenstern zum Spaß auf Bisons schossen, erheblich verändert. Heute haben wir Tierheime und Gesetze, die sie vor mutwilliger Grausamkeit schützen – und nun haben noch radikalere Entwicklungen begonnen.

Nach der traditionellen Rechtsprechung ist die Natur Eigentum, ohne jegliche Rechtsansprüche. Daher haben sich die Umweltgesetze bisher nur auf die Regulierung von Ausbeutung konzentriert. In jüngster Zeit wurden jedoch die der Natur innewohnenden Rechte in Ecuador, Neuseeland und Indien anerkannt, was bedeutet, dass Missstände *in ihrem Namen* vor Gericht gebracht werden können.

In Übereinstimmung mit der traditionellen Weltanschauung der Quechua-Völker in den Anden hat Ecuador im Jahr 2008 eine neue Verfassung verabschiedet, die das Recht der Natur auf Existenz, Erhaltung und Regeneration festschreibt. Dadurch ist Ecuador zum ersten Land geworden, das die Rechte der Natur gesetzlich verankert hat. Der 71. Artikel dieser Verfassung besagt: »Die Natur, oder

Pachamama, in der Leben geschaffen wird und sich vermehrt, hat ein Recht darauf, dass ihre Existenz ganzheitlich respektiert wird, ebenso wie auf die Erhaltung und Regeneration ihrer Lebenszyklen, Strukturen, Funktionen und Evolutionsprozesse. Jede Person, Gemeinschaft, Nation und jedes Volk kann von der öffentlichen Hand verlangen, dass die Natur zu diesen Rechten kommt.«

In Neuseeland wurde dem ehemaligen Te-Urewera-Nationalpark auf der Nordinsel im Jahr 2014 der Status eines Rechtssubjektes verliehen. Die Regierung hat das formelle Eigentumsrecht aufgegeben, und das Land ist nun ein Rechtsträger mit »allen Rechten, Befugnissen, Pflichten und Verbindlichkeiten einer juristischen Person«, wie es im Te-Urewera-Gesetz heißt. Unter anderem bedeutet dieser Status, dass Klagen zum Schutz des Landes im Namen des Landes selbst erhoben werden können, ohne dass ein Schaden für irgendeinen Menschen gegeben sein muss.

Diese ungewöhnliche Bezeichnung ist das Ergebnis von Vereinbarungen zwischen der neuseeländischen Regierung und Maori-Gruppen, die sich jahrelang um die Vormundschaft für die natürlichen Eigenschaften des Landes stritten. Laut Chris Finlayson, dem neuseeländischen Generalstaatsanwalt, wurde das Problem durch die Wertschätzung der Maori-Perspektive gelöst. »Ihre Weltsicht lautet ›Ich bin der Fluss und der Fluss ist ich.‹ ... Ihr geografischer Raum ist ein wesentlicher Bestandteil ihrer Existenz.« Pita Sharples, die Ministerin für Maori-Angelegenheiten war, als das Gesetz verabschiedet wurde, sagte, dass das Abkommen »eine tiefgreifende Alternative zur menschlichen Anmaßung der Herrschaft über die natürliche Welt« sei. Jacinta Ruru von der Universität Otago nannte das neue Gesetz »rechtlich gesehen zweifellos revolutionär«, nicht nur für Neuseeland, sondern für die ganze Welt. Im Jahr 2017 wurde auch dem Whanganui-Fluss, dem drittlängsten Fluss Neuseelands, der Status eines Rechtssubjektes verliehen.

Ebenfalls im Jahr 2017 erklärte der Oberste Gerichtshof im nördlichen indischen Bundesstaat Uttarakhand die Flüsse Ganges und Yamuna zu juristischen Personen. Später dehnte man diese Bezeichnung auch auf ihre Einzugsgebiete aus, darunter Gletscher, Flüsse, Bäche, Rinnsale, Seen, die Luft, Wiesen, Täler, Dschungel, Waldfeuchtgebiete, Grasland, Quellen und Wasserfälle. Unter Bezugnahme auf den neuen Status des Whanganui-Flusses in Neuseeland urteilten die Richter, dass die beiden Flüsse und ihre Uferlandschaften »juristische und lebendige Einheiten sind, die den Status einer lebenden Person mit allen entsprechenden Rechten, Pflichten und Verbindlichkeiten haben«.

Das indische Urteil ist in zweierlei Hinsicht auffällig. Erstens ist die Tatsache, dass die Richter den neuen Status des Whanganui-Flusses in Neuseeland als Präzedenzfall bezeichneten, selbst ein wichtiger Präzedenzfall, der zu mehr von solchen Urteilen in Indien und anderswo führen könnte.

Zweitens war das indische Urteil, anders als in Neuseeland, eine direkte Reaktion auf die zunehmende Verschmutzung des Ganges und des Yamuna und die Unfähigkeit der Bundes- und Landesregierungen, zusammenzuarbeiten, um die beiden Flüsse zu schützen, die von den meisten Hindus als heilig betrachtet werden. Auch dieser Präzedenzfall ist von Bedeutung. Wenn die derzeitigen gesetzlichen Regelungen von Eigentumsrechten nicht zum Schutz bedrohter Ökosysteme beitragen, wird anerkannt, dass neue Denk- und Handlungsweisen notwendig sein könnten. (Das Urteil des Gerichts wurde jedoch später vom Obersten Gerichtshof Indiens als nicht vollstreckbar aufgehoben).

Die möglicherweise radikalste dieser Entwicklungen ist die neue Verfassung Ecuadors, die keinen Sonderstatus für besondere Gebiete vorsieht, sondern die Rechte der Natur im ganzen Land verankert. Hier ist ein interessanter Kontrast zum US-Nationalparksystem zu sehen, das von Ken Burns (und anderen) als »Amerikas beste Idee« bezeichnet worden ist. Wie Curtis White in *We, Robots* betont, »ist das Nationalparksystem auch unsere schlechteste Idee, weil es der Natur eine Grenze setzt, jenseits derer wir so zerstörerisch sein können, wie wir wollen. Fahr über eine Parkgrenze und plötzlich bist du in der Petroleum-Welt (›unserem nationalen Auto-Slum‹, wie James Howard Kunstler es ausgedrückt hat).« Die ökologische Krise zeigt die Grenzen dieser dualistischen Denkweise auf. White sagt weiter:

> Im Zeitalter des Klimawandels bedeutet die Grenze zwischen Natur und Zivilisation nichts. Der Borkenkäfer, der gegenwärtig verheerende Auswirkungen auf immer weiter nördlich gelegene Wälder hat, wurde nicht zu diesen Grenzen befragt. (»Du kannst diesen Wald nicht fressen, das ist

ein Nationalpark!«) Und das ist nur ein kleiner Teil der Verwüstung, die die globale Erwärmung mit sich bringen wird.

Während ich dieses Kapitel schreibe, läuft ein Gerichtsverfahren über die »Naturrechte« des Colorado River sowie die Frage, ob er ein Rechssubjekt ist. »Es gibt ein wachsendes Verständnis dafür, dass die heute existierenden umweltpolitischen Rahmenbedingungen, die unsere Umweltgesetze abdecken, nicht ausreichen, um die Umwelt zu schützen«, so Mari Margil vom Community Environmental Legal Defense Fund (Fonds der Gemeinde zur Verteidigung der Umweltrechte), die in diesem Fall als Rechtsberaterin fungiert. »Sie gehen von der falschen Stelle aus, von der falschen Voraussetzung, dass die Natur als rechtlos, als Eigentum behandelt wird. Und deshalb können wir nicht einmal ihr Grundrecht auf Existenz schützen, geschweige denn, ihr Recht zu gedeihen.«

Der Schritt allein, einigen besonderen Orten den Status einer juristischen Person zuzuerkennen, wird uns oder die Biosphäre der Erde nicht retten. Aber er deutet auf einen beginnenden Wandel in unserem kollektiven Verständnis unserer Beziehung zur Erde hin. Wendell Berrys Gedicht »How to Be a Poet« besagt, dass »es keine unheiligen Orte gibt. Es gibt nur heilige Orte und entheiligte Orte.« Wir entweihen die Natur, wenn wir uns auf sie nur als ein Mittel beziehen, das einem Ziel (zum Beispiel Wirtschaftswachstum) dient. Wir heiligen sie wieder, wenn wir ihre eigene Buddha-Natur erkennen und respektieren.

Denn jedes Ding, das lebt, ist heilig.
— *William Blake*

Wir sind hier, um aus der Illusion unseres Getrenntseins zu erwachen.
— *Thich Nhat Hanh*

Sind Gott und Mutter Natur verheiratet oder nur gute Freunde?
— *Richard Louvs Sohn Matthew, fünf Jahre alt*

Wir sind nicht auf diese Welt gekommen. Wir sind aus ihr herausgekommen wie Knospen aus Zweigen und Schmetterlinge aus Kokons. Wir sind ein Naturprodukt dieser Erde, und wenn wir uns als intelligente Wesen erweisen, dann nur, weil wir Früchte einer intelligenten Erde sind, die wiederum von einem intelligenten Energiesystem genährt wird.
— *Lyall Watson*

Unsere Herausforderung besteht darin, eine neue Sprache zu schaffen, ja sogar ein neues Gefühl dafür, was es heißt, Mensch zu sein. Es geht darum, nicht nur nationale Grenzen, sondern auch die Isolation unserer Spezies zu überwinden, um in die größere Gemeinschaft der lebenden Spezies einzutreten. Das bringt ein völlig neues Gefühl für Realität und Wert mit sich.
— *Thomas Berry*

Der Geist, der Kontakt zur Milchstraße sucht, ist der Geist der Milchstraßengalaxie selbst auf der Suche nach seinen eigenen Tiefen.

– *Brian Swimme* und *Thomas Berry*

Die Erde verkündet das Dharma, die Lebewesen verkünden es, alles in den drei Zeiten verkündet es.

– *Avatamsaka-Sutra*

Der Himmel ist mein Vater und die Erde ist meine Mutter. Selbst ein so kleines Wesen wie ich findet einen vertrauten Platz in deren Mitte. Das, was sich durch das Universum erstreckt, betrachte ich als meinen Körper, und das, was das Universum lenkt, betrachte ich als mein Wesen. Alle Menschen sind meine Brüder und Schwestern, und alle Dinge sind meine Gefährten.

– *Zhang Zai*

Wenn wir die Erde weiterhin auf diese Weise missbrauchen, besteht kein Zweifel daran, dass unsere Zivilisation zerstört wird. Eine Wende erfordert Erleuchtung, Erwachen. Der Buddha erlangte das individuelle Erwachen. Jetzt brauchen wir eine kollektive Erleuchtung, um den Verlauf der Zerstörung anzuhalten. Diese Zivilisation wird enden, wenn wir weiterhin im Wettbewerb um Macht, Ruhm, Sex und Profit versinken.

– *Thich Nhat Hanh*

Was ist aus der Möglichkeit geworden, noch vollständiger menschlich zu werden durch die »Kontrolle über die Natur«?
– *Joseph Wood Krutch*

Wir können die Zukunft nicht vorhersehen. Aber wir können voraussagen, dass wir uns einer ethischen Weggabelung nähern, die so entscheidend sein wird wie die biologische Weggabelung vor zwanzig oder fünfundzwanzig Millionen Jahren zwischen dem Weg, der zum Menschen, und dem Weg, der zu den humanoiden Affen geführt hat. Auch hier können die Alternativen wieder entgegengesetzte Extreme sein.
– *Arnold Toynbee*

Wer die ganze Welt liebt, als wäre sie der eigene Körper, dem kann die Welt anvertraut werden.
– *Daodejing*

4
IST ES DAS GLEICHE PROBLEM?

Traditionelle buddhistische Lehren bieten einen Weg, um uns aus unserem persönlichen Dilemma zu befreien – »uns« bezieht sich in diesem Fall auf Individuen mit dem Potenzial zu erwachen, eins nach dem anderen. Die kollektiven Konsequenzen dieser Lehren haben wenig Beachtung gefunden und konnten sich angesichts ihres politischen und historischen Kontextes wahrscheinlich kaum entfalten. Obwohl die klösterliche Sangha manchmal als die erste Demokratie der Menschheitsgeschichte beschrieben worden ist, hatte keine buddhistische Gesellschaft Asiens bis zur Moderne eine demokratische Regierungsform. Viele ihrer Herrscher haben sich gerne als Bodhisattvas oder sogar Buddhas bezeichnet, aber niemals haben sie buddhistische Lehrende dazu ermutigt, *institutionelles Dukkha* zu untersuchen – jene Form des Leidens, die durch hierarchische und ausbeuterische soziale Systeme verursacht wird. Heute haben wir allerdings keine Wahl mehr angesichts der gesellschaftlichen und ökologischen Herausforderungen, mit denen wir uns konfrontiert sehen. Und glücklicherweise bieten unsere Demokratien, auch wenn sie sich zunehmend als beschädigt erweisen, immer noch genügend Religions- und Redefreiheit, um diese Art von Leiden anzusprechen.

In diesem Kapitel möchte ich die unterschiedlichen Fäden der in den ersten drei Kapiteln angesprochenen Themen zusammenführen, um einen systematischeren Überblick über die Beziehung zwischen den traditionellen buddhistischen Lehren und unserer heutigen ökologischen Situation zu bieten. Das beinhaltet mehr als nur die Erklärung alter Texte. Ich habe in den Pali-Suttas oder Mahayana-Sutras keinen Hinweis auf den Klimawandel finden können – wobei ich mich, ehrlich gesagt, nicht sehr bemüht habe. Gautama Buddha lebte zu einer ganz anderen Zeit und an einem ganz anderen Ort, nämlich im Indien der Eisenzeit vor etwa 2.400 Jahren. Sein Leben und seine Lehren legen eine tiefe Wertschätzung der natürlichen Welt nahe, sagen aber nichts über globale Erwärmung, Ozonlöcher oder das Aussterben von Arten – was uns nicht überraschen sollte, da all das zu seiner Zeit kein Problem darstellte. Erwähnenswert ist, dass er und seine Zeitgenossen weder etwas über Kohlendioxid oder irgendein anderes Element des Periodensystems wussten noch über die Zellstruktur des Lebens, die DNA oder die unzähligen anderen wissenschaftlichen Tatsachen, die heute als selbstverständlich gelten. Das ist natürlich keine Kritik, sondern eine Erinnerung. Der Buddhismus ist nicht nur das, was der Buddha gelehrt hat, sondern auch das, womit der Buddha begonnen hat – und wir halten diese Tradition lebendig, indem wir sie für unsere Situation bedeutsam finden.

Was hat uns der Buddhismus also jetzt zu bieten in dieser noch nie dagewesenen ökologischen Notlage? Wie in den vorangegangenen Kapiteln betont, wusste der Buddha um Dukkha, »Leiden« im weitesten Sinne: nicht nur Schmerz, sondern auch Unzufriedenheit, Unbehagen, Angst, ... Im Grunde bedeutet die Realität von Dukkha, dass sich unser unerwachter Geist seinem Wesen nach von Dingen beunruhigen lässt. Gautama hat erklärt, er lehre Dukkha und wie es zu beenden sei. Das bedeutet nicht, dass das Leben immer elend ist, sondern dass selbst die Wohlhabenden und Gesunden normalerweise eine Un-Ruhe erleben, die fortwährend innerlich an ihnen nagt.

Was kann das zu unserem Verständnis der ökologischen Krise beitragen? Unsere sich rasch verschlimmernde Situation verursacht zweifellos Dukkha – eine enorme Menge, sowohl menschliches als auch nichtmenschliches! –, aber in welchem Zusammenhang steht dieses kollektive Dukkha zu dem individuellen Dukkha, auf das sich der Buddha konzentriert hat? Dieses Kapitel untersucht die in meinen Augen tiefgreifenden Parallelen zwischen unserer, den traditionellen buddhistischen Lehren zufolge immerwährenden persönlichen misslichen Lage und der gegenwärtigen schlimmen Situation unserer mittlerweile globalen Zivilisation. Bedeutet das, dass es auch eine Parallele zwischen den beiden Lösungen gibt, der individuellen und der kollektiven? Weist die buddhistische Antwort auf unsere persönliche Lage auch den Weg zur Lösung unserer kollektiven? Wir werden sehen.

Das individuelle Dilemma

Unser individuelles Dilemma, das heute im Wesentlichen das gleiche ist wie zu Zeiten des Buddha, lässt sich wie folgt zusammenfassen:

1. Das Selbst ist ein psychologisches und soziales Konstrukt.
2. Dieses Konstrukt beinhaltet ein Gefühl der Trennung von der »äußeren« Welt, was Angst verursacht.
3. Diese Angst (*Mangel*) schließt die Verwirrung darüber mit ein, wer ich bin und was der Sinn meines Lebens ist.
4. Als Reaktion darauf versuche ich, mich auf eine Weise auf etwas zu gründen, die meine Situation oft verschlimmert.
5. Ich kann das Selbst nicht loswerden, aber ich kann erkennen, dass es »leer« ist.
6. Diese Erkenntnis macht mich frei und befähigt mich, »anderen« zu helfen.

Die erste Behauptung, dass das Selbst ein psychologisches und soziales Konstrukt ist, ist eine Binsenweisheit der Entwicklungspsychologie. Ganz Mensch zu sein ist mehr als eine biologische Errungenschaft: Babys werden nicht mit einem Selbstsinn oder Selbstempfinden geboren. Sozialisierung ist dafür wesentlich. Eine Mutter schaut zum Beispiel ihrem Baby in die Augen und sagt seinen Namen. Das Baby lernt dadurch nicht nur, sich mit diesem Namen zu identifizieren, sondern mit der Zeit auch, sich selbst so zu sehen, wie die Mutter es sieht – als ein Selbst oder ein Ich, eine besondere Art von Ding im Inneren, das von anderen Dingen außen getrennt und verschieden ist.

Worin sich der Buddhismus vom Großteil der modernen Psychologie unterscheidet, ist die implizite Behauptung, dass dieses Konstrukt etwas grundsätzlich Unangenehmes, Beklemmendes an sich hat. Zusätzlich zu körperlichen Schmerzen und geistigen Leiden und der Unzufriedenheit, die Vergänglichkeit oft auslöst (besonders wenn ich über meine eigene nachdenke): Ein Selbst, das sich vom Rest der Welt getrennt fühlt, *ist* Dukkha.

Die klassische Psychoanalyse – und auch immer noch große Teile der psychotherapeutischen Richtungen – sind damit beschäftigt, Traumata zu identifizieren und aufzulösen, die auf schmerzhafte Erfahrungen in der eigenen Biografie zurückzuführen sind. »Wenn das nur nicht passiert wäre, dann wäre ich heute nicht so unglücklich ...« Aus buddhistischer Sicht aber ist die Verinnerlichung eines Selbstsinns, auch wenn das notwendig ist, um in der Welt zu funktionieren, an sich schon problematisch. Wie in den vorherigen Kapiteln erläutert, ist das Grundproblem nicht, was früher passiert ist, sondern dass »ICH« passiert ist. Da das Selbst*empfinden* oder der Selbstsinn ein Konstrukt ist, entspricht es nichts Stofflichem. Das Selbst ist keine reale Sache, sondern ein Bündel von interaktiven Funktionen: Wahrnehmen, Fühlen, Agieren, Reagieren, Erinnern, Planen, Beabsichtigen, was bedeutet, dass es normalerweise ängstlich und unsicher ist, weil es da nichts gibt, was geschützt werden könnte. Mit anderen Worten, es gründet sich auf nichts und kann das auch nicht, was uns an Trungpas Flugzeuganalogie erinnert. Es ist nicht so, dass das Selbst im Inneren des Flugzeugs gegründet ist und diesen Grund verliert, wenn es herausfällt. Im Inneren des Flugzeugs erfährt das Selbst seine Grundlosigkeit als *Mangel*: das Gefühl, dass etwas mit mir nicht stimmt, selbst wenn es gut läuft. Aus dem Flugzeug zu fallen und meine Bodenlosigkeit zu erleben macht mir einfach mein wahres Wesen bewusst – das, was schon immer der Fall war.

Das ist der Kern der vom Buddhismus betonten Unwissenheit. Wir versuchen uns zu schützen, indem wir uns mit »äußeren« Dingen identifizieren, die (unserer Meinung nach) den festen Boden bieten, nach dem wir uns sehnen: Geld, Besitztümer, Ansehen, Macht, körperliche Attraktivität und so weiter. Für gewöhnlich missverstehen wir unsere Un-Ruhe als Folge des Mangels an solchen Dingen. Da keins von ihnen den Selbstsinn tatsächlich verankern oder schützen kann, heißt das: Egal, wie viel Geld, Ruhm und so weiter wir anhäufen – es scheint nie genug zu sein.

Tragischerweise beinhalten viele dieser Bemühungen, das Problem zu lösen, die Manipulation anderer Menschen auf eine Weise, die das eigentliche Problem verstärkt – das Empfinden, dass es ein »Ich« gibt, das von anderen getrennt ist. Der Versuch, mich selbst zu schützen, indem ich etwas ergreife, endet damit, dass ich die Welt zu einem Mittel für meine nie so recht erfüllten Zwecke verdingliche und abwerte: Sie ist der Ort, an dem sich meine Mangelprojekte abspielen. Dabei wird jeder andere Wert oder Sinn, den die Welt haben könnte, tendenziell ignoriert.

Die buddhistische Lösung für diese missliche Lage besteht nicht darin, das Selbst »loszuwerden«. Das kann nicht gelingen, da es nie ein getrenntes Selbst gegeben hat, das wir hätten loswerden können. Es ist der Selbstsinn, der dekonstruiert (zum Beispiel in der Meditation »vergessen«) und umgestaltet werden muss (zum Beispiel, indem die »drei Gifte« Gier, Böswilligkeit und Verblendung durch Großzügigkeit, liebevolle Güte und die Weisheit der Erkenntnis unserer gegenseitigen Abhängigkeit ersetzt werden). In Übereinstimmung mit der etymologischen Bedeutung von *Buddha* als »eine erwachte Person« ist der Buddhismus buchstäblich ein »Aufwach-ismus« – denn sein Weg beinhaltet das Durchschauen der Illusion der Getrenntheit. Ich bin nicht innen und blicke hinaus auf eine objektive Welt da draußen. Stattdessen gebe »ich« die Versuche auf, mittels Mangelprojekten festen Boden unter die Füße zu bekommen, und erkenne meine Bodenlosigkeit in einer geheimnisvollen Welt, in der auch alles andere bodenlos ist, während sich etwas – oder besser *nichtetwas* – manifestiert, das unfassbar und unverstehbar ist, aber ständig in vielfältigen Formen Gestalt annimmt.

Mangelprojekte beinhalten fortwährende Selbstbeschäftigung: Der Sinn meines Lebens bin *ich*. Die Erkenntnis meiner Bodenlosigkeit befreit mich von dieser Selbstbezogenheit und verwandelt auch die Welt, denn sie ist nicht länger nur der Ort, an dem ich meine Mangelprojekt-Spiele spiele. Das verändert auch den Sinn meines Lebens. Obwohl ich jetzt frei bin, so zu leben, wie ich will, geschieht das ganz natürlich in einer Weise, die zum Wohlergehen des Ganzen beiträgt, denn ich fühle mich nicht mehr von diesem Ganzen getrennt. Die Konzentration verschiebt sich von »Wie kann ich *realer* werden?« zu »Was kann ich tun, um diese Welt zu einer besseren für uns alle zu machen?«

Erstaunlicherweise entspricht diese buddhistische Darstellung unserer individuellen Lage ganz genau unserer ökologischen Situation heutzutage.

Unsere kollektives Dilemma

Wir haben nicht nur einen individuellen Selbstsinn, sondern auch Gruppenidentitäten. Ich bin nicht nur David Loy; ich bin männlich, ein Weißer, ein US-Bürger und so weiter. So wie das individuelle Empfinden eines getrennten Selbst problematische Seiten hat, so sind auch kollektive Formen von Selbstsinn oft problematisch. Auch sie unterscheiden ein *Inneres* von einem *Äußeren*: Männer von Frauen, Weiße von Schwarzen, Amerikaner von Chinesen und so weiter. Diejenigen, die sich als Wir verstehen, unterscheiden sich nicht nur von »den anderen«; wir glauben auch gerne, besser als sie zu sein, aber in jedem Fall rechtfertigt das Gefühl der Trennung das Streben nach unserem eigenen Wohlergehen auf ihre Kosten. Offensichtlich entstehen viele Probleme der Welt aufgrund solcher Gruppenidentitäten – große und kleine.

Die Frage hier ist, ob »getrenntes Selbst = Dukkha« auch für unseren größten kollektiven Selbstsinn gilt: die Dualität zwischen uns als Spezies, *Homo sapiens sapiens*, und dem Rest der Biosphäre. Tatsächlich gibt es bemerkenswerte Parallelen zwischen dem individuellen und dem kollektiven Selbstsinn der Menschheit:

1. Wie der persönliche Selbstsinn ist die menschliche Zivilisation ein Konstrukt.
2. Auch dieses Konstrukt hat zu einem kollektiven Gefühl der Trennung (Entfremdung) von der Natur geführt, die Dukkha verursacht.
3. Dieses Dukkha beinhaltet Angst, einschließlich der Unsicherheit über die Bedeutung und Ausrichtung unserer jetzt globalen Zivilisation.
4. Unsere Hauptreaktion auf diese Angst und Entfremdung – der kollektive Versuch, uns abzusichern oder uns »selbst auf etwas zu gründen« – macht die Dinge noch schlimmer.
5. Wir können nicht »zur Natur zurückkehren«, aber wir können erkennen, dass wir vom Rest der Biosphäre nicht getrennt sind und was das bedeutet.
6. Diese kollektive Erkenntnis wird klären, was es bedeutet, Mensch zu sein. Als eine Spezies, die ein Teil von etwas Größerem ist, besteht unsere Rolle darin, dem Wohlergehen dieses Ganzen zu dienen – was auch uns heilen wird.

Untersuchen wir diese Parallelen näher: Wir betrachten uns heute vielleicht als nachchristlich, dennoch hält unsere globale Zivilisation immer noch »das christliche Axiom, dass die Natur keinen anderen Grund zur Existenz hat, als dem Menschen zu dienen« für selbstverständlich. »Trotz Darwin sind wir in unserem Herzen *nicht* Teil des natürlichen Prozesses. Wir sind der Natur überlegen, verachten sie, sind bereit, sie für unsere geringste Laune zu benutzen.« (Lynn White junior) Für das traditionelle Christentum ist die Erde lediglich eine Kulisse für das menschliche Drama aus Sünde und Erlösung.

Die westliche Zivilisation hat im Allgemeinen zwei Wurzeln: Das Judentum-Christentum und das klassische Griechenland. Griechenland ist eine weitere Kultur des Achsenzeitalters, aber seine Form des kosmologischen Dualismus war eher humanistisch als religiös geprägt. Die Denker des klassischen Griechenlands verstärkten unbeabsichtigt nach der Entstehung des Christentums die jüdisch-christliche Kluft, indem sie einen bis dahin unbeachteten Unterschied zwischen der menschlichen Gesellschaft und der Natur entdeckten: Unsere Gesellschaftsstruktur – wie wir zusammenleben – ist ein kollektives Konstrukt, das wir verändern können.

Die Behauptung, dass die menschliche Zivilisation ein Konstrukt sei, wirkt so augenfällig, dass es für uns schwierig ist, eine alternative Sichtweise zu verstehen. Heute betrachten wir es als selbstverständlich, dass es viele Formen des Zusammenlebens gibt. Wenn der demokratische Prozess der Verabschiedung neuer Gesetze nicht gut funktioniert, sind Reformbewegungen und Revolutionen möglich. Dennoch war dieser selbstverständliche Anspruch für archaische Gesellschaften nicht offensichtlich. Die moderne Welt hat diese Einsicht Griechenland zu verdanken, das etwa zur Zeit des Buddha begann, *nomos* – die Konventionen der menschlichen Gesellschaft (einschließlich Kultur, Technologie und so weiter) – von *physis*, den natürlichen Mustern der physischen Welt, zu unterscheiden. Die Griechen erkannten, dass die sozialen Konventionen, die die Gesellschaft ausmachen, im Gegensatz zur natürlichen Welt verändert werden können. Platon zum Beispiel stellte in zwei seiner Dialoge, *Der Staat* und *Die Gesetze*, detaillierte Pläne zur Umstrukturierung des griechischen Stadtstaates vor. Heute sind uns natürlich viele solcher Modelle bekannt, aber wenn wir *Der Staat* studieren, lesen wir etwas, was zu seiner Zeit ziemlich revolutionär war.

Entscheidend ist, dass die alten Zivilisationen in Mesopotamien, Ägypten, Indien und China ihre eigenen traditionellen und hierarchischen Gesellschaftsstrukturen als unvermeidlich akzeptierten, denn sie gingen davon aus, dass diese genauso natürlich – und daher genauso heilig – waren wie das jeweilige lokale Ökosystem. Das Gleiche galt für die Maya, die Inkas und die Azteken der Neuen Welt. Das ist besonders interessant, denn obwohl diese drei Kulturen sich gegenseitig ein wenig beeinflussten, keinerlei Einfluss von einem der eurasischen Reiche bekannt ist. Diese Übereinstimmung deutet darauf hin, dass es für sich entwickelnde komplexere Zivilisationen *natürlich* war, ihre gesellschaftlichen Strukturen als natürlich zu betrachten. Bedeutet das, dass unsere moderne Unterscheidung zwischen Natur und menschlicher Gesellschaft, die wir von der griechischen Kultur geerbt haben, in gewissem Sinne *unnatürlich* ist?

In diesen Zivilisationen wurden die Herrschenden manchmal gestürzt, aber neue Herrscher ersetzten sie bald an der Spitze der sozialen Pyramide, die auch eine religiöse Pyramide war. König*innen waren Gött*innen oder gottähnlich, da sie eine einzigartige Rolle bei der Kommunikation mit der Götterwelt spielten, die die geschaffene Welt überwachte. Das unterstreicht einen weiteren Aspekt, den solche Gesellschaften nicht entwickelt hatten, wir heute aber als selbstverständlich betrachten: die Unterscheidung zwischen politischer Macht (Staat) und religiöser Autorität (Kirche). Seine Rolle in der Gesellschaft zu spielen und religiös zu sein – den Göttern zu dienen – war damals ein und dasselbe. Man unterstützte die hierarchische Gesellschaftsordnung, die heilig war, und damit die Rituale des Gottkönigs und seiner Priester.

Der bedeutendste Unterschied zwischen solchen Zivilisationen und unserer heutigen ist, dass jene davon überzeugt waren, eine wichtige Rolle für das harmonische Zusammenwirken des Kosmos zu spielen. Wenn sie diese Aufgabe nicht erfüllten, würde das Universum zusammenbrechen oder auseinanderfallen. Das wohl bekannteste Beispiel sind die Azteken, die massenhaft Menschenopfer darbrachten, weil man Blut brauchte, um den Sonnengott auf seinem

Himmelskurs zu halten. Die Sumerer in Mesopotamien glaubten, dass die Menschen von den Göttern als deren Diener erschaffen worden waren und jene verstimmt wären – Götter sollte man besser nicht ärgern! –, wenn man ihnen nicht diente (zum Beispiel durch Opfergaben).

Im Hinduismus bezeichnete der Begriff *Dharma* nicht nur das kosmische Gesetz, das das Universum aus dem Chaos erschaffen hatte, sondern auch das menschliche moralische und rituelle Verhalten, das sowohl die kosmische als auch die gesellschaftliche Ordnung stützte. Verschiedene Kasten hatten unterschiedliche *Dharmas*, weshalb es wichtig war, das Kastensystem aufrechtzuerhalten.

Kurz gesagt, die Unterscheidungen zwischen Natur, Gesellschaftsordnung und Religion, die wir heute als selbstverständlich betrachten, galten in diesen alten Zivilisationen nicht.

Die eigene Gesellschaft als eine natürliche zu verstehen wurde selbstverständlich auch benutzt, um soziale Ordnungen zu rechtfertigen, die heute nicht mehr akzeptabel sind. Keine der oben genannten Zivilisationen war demokratisch organisiert oder hatte ein unabhängiges Rechtssystem zur Verteidigung der Menschenrechte. Dennoch gab es eine positive Seite. Der Glaube, dass die Struktur ihrer Gesellschaft Teil der natürlichen Ordnung war und dass der Mensch eine wichtige Rolle bei der Aufrechterhaltung dieser natürlichen Ordnung zu spielen hatte, hatte einen außerordentlichen psychologischen Nutzen. Die Angehörigen solcher Kulturen hatten eine gemeinsame Vorstellung von *Sinnhaftigkeit*, die wir heute nicht mehr haben – die wir uns tatsächlich kaum noch vorstellen können. Weil sie ihre Gesellschaft als in den Kosmos integriert verstanden, war auch deren soziale Funktion in den Kosmos integriert. Sowohl persönlich als auch kollektiv wussten sie, warum sie hier waren und was sie zu tun hatten.

Heute jedoch ist der Sinn unseres individuellen Lebens und unserer Gesellschaften zu etwas geworden, das wir selbst entscheiden müssen – in einem Universum, über dessen Sinnhaftigkeit (sofern überhaupt vorhanden) wir uns uneinig sind. Religion ist für die meisten von uns in der modernen Welt zu einer Frage der persönlichen Vorliebe geworden, eine Freiheit, die wir zelebrieren. Doch die Tatsache, dass wir uns anderer Optionen bewusst sind, verringert die psychologische Sicherheit, die eine exklusive Zugehörigkeit traditionell bietet. Wir genießen viele Freiheiten, die archaische Gesellschaften nicht gewährt haben und die wir auch nicht freiwillig aufgeben würden. Doch der psychologische Preis dieser Freiheiten besteht darin, dass wir die grundlegende Geborgenheit verloren haben, die sich aus dem »Wissen« um die eigene Rolle in der Gesellschaft und die Rolle der eigenen Gesellschaft im Kosmos ergibt.

Die Folge all dessen – im Guten wie im Schlechten – ist eine zunehmende Furcht bezüglich der Frage, wer wir sind und was es bedeutet, Mensch zu sein. Der Verlust des Glaubens an die von der traditionellen Religion gebotene Lebensorientierung hat viele von uns wie ohne Ruder zurückgelassen. Unsere immer leistungsfähigeren Technologien ermöglichen es uns, fast alles zu vollbringen, was wir tun wollen. Aber wir wissen nicht, was wir tun *sollen*. Da wir uns nicht mehr auf Gott oder gottähnliche Herrscher verlassen können, werden wir auf uns selbst zurückgeworfen. Und dass wir uns nicht mehr in etwas Größerem als uns selbst verankern, ist zu einer tiefen Quelle von Dukkha geworden, sowohl kollektiv als auch individuell.

Unsere heutige Situation kommt in den Schlusssätzen von Yuval Hararis Buch *Eine kurze Geschichte der Menschheit* gut zum Ausdruck:

> Trotz unserer erstaunlichen Leistungen haben wir nach wie vor keine Ahnung, wohin wir eigentlich wollen, und sind so unzufrieden wie eh und je. Von Kanus sind wir erst auf Galeeren, dann auf Dampfschiffe und schließlich auf Raumschiffe umgestiegen, doch wir wissen immer noch nicht, wohin die Reise gehen soll. Wir haben größere Macht als je zuvor, aber wir haben noch immer keine Ahnung, was wir damit anfange wollen. Schlimmer noch, die Menschheit scheint verantwortungsloser denn je. Wir sind Selfmade-Götter, die nur noch den Gesetzen der Physik gehorchen und niemandem Rechenschaft schuldig sind. Und so richten wir unter unseren Mitlebewesen und der Umwelt Chaos und Vernichtung an, interessieren uns nur für unsere eigenen Annehmlichkeiten und unsere Unterhaltung und finden doch nie Zufriedenheit.
>
> Gibt es etwas Gefährlicheres als unzufriedene und verantwortungslose Götter, die nicht wissen, was sie wollen?

Der Kern des Problems – *warum* wir nicht wissen, was wir wollen – besteht darin, dass wir nicht mehr glauben, im Kosmos eine Rolle innezuhaben. Da wir »wissen«, dass der Mensch, wie alle anderen entwickelten Arten auch, eine rein zufällige genetische Variante ist, sind wir niemandem und nichts Größerem gegenüber verantwortlich. Alles, was wir also tun können, ist, uns zu amüsieren – wenn und solange wir es können –, bis wir sterben.

Kein Wunder, dass wir uns unzufrieden fühlen und verantwortungslos handeln.

Kurz gesagt, unser Gefühl der Trennung von der Natur ist heutzutage zu einer ständigen Quelle der Entfremdung und Frustration geworden. Das erklärt auch die oben erwähnten Parallelen eins bis drei: Die moderne menschliche Zivilisation als unser kollektives Konstrukt bringt eine individuelle Unsicherheit darüber mit sich, was es bedeutet, Mensch zu sein, und eine kollektive Unsicherheit darüber, wohin sich unsere globale Zivilisation entwickelt und was sie tun sollte.

Das bringt uns zum vierten Punkt. Was ist unsere kollektive Antwort auf dieses Problem?

Um die Parallele zu unserer individuellen Situation zu beleuchten, sollten wir uns daran erinnern, wie wir normalerweise persönlich reagieren. Unser individuelles Problem besteht darin, dass das Empfinden eines getrennten Selbst von einem Gefühl des *Mangels* überschattet wird: dem Gefühl, dass etwas mit uns als Einzelnen nicht stimmt. Üblicherweise missverstehen wir die Ursache des Problems und projizieren es nach außen. Was mit mir nicht stimmt, ist: *Ich habe nicht genug* von etwas – Geld, Konsumgüter, Ansehen und so weiter. Da dies nur Symptome des wahren Problems sind, kann ich nie genug davon bekommen, um das Gefühl des *Mangels* in meinem Innern zu lindern. Tatsächlich können meine Bemühungen in diese Richtung die Situation sogar noch verschlimmern. Tendenziell verstärken unsere Versuche, andere zu manipulieren, das Gefühl der Trennung zwischen uns. Gibt es eine kollektive Version von alldem?

Ich glaube schon. Sie hängt mit unserer Besessenheit vom »Fortschritt« zusammen, einem schwer zu fassenden Begriff. Das englische Wort *progress* leitet sich vom lateinischen *pro-gressus* ab, »voranschreiten« oder »vorwärtsgehen«. Aber ist Fortschritt nicht eine gute Sache? Das Problem ist, dass der Begriff missbraucht wurde, um die Folgen eines kontinuierlichen Wirtschaftswachstums und einer endlosen technologischen Entwicklung zu rechtfertigen, unabhängig von den gesellschaftlichen und ökologischen Kosten. Solche Entwicklungen haben vielleicht einige nachteilige »Nebenprodukte«, doch die können scheinbar behoben werden – in der Regel durch mehr von dem gleichen wirtschaftlichen und technologischen Wachstum, das uns mehr Ressourcen zur Lösung solcher Probleme zur Verfügung stellen wird.

Trotzdem dürfen wir uns fragen: Wann werden wir genug konsumiert haben? Wann werden die Unternehmensgewinne, Aktienkurse und Bruttosozialprodukte genug angewachsen sein? Wann werden wir all die von uns benötigte Technologie besitzen? Diese Fragen scheinen seltsam, weil wir wissen, dass es keine Grenzen für diese ständig eskalierenden Prozesse gibt. Aber ist *das* nicht etwas seltsam? Warum ist *mehr und mehr* immer *besser*, wenn es nie *genug* sein kann? Wenn Fortschritt bedeutet, vorwärtszugehen, woher wissen wir dann, dass wir in die richtige Richtung gehen? Versuchen wir, irgendwohin zu gehen, oder versuchen wir, von etwas wegzukommen?

Wir sind wieder bei der inzwischen vertrauten Frage von Mittel und Zweck. Es ist wie eine andere Version des Problems mit der Macht, die ein guter Diener, aber eine schlechte Herrin ist: Technologisches und wirtschaftliches Wachstum an sich mag ein wertvolles *Mittel* sein, insofern es die Ressourcen zur Verfügung stellen kann, um das zu vollbringen, was wir tun wollen. Sie dienen aber nicht als Selbstzweck, denn sie können die grundlegenden menschlichen Fragen nicht beantworten: was es bedeutet Mensch zu sein und was wir mit all diesen Ressourcen tun sollten. Da wir jedoch keine andere Antwort auf diese grundlegenden Fragen haben – jedenfalls keine, über die wir uns kollektiv einig sind –, ist die technologische und wirtschaftliche Entwicklung zu einem Ersatz geworden. Die Mittel sind zum Zweck geworden. Sie fungieren als Formen einer säkularen Erlösung, die wir ersehnen, aber nie ganz erreichen. Da wir nicht wissen, wohin wir gehen und was wir schätzen sollen, ist unsere Zivilisation von immer mehr Macht und Kontrolle besessen.

Was suchen wir? Die moderne Zivilisation fußt auf der Entfremdung zwischen Natur und Kultur. Wir fühlen nicht mehr, dass wir unseren Grund in der Natur haben, was uns die Last aufbürdet, zu versuchen, uns unseren eigenen Grund zu schaffen. Und was wir gerade entdecken, sowohl ökologisch als auch psychologisch, ist, dass das nicht auf technologischem Weg erreicht werden kann. Wir werden immer ängstlicher und zwanghafter, statt dass diese Gefühle nachlassen. Wir werden von einem kollektiven *Mangelgefühl* heimgesucht.

Mein persönliches Gefühl des *Mangels* führt zu einer Konzentration auf die Zukunft; wenn ich meine Ziele erreicht habe und der Mangel (wie ich hoffe) endlich behoben ist, dann werde ich erfüllt und zufrieden sein. Unser kollektiver Fokus auf den »Fortschritt« läuft auf das Gleiche hinaus. Das Versprechen der technologischen und wirtschaftlichen Entwicklung ist, dass die Welt in Zukunft besser sein wird, wenn wir die Gegenwart als Mittel nutzen, um dorthin zu gelangen. Anstatt besser zu werden, beschleunigen sich die Veränderungen in der Gegenwart jedoch weiter und führen zu immer mehr Stress. Die Zukunft erscheint uns immerzu verlockend, aber aus irgendeinem Grund erreichen wir sie nie.

Dieses Verständnis unserer kollektiven Situation legt nahe, dass die ökologische Krise unvermeidbar ist. Jedes technologisch-ökonomische System, das ständig weiterwachsen muss (um seinen Kollaps zu verhindern), wird früher oder später an die Grenzen der Biosphäre stoßen. Aber es gibt verschiedene Wege, um das Grundproblem zu verstehen. Aus der Perspektive derer, die sich diesem System verschrieben haben, ist die Lösung mehr von dem Gleichen: mehr technologische Entwicklung (zum Beispiel effizientere Sonnenkollektoren) und mehr wirtschaftliches Wachstum (mehr Arbeitsplätze in der Solar- und Windkraftindustrie). Obwohl beides wichtig sein mag, ist diese charakteristische Abhängigkeit von einer technologischen Erlösung gleichzeitig ein Symptom für eine größere Herausforderung, da die zunehmende Abhängigkeit von hochentwickelten, immer leistungsfähigeren Technologien unser Gefühl der Trennung von der Natur eher noch verstärkt. Wenn die in diesem Kapitel erörterten Parallelen zutreffen, dann muss jede erfolgreiche Lösung des größeren Problems – des kollektiven Gefühls der Trennung und Entfremdung der modernen Zivilisation von der Natur – die Anerkennung der Tatsache beinhalten, dass wir ein integraler Teil dieser Erde sind.

Beinhaltet diese Lösung also die »Rückkehr zur Natur«? Erinnern wir uns an die individuelle Parallele: Ich kann das Selbst nicht loswerden, weil es nie existiert hat. Genauso wenig will ich meinen Selbstsinn loswerden, der notwendig ist, um in der Welt zu funktionieren. Vielmehr muss ich erkennen, dass das Selbst »leer« ist, eine vergängliche Erscheinung von etwas Größerem, das ich nicht begreife, sondern dem ich mich öffne.

Ebenso können wir nicht zur Natur zurückkehren, weil wir sie nie verlassen haben.

Schauen wir uns um. Selbst wenn wir uns in einem fensterlosen Raum befinden, stammt alles, was wir sehen, ob von Menschenhand gemacht oder nicht, aus der Natur:

Holz aus Bäumen, Plastik aus Öl, Metall aus Erzen, Beton weitgehend aus Kalkstein, Ton und Wasser sowie Sand oder Kies ... und vergessen wir nicht unsere Kleidung und unseren eigenen Körper. Die Umwelt ist nicht nur eine »Umwelt« – das heißt, nicht nur der Ort, an dem wir uns gerade befinden. Vielmehr ist die Biosphäre der Boden, aus dem und in dem wir entstehen. Wir sind nicht in der Natur, wir *sind* Natur. Die Erde ist nicht nur unser Zuhause, sie ist unsere Mutter. Bevor wir sie zu einer Quelle von Material für unseren Gebrauch machen, ist sie *Die Quelle*.

Unsere Beziehung zu Mutter Erde ist sogar noch intimer, denn die Nabelschnur zu ihr lässt sich niemals durchtrennen. Unsere Körper enden nicht an unseren Fingerspitzen und Zehennägeln. Die Luft in unseren Lungen ist ebenso wie das Wasser und die Nahrung, die durch unseren Mund hereinkommen und unser Verdauungssystem durchströmen, Teil eines größeren ganzheitlichen Systems, das durch jede und jeden von uns fließt. Der menschliche Körper besteht aus den gleichen Elementen, aus denen auch die Ozeane, Flüsse, Berge und Bäume zusammengesetzt sind. Unser Blut ist salzig, weil es unsere ursprüngliche Heimat in den Ozeanen abbildet. Wir teilen mindestens 98 Prozent unserer DNA mit Schimpansen und Bonobos. Buddhadasa Bhikkhu erinnert uns daran, was das bedeutet:

> Der gesamte Kosmos ist eine Genossenschaft. Die Sonne, der Mond und die Sterne leben genossenschaftlich zusammen. Das Gleiche gilt für Menschen und Tiere, Bäume und

die Erde. Unsere Körperteile funktionieren als Kooperative. Wenn wir erkennen, dass die Welt ein wechselseitiges, voneinander abhängiges, kooperatives Unternehmen ist, dass alle Menschen im Prozess von Geburt, Alter, Leiden und Tod gegenseitige Freundinnen und Freunde sind, dann können wir eine edle, ja sogar himmlische Umgebung schaffen. Wenn unser Leben nicht auf dieser Wahrheit beruht, dann werden wir alle zugrunde gehen.

Unsere Gattung war nie getrennt, sondern nur (wie Thomas Berry es ausdrückt) »autistisch«.

Eine kollektive Erleuchtung?

Intellektuell zu verstehen, dass ich ein Teil von etwas Größerem bin, ist etwas anderes, als dies in einer transformativen Erfahrung wahr werden zu lassen – zu ver-wirklich-en. Und wenn wir die kollektive Parallele betrachten, wird die Herausforderung noch viel größer. Wie könnte das oben dargestellte konzeptuelle Verständnis die grundlegende Angst auflösen, die unsere globale Zivilisation heutzutage heimsucht, in der wir unseren Sinn in einer Welt erschaffen müssen, in der Gott gestorben ist? Archaische Weltanschauungen und deren »selbstverständlicher« Lebenssinn sind keine ernsthaften Optionen mehr. Aber welche Alternativen stehen uns offen?

Diese Parallele hervorzuheben bedeutet zu fragen, welche kollektive Transformation dem individuellen Erwachen entsprechen könnte, das vom Buddhismus traditionell gefördert wird. »Der Buddha erlangte das individuelle Erwachen. Jetzt brauchen wir eine kollektive Erleuchtung, um den Lauf der Zerstörung aufzuhalten.« (Thich Nhat Hanh) Dieses Kapitel schließt mit einigen Überlegungen dazu, was das bedeuten könnte.

Ein rätselhafter Aspekt des buddhistischen Erwachens ist folgender: Wenn es kein Selbst gibt, wer oder was erwacht? Eine Antwort darauf bietet die »neue Kosmologie« von Thomas Berry und Brian Swimme: Der Mensch ist die Art und Weise, in der »das Universum sich in einem besonderen Modus von bewusstem Gewahrsein selbst reflektiert und feiert«. Oder, einfacher gesagt, »wir sind die Selbstbewusstheit des Universums«. Unsere Gattung ist die Art, wie sich das Universum seiner selbst bewusst wird. Wenn wir die biologische Evolution als die Art und Weise verstehen, wie unser selbstorganisierender Kosmos nicht nur komplexer, sondern auch bewusster geworden ist, legt das eine andere Perspektive auf das Wesen unserer Selbst-Bewusstheit nahe.

Die Frage ist: Was ist das *Selbst*, das sich seiner selbst bewusst geworden ist? Wir Menschen können uns auf die Schulter klopfen und unseren besonderen Modus von Gewahrsein feiern. Doch aus buddhistischer Sicht ist unser Bewusstsein für gewöhnlich von der Illusion getrübt, das Bewusstsein eines individuellen Selbst zu sein, welches von anderen »Selbsten« und dem Rest der Welt getrennt ist. Der buddhistische Pfad (ebenso wie andere nondualistische spirituelle Traditionen) betont die Wichtigkeit, dass wir etwas Größeres verkörpern, zu verwirklichen: dass Bewusstsein nicht die Eigenschaft eines individuellen Selbst ist, sondern dass der Selbstsinn oder das Selbstempfinden nur eine unter vielen Möglichkeiten ist, wie sich Bewusstheit manifestiert.

Mit anderen Worten: Zu sagen, dass wir die Selbstbewusstheit *des* Universums sind, bedeutet, dass das bewusste Selbst das Universum selbst ist. Was tat der Buddha, als Mara seine Erleuchtung mit den Worten »Wer bezeugt die Wahrhaftigkeit deines Erwachens?« in Frage stellte? Er sagte nichts, sondern berührte einfach die Erde. Um meine buddhistische Lieblingsformulierung zu zitieren, in der Dogen sein eigenes Erwachen beschrieben hat: »Ich habe klar erkannt, dass Geist nichts anderes ist als Flüsse und Berge und die große weite Erde, die Sonne und der Mond und die Sterne.« Das heißt, die biologische Evolution muss ergänzt werden durch diese Art von spiritueller und kultureller Evolution, die den nächsten Schritt tut, um unser Nichtgetrenntsein von Mutter Erde zu offenbaren. Es stellt sich heraus, dass unser wahres Selbst auch unser wahres Zuhause ist.

Dieses Verständnis von buddhistischer Erleuchtung – als dem nächsten Schritt in der menschlichen Evolution – ermöglicht uns gleichzeitig eine andere Perspektive auf die ökologische Krise. Natürlich hat unser kollektives Gefühl der Trennung von der Erde zur Zerstörung des Planeten geführt. Wie hätte es anders kommen können, wenn wir die Erde nur als Mittel zur Erfüllung unserer egozentrischen Ziele betrachtet haben? Die ökologische Krise ist eine spirituelle ebenso wie eine technologische und wirtschaftliche Herausforderung, weil sie uns dazu veranlasst, diesen nächsten Schritt zu machen. Thich Nhat Hanhs Mahnung, dass wir eine kollektive Erleuchtung bräuchten, um den Kurs der Zerstörung aufzuhalten, weist darauf hin, dass wir uns jetzt spirituell entwickeln müssen, um physisch zu überleben.

Wenn dem so ist, wird es umso dringlicher zu klären, was *kollektive Erleuchtung* bedeutet. Wenn erwachte Wesen wie Gautama Buddha Prototypen für die notwendige größere kulturelle Transformation sind – bedeutet kollektive Erleuchtung dann, dass ein bedeutender Prozentsatz von Einzelpersonen im traditionellen buddhistischen Sinne erwacht, oder etwas anderes? Es ist schwierig, sich vorzustellen, was dieses »etwas andere« sein könnte. Noch schwieriger ist es jedoch zu glauben, dass eine erhebliche Anzahl von Praktizierenden früh genug erwachen wird, um dann eine Gruppe zu bilden, die die soziale Bewegung anführen kann, welche unser ökologisches Problem schnell genug zu lösen imstande ist.

Oder ist dieses Verständnis von Erleuchtung zu eng gefasst? Vielleicht suchen wir an der falschen Stelle und verpassen so das, was wir suchen – eine soziale Revolution im Bewusstsein und im Engagement, die vielleicht bereits stattfindet.

Von Bedeutung ist hier, dass die buddhistischen Traditionen die individuelle Erleuchtung auf unterschiedliche Weise beschrieben haben. Historisch gesehen ging im ostasiatischen Buddhismus eine der Hauptdebatten um die Frage, ob das Erwachen plötzlich oder allmählich erfolgt. Obwohl das »Sich-selbst-Vergessen« und Loslassen, wie im zweiten Kapitel besprochen, zu einer plötzlichen Erfahrung von Bodenlosigkeit führen kann, ist das nicht der einzige Weg, wie eine tiefgreifende Transformation geschehen kann. Trotz seiner eigenen berühmten Erfahrung der plötzlichen Erleuchtung hat Dogen betont, dass Zazen (Zen-Meditation) kein Mittel zu diesem Ziel ist, denn Zazen selbst manifestiert das ungebundene und formlose wahre Wesen unseres Geistes. Shikantaza (»nur Sitzen«) in diesem Sinne zu praktizieren bedeutet, auch dann loszulassen und verändert zu werden, wenn wir uns dessen gerade nicht bewusst sind. Das wurde mit einem Spaziergang über eine Wiese am frühen Morgen verglichen. Eine Weile merken wir vielleicht nicht, dass unsere Kleidung durch den Tau auf den Gräsern feucht geworden ist.

Wie sähe eine kollektive Version der allmählichen Erleuchtung aus?

In seinem Buch *Wir sind der Wandel: Warum die Rettung der Erde bereits voll im Gang ist – und kaum einer es bemerkt* dokumentiert Paul Hawken das Aufkommen eines weltweiten Netzwerks sozial engagierter Organisationen, das als Reaktion auf die globalen Herausforderungen, die uns heute bedrohen – Fragen der sozialen Gerechtigkeit ebenso wie ökologische –, entstanden ist. Diese »Bewegung der Bewegungen« ist sowohl die größte aller Zeiten – mindestens zwei Millionen Organisationen, vielleicht viel mehr – als auch die am schnellsten wachsende. »Es ist das erste Mal in der Geschichte, dass eine Bewegung von solchem Ausmaß und solcher Breite aus jedem Land, jeder Stadt und jeder Kultur der Welt entstanden ist, ohne Führer, ohne Regelwerk und ohne zentralen Hauptsitz. ... Sie ist riesig, und die Themen, im weiten Sinne soziale Gerechtigkeit und Umwelt, sind keineswegs getrennt.«

In einem Interview mit dem *Tricycle*-Magazin führt Hawken die Ursprünge dieser Bewegung bis zur Heiligkeit des Lebens und zum Mitgefühl zurück, wie sie von den Religionen der Achsenzeit vertreten wurden. Doch die heutige Bewegung hat keine gemeinsame Ideologie:

> Bedenken wir, dass Ideologie die Menschheit immer wieder in Schwierigkeiten gebracht hat; sie wird uns hier nicht dienlich sein. Jeder »ismus« endet in Spaltungen, so auch der Buddhismus, und die meisten »ismen« führen zu Gewalt, Krieg und Grausamkeit. Die Gabe dieser Bewegung ist, dass sie bereits atomisiert ist. Sie ist kein »ismus«, sie kann sich nicht spalten. Sie kann nur zusammenkommen. So etwas haben wir in der Menschheitsgeschichte zuvor noch nie gesehen. Folglich haben wir keinen Namen dafür.

Besonders bemerkenswert ist die Metapher, die Hawken verwendet, um diese Bewegung zu beschreiben: Er nennt sie die »Immunantwort« der Menschheit, die wie spontan entsteht, um uns und den Planeten vor jenen Kräften zu schützen, die unsere Welt plündern. Die Organisationen, aus denen sich diese Bewegung zusammensetzt, sind »soziale Antikörper, die sich an die Pathologien der Macht anheften«. Er widmet dem Entfalten dieser Analogie ein ganzes

Kapitel. Jetzt zitiert er aus seinem Buch *Wir sind der Wandel: Warum die Rettung der Erde bereits voll im Gang ist – und kaum einer es bemerkt.*

> So wie das Immunsystem Selbst und Nicht-Selbst erkennt, so erkennt diese Bewegung, was menschlich und was nichtmenschlich ist. So wie das Immunsystem die innere Verteidigungslinie ist, die es einem Organismus erlaubt zu bestehen, so ist Nachhaltigkeit eine Strategie, die es der Menschheit ermöglicht, weiter zu existieren. Das Wort *Immunität* kommt aus dem Lateinischen *im munis*, was »bereit zu dienen« bedeutet.

Ein Immunsystem ist ein Teil von etwas Größerem, dem es mit Verteidigung dient. Weiße Blutkörperchen haben kein Problem damit herauszufinden, was ihre Rolle ist. Angesichts der Arten von Infektionen, mit denen unser kollektives Immunsystem heute konfrontiert ist, erscheint auch diese Parallele offensichtlich. Wir sind hier, um der Erde heilen zu helfen – ein Prozess, der auch uns heilen wird. Das mag ein neues Verständnis des buddhistischen Weges sein, aber der Weg an sich ist nicht neu, wie Hawken betont:

> Was eine engagierte Haltung angeht, so meine ich, dass buddhistische Praxis ihrem Wesen nach sozialer Wandel ist. Sie kultiviert Mitgefühl, und das ist die Quelle von Transformation. Das englische Wort *compassion* bedeutet »mitleiden« oder »gemeinsam leiden«. Mitgefühl steigt also

von einem tiefen Ort der Empfänglichkeit und des Zuhörens auf, womit Heilung beginnt. Im weitesten Sinne sprechen wir über die Heilung der Welt – eine tausendjährige Reise.

Als Zen-Praktizierender sieht er den Buddhismus als einen wachsenden Teil dieser Bewegung:

> Der institutionelle Buddhismus wird sich viel stärker in Bezug auf soziale Fragen engagieren, denn ich sehe keine Zukunft, in der sich die Bedingungen nicht für uns alle verschlechtern werden. Das Geschenk der kommenden Jahre besteht darin, dass wir die wichtigsten Themen unserer Zeit nicht angehen können, ohne dabei andere Menschen zu werden als die, die wir heute sind. *Dukkha*, Leiden, ist immer die Feuerprobe der Transformation für diejenigen gewesen, die praktizieren.

Im Buddhismus geht es nicht darum, Leiden zu vermeiden, sondern durch Leiden transformiert zu werden – was darauf hindeutet, dass es in unserer Zukunft jede Menge Transformation geben wird.

Da Hawken sich auf soziales Engagement konzentriert, betont er nicht, dass das auch der Beginn einer grundlegenden Transformation des menschlichen Bewusstseins zu sein scheint. »Heute arbeiten Millionen von Bürger*innen für Menschen, die sie niemals kennenlernen oder treffen werden. Es ist erstaunlich, dass die am schnellsten wachsende

Bewegung der Welt von Altruismus geleitet und durchdrungen wird.« Joanna Macy bringt dasselbe Argument vor:

> Überall, wo ich unterrichte, entdecke ich eine Bereitschaft zum kollektiven Erwachen. Ich bin erstaunt, wie ausdrücklich das ist. Es ist die Sehnsucht, der Erde anzugehören und sie zu ehren. Immer wieder glaube ich, dass Menschen bereit wären zu sterben, um unsere Welt und den Prozess des Lebens zu retten. Es gibt etwas Drängendes im Herz-Geist, das einfach riesig ist. Es geschieht sehr schnell.

Geschieht die kollektive Erleuchtung, zu der Thich Nhat Hanh aufruft, also bereits? Könnte der Buddhismus als kleiner Teil dieser weltweiten Bewegung eine besondere Rolle spielen, indem er nicht nur die Befreiung des Bewusstseins fördert, sondern auch den Einsatz von befreitem Bewusstsein für die sozialen und ökologischen Krisen, die uns heute herausfordern?

Dennoch sollten wir uns (wie Hawken es tut) daran erinnern, dass das Immunsystem manchmal auch versagt; und »diese Bewegung könnte sicherlich auch versagen«. Krankheitserreger wie das HI-Virus, das AIDS verursacht, töten ihren Wirt, indem sie das Immunsystem des Körpers zerstören. Gibt es hier eine weitere, weniger hoffnungsvolle Parallele zum Immunsystem der Erde? Es muss sich erst noch zeigen, wie widerstandsfähig die Ökosysteme der Biosphäre sind und wie erfolgreich ihre kollektive Immunantwort sein wird.

Wenn die derzeitigen Entwicklungen so weitergehen, werden wir es nicht.
– *Daniel Maguire*

Wenn wir beim Klimawandel nicht sehr schnell gewinnen, dann werden wir nie gewinnen. Das ist die zentrale Wahrheit über die globale Erwärmung.
– *Bill McKibben*

Wir unterliegen dem groben Missverständnis, dass wir eine gute Spezies auf dem Weg zu etwas Wichtigem sind und dass wir in letzter Minute unsere Fehler korrigieren werden und Gott uns zulächeln wird. Das ist Verblendung.
– *Farley Mowatt*

Die Apokalypse ist nicht etwas, was noch kommt. Sie ist in vielen Teilen des Planeten bereits angekommen. Nur weil wir in einer Blase unglaublicher Privilegien und sozialer Isolation leben, können wir uns noch den Luxus leisten, die Apokalypse zu erwarten.
– *Terence McKenna*

Dass Zivilisationen früher oder später untergehen, ist ein Gesetz der Geschichte, ebenso wie die Schwerkraft ein Gesetz der Physik ist.
– *Paul Kingsnorth*

Das Ende der Menschheit wird sein, dass sie irgendwann an Zivilisation stirbt.
– *Ralph Waldo Emerson*

Die Zivilisation ist eine Krankheit, die fast immer tödlich endet, wenn ihre Ursache nicht rechtzeitig erkannt wird.
– *Dekan Inge*

Wir verhalten uns, als hätten wir eine riesige Todessehnsucht.
– *Joanna Macy*

Wenn wir lernen wollen, im Anthropozän zu leben, müssen wir zuerst lernen, wie man stirbt.
– *Roy Scranton*

Es ist möglich, dass Intelligenz in der falschen Spezies als eine für die Biosphäre fatale Kombination vorherbestimmt war. Vielleicht ist es ein Gesetz der Evolution, dass Intelligenz sich in der Regel selbst auslöscht.
– *E. O. Wilson*

Die Menschheit wird das Schicksal bekommen, das sie verdient.
– *Albert Einstein*

Du kannst dich zurückhalten von den Leiden der Welt …, aber vielleicht ist gerade dieses Zurückhalten das einzige Leid, das du vermeiden könntest.
– *Franz Kafka*

Sollten wir uns nicht von Zeit zu Zeit der kosmischen Traurigkeit öffnen?
– *Etty Hillesum*

Trauer ist der Preis, den wir für die Liebe bezahlen.
– *Elisabeth II.*

Die Aufgabe besteht darin, uns von Happy Ends zu einer reifen Gelassenheit in einer Welt ohne Happy End zu entwickeln.
– *Paul Shepard*

Verzweiflung ist der Selbstmord der Phantasie. Was auch immer die Realität uns aufdrängt, es bleibt immer noch die Möglichkeit, sich etwas Besseres vorzustellen, und in diesem Traum bleibt die Grenze unserer Menschlichkeit und ihrer Möglichkeiten bestehen. Zu verzweifeln bedeutet, freiwillig eine Tür zu schließen, die sich noch nicht geschlossen hat.
– *Sam Smith*

Es ist zu spät, um pessimistisch zu sein.
– *Anonym*

Wenn der Tag des Jüngsten Gerichts kommt und jemand hat einen Palmensetzling in der Hand, sollte er ihn einpflanzen.
– *Mohammed*

5
Was, wenn es zu spät ist?

ZU SPÄT WOFÜR?

Wenn ich über unsere ökologische Zukunft nachdenke, fallen mir oft die mahnenden Beispiele der Osterinsel und der St.-Matthew-Insel ein.

Die Geschichte der Osterinsel ist wohlbekannt, vor allem wegen ihrer monumentalen Steinskulpturen, der *Moai*. Die Insel ist einer der entlegensten bewohnten Orte der Erde, über tausend Meilen entfernt von der nächsten bewohnten Nachbarinsel, Pitcairn. Als holländische Schiffe die Insel am Ostersonntag des Jahres 1722 entdeckten, fanden sie eine kaum überlebensfähige Gesellschaft von zwei- bis dreitausend Menschen in einem entwaldeten Ökosystem mit wenigen natürlichen Ressourcen vor. Archäologen haben später festgestellt, dass die Polynesier hier zwischen 700 und 1100 u. Z. eingetroffen und ihre Bevölkerung dann auf etwa 15.000 Menschen angestiegen war. Zu dieser Zeit gab es 21 Baumarten und viele Landvögel, die aber schließlich alle ausstarben. Als der einheimische Tropenwald abgeholzt wurde, erodierte der durch ihn geschützte Boden und die Landwirtschaft ging stark zurück. Der Verlust der Bäume bedeutete auch, dass keine Fischerboote mehr gebaut werden konnten, und die Müllgruben dieser Zeit zeigen, dass sich die Ernährung vom Protein von Fischen und Delphinen auf das von Seevögeln verlagerte. Bald kollabierten auch die riesigen Seevogelkolonien, sodass domestizierte Hühner zur Hauptproteinquelle wurden. Künstlerisch gestaltete Figuren aus dieser Zeit zeigen aufgeblähte Bäuche und entblößte Rippen. Viele der Inselbewohner zogen in zu Festungen ausgebaute Höhlen, und es gibt Anzeichen für Kriege und möglicherweise Kannibalismus.

Der Raubbau an den natürlichen Ressourcen der Osterinsel führte zu einer ökologischen Katastrophe, doch die Menschen überlebten, wenn auch unter stark eingeschränkten Bedingungen.

Die Geschichte der St.-Matthew-Insel ist eine ganz andere, aber ebenso beunruhigend.

St. Matthew ist eine abgelegene Insel in der Beringsee vor der Küste Alaskas. Während des Zweiten Weltkriegs richtete die Küstenwache der Vereinigten Staaten eine kleine Basis zur Überwachung des Funkverkehrs ein. Im Jahre 1944 importierte sie 29 Rentiere als Nahrungsquelle für Notfälle, was schließlich nicht gebraucht wurde. Als der Stützpunkt einige Jahre später aufgegeben wurde, blieben die Rentiere zurück, und bis 1963 hatte sich ihre Population auf etwa sechstausend vervielfacht. In den folgenden zwei Jahren wurde ihre Zahl jedoch aufgrund des begrenzten Nahrungsangebots und eines außergewöhnlich kalten Winters dezimiert. Einige Jahre später waren nur noch 42 Rentiere übrig, und in den 1980er Jahren waren sie ausgestorben.

Etwas Ähnliches geschah mit Kaninchen, die Anfang der 1900er Jahre auf der winzigen Insel Lisianski westlich von Hawaii eingeführt wurden. Ohne natürliche Feinde vermehrten sie sich und fraßen sich innerhalb eines Jahrzehnts zu Tode. Keines überlebte.

Die Erschöpfung der natürlichen Ressourcen auf der Osterinsel war allmählicher als der Zusammenbruch der Nahrungsversorgung auf den Inseln St. Matthew und Lisianski, und natürlich ist der Mensch wesentlich anpassungsfähiger als Hirsche oder Kaninchen. Aber es wäre unklug, sich angesichts der beispiellosen ökologischen Probleme, die wir uns selbst geschaffen haben, zu sehr auf unseren Einfallsreichtum zu verlassen. Um nochmals auf einige der in Kapitel 1 erwähnten Statistiken zurückzukommen: In meiner Lebenszeit hat sich die Weltbevölkerung mehr als verdreifacht, von etwa 2,5 Milliarden Menschen im Jahr 1947 auf 7,7 Milliarden Anfang 2018. Mehr als ein Drittel des Ackerlandes der Erde ist in den letzten 40 Jahren verloren gegangen, und die Ernährungs- und Landwirtschaftsorganisation der Vereinten Nationen (FAO) prognostiziert, dass mit den industriellen landwirtschaftlichen Verfahren von heute nur noch 60 weitere Jahre Getreide angebaut werden kann.

Angesichts dieser Herausforderungen und unserer offensichtlichen Unfähigkeit, angemessen zu reagieren – jedenfalls bisher –, können wir der folgenden Frage nicht ausweichen: Was, wenn es zu spät ist, um den Zusammenbruch der Zivilisation zu verhindern – oder schlimmer? James Lovelock, der erste Vertreter der Gaia-Hypothese, warnte bereits 2009 davor, dass die Weltbevölkerung im nächsten Jahrhundert aufgrund der globalen Erwärmung auf bis zu 500 Millionen Menschen schrumpfen könnte. Er behauptete auch, dass Versuche, den Klimawandel zu bekämpfen, das Problem nicht lösen könnten, sondern uns lediglich Zeit verschafften.

Zahlreiche andere Wissenschaftler*innen prognostizieren eine »apokalyptische« Zukunft – ein Begriff von James Hansen, dem ehemaligen Leiter des Goddard-Instituts für Weltraumforschung der NASA und vielleicht berühmtesten Klimaforscher der Welt. Er glaubt, dass ein katastrophaler Klimawandel unvermeidlich ist, wenn wir nicht bis 2030 vollständig aus der fossilen Energiegewinnung aussteigen. Forscher der Universität Hawaii prognostizieren »historisch noch nie dagewesene« Klimaverhältnisse vielleicht schon für das Jahr 2047. In seinem 2010 erschienenen Buch *Eaarth: Making a Life on a Tough New Planet* (Eerde: Auf einem harten, neuen Planeten leben) betont Bill McKibben, einer der Gründer von 350.org, dass wir den Punkt, an dem es kein Zurück mehr gibt, bereits weit hinter uns gelassen haben. Zu denken, »wir müssen etwas für unsere Enkel tun«, ist realitätsfremd, denn wir leben bereits auf einem Planeten aus einem Paralleluniversum (daher »Eaarth«):

> Die arktische Eiskappe schmilzt und der große Gletscher über Grönland wird immer dünner, mit beunruhigender und unerwarteter Geschwindigkeit. Die Ozeane sind deutlich saurer, und ihr Pegel steigt. ... Die heftigsten Stürme

auf unserem Planeten, Orkane und Zyklone, sind noch gewaltiger geworden. ... Der große Regenwald des Amazonas trocknet an seinen Rändern aus. ... Der große Nadelwaldgürtel Nordamerikas stirbt innerhalb weniger Jahre. ... [Dieser] neue Planet sieht mehr oder weniger wie unser eigener aus, ist es aber eindeutig nicht. ... Das ist das Größte, was je geschehen ist.

Die heutige paläontologische Forschung schätzt, dass 95 bis 98 Prozent aller Arten, die jemals auf der Erde gelebt haben, verschwunden sind, die meisten davon durch Ereignisse, die ein dramatisches und relativ massenhaftes Aussterben verursacht haben. Wir stehen nun vor dem sechsten großen Artensterben des Planeten, in diesem Fall bewirkt von einer ganz bestimmten Gattung – uns. Und es ist gut möglich, dass wir zu den Opfern gehören werden. Fred Guterl argumentiert in *The Fate of the Species* (Das Schicksal der Gattung) ebenso wie Clive Hamilton in *Requiem for a Species* (Requiem für eine Gattung), dass das Aussterben des Menschen eine sehr reale Gefahr darstellt, denn, wie der Stanford-Biologe Paul Ehrlich es unverblümt formuliert: »Indem die Menschheit das Aussterben anderer Gattungen vorantreibt, sägt sie an dem Ast, auf dem sie selber sitzt.«

Bis vor kurzem haben Wissenschaftler*innen solche Behauptungen nur zögerlich aufgestellt, aber es werden immer mehr Stimmen laut, die von der sehr realen Möglichkeit des Verschwindens der Menschheit sprechen. 2010 hat zum Beispiel Frank Fenner, ein angesehener emeritierter Professor für Mikrobiologie an der Australian National University, in einem Interview mit der Zeitung *The Australian* prognostiziert, dass die Menschheit wahrscheinlich innerhalb der nächsten hundert Jahre aufgrund der Bevölkerungsexplosion und des uneingeschränkten Konsums aussterben werde. »Es ist eine unumkehrbare Situation. Ich denke, es ist zu spät. ... Eine Abschwächung würde das Ganze etwas verlangsamen, aber es sind bereits zu viele Leute hier.«

Fenner ist kein Klimaforscher; können wir seine Gedanken also getrost ignorieren? Ist die Gefahr, dass wir aussterben bloß eine Phantasie, die uns Angst machen soll, damit wir uns stärker um Abhilfe bemühen? Tatsächlich ist der weitverbreitete Glaube, dass die von Regierungen jeder »fortgeschrittenen« Nation geförderte industrielle Wachstumswirtschaft unbegrenzt fortgesetzt werden könne, ohne die Biosphäre zu zerstören, sehr viel eher eine Phantasie.

Die Erderwärmung verursacht bereits viele Probleme, aber am Ende wird unser Körper die wahrscheinlich höher werdenden Temperaturen einfach nicht mehr ertragen können. 2013 hat Bill McKibben in einem Aufsatz auf die Gefahr bleibender »Nässeblasen« mit hoher Luftfeuchtigkeit bei über 35 Grad Celsius hingewiesen:

> Bei solchen Temperaturen kann der Mensch aus physiologischen und physikalischen Gründen nicht überleben ... Es ist physikalisch unmöglich für die Umgebung, die 100 Watt Stoffwechselwärme abzutransportieren, die ein menschlicher Körper im Ruhezustand erzeugt. Insofern

wäre selbst eine nackt in Winden mit Orkanstärke liegende Person unfähig zu überleben.

Unter den Bedingungen von Nässeblasen kann sich unser Körper nicht durch Schwitzen abkühlen, sondern nimmt stattdessen Wärme aus der Luft auf, was zur Überhitzung führt. Nach sechs Stunden kommt es zum Zusammenbruch. In der Klimaforschung ist man sich einig, dass mit einem Anstieg der globalen Durchschnittstemperaturen um vier Grad Celsius ein Großteil der Erde für Menschen unbewohnbar sein wird. Für Steven Sherwood, Meteorologe an der Universität von New South Wales in Australien, wäre das »katastrophal«, und in den meisten Tropengebieten würde das Leben »schwierig, wenn nicht gar unmöglich« werden. Vier Grad Celsius mag uns nicht als viel erscheinen, weil wir an extremere Schwankungen während der vierundzwanzig Stunden eines Tages gewöhnt sind. Aber selbst ein durchschnittlicher Anstieg von zwei bis drei Grad würde bedeuten, dass die Temperaturen in Nordamerika und Europa regelmäßig über 40 Grad Celsius und in Äquatornähe noch viel höher lägen. »Der wärmste Juli in der Mittelmeerregion könnte neun Grad Celsius wärmer sein als der bis heute wärmste Juli.« (George Marshall) Bei solchen Temperaturen kommt es selbst außerhalb von Nässeblasen zum körperlichen Zusammenbruch, und daher und daher starben in der Hitzewelle von 2003 in Europa über 70.000 Menschen. Leider wird es immer unwahrscheinlicher, dass wir diesen durchschnittlichen Anstieg um zwei bis drei Grad vermeiden können.

Ein Grund, warum wir das so schwer verstehen, liegt darin, dass sowohl der Kohlendioxidgehalt als auch das Klima seit etwa 10.000 Jahren – die Zeit, in der sich die Zivilisation einschließlich der Landwirtschaft entwickelt hat – bemerkenswert konstant war. Wir nehmen diese Stabilität daher als selbstverständlich hin, aber »die meiste Zeit in den letzten 100.000 Jahren waren plötzliche Klimawechsel die Regel und nicht die Ausnahme«, so der Paläontologe Peter Ward. »Wir Menschen haben keine Erfahrungen mit einer solchen Welt.« Sein Buch *Under a Green Sky: Global Warming, the Mass Extinctions of the Past, and What They Can Tell Us About Our Future* (Unter einem grünen Himmel: Globale Erwärmung, Massenartensterben in der Vergangenheit und was uns das über unsere Zukunft sagen kann) belegt eindrücklich, dass alle früheren Katastrophen eines weltweiten Artensterbens (außer vielleicht dem Verschwinden der Dinosaurier vor 65 Millionen Jahren) aufgrund einer raschen globalen Erwärmung in Folge eines Anstiegs des Kohlendioxidgehalts in der Atmosphäre stattfanden. Ein langsamer Klimawandel gibt den Arten Zeit, sich durch Evolution anzupassen, ein schneller nicht.

Aber wie schnell ist »schnell«? Bis vor kurzem glaubten Wissenschaftler*innen, dass während des jüngsten großen Artensterbens, dem Paläozän/Eozän-Temperaturmaximum (PETM) vor etwa 55 Millionen Jahren, die Temperaturen im Laufe von etwa 20.000 Jahren um weltweit um fünf bis acht Grad stiegen. Aber neue Sedimentanalysen deuten darauf hin, dass das eher »binnen eines geologischen Wimpernschlags« geschah. Laut einer Veröffentlichung in den *Proceedings of the National Academy of Sciences of the United States of America* im Jahr 2013 versauerte die Meeresoberfläche nach einem plötzlichen starken Anstieg des atmosphärischen Kohlenstoffs innerhalb weniger Wochen oder Monate und *die Temperaturen stiegen weltweit innerhalb von etwa 13 Jahren um fünf Grad an.*

Welche klimatischen Störungen könnten so etwas plötzlich verursachen? Die heutige Bedrohung besteht nicht nur in den anhaltenden Kohlendioxidemissionen, sondern vor allem in den »Kipppunkten«, die kurz bevorstehen oder bereits überschritten worden sind und verstärkende Rückkopplungsschleifen einleiten. Ein bekanntes Beispiel dafür ist die Eis-Albedo-Rückkopplung: Schnee und Eis in der Arktis reflektieren den Großteil der Sonneneinstrahlung, während ihn die Meeresoberfläche absorbiert. Aufgrund der höheren Temperaturen schmilzt mehr arktisches und antarktisches Eis, wodurch mehr Oberflächenwasser freigesetzt wird, das mehr Wärme absorbiert, wodurch mehr Eis schmilzt – und so weiter.

Der bedenklichste Kipppunkt scheint die Gefahr eines »Methanrülpsers« zu sein. Methan ist ein Gas aus Kohlenstoffverbindungen, das über einen Zeitraum von zwanzig Jahren 72 Mal stärker erwärmend auf das Klima wirkt als Kohlendioxid. Es ist der Hauptbestandteil von Erdgas, das zum Beheizen von Häusern, Öfen, Warmwasserbereitern und so weiter verbrannt wird. Seit dem Jahr 1750 ist der Methananteil in der Atmosphäre um 150 Prozent gestiegen, und zwar auf ein Niveau, das heute mehr als doppelt so hoch ist wie in den vorangegangenen 400.000 Jahren. Es gibt viele Quellen für atmosphärisches Methan, darunter Landwirtschaft, Nutztiere und Austritte beim hydraulischen Aufbrechen des Bodens (»Fracking«), aber die weitaus größten Mengen Methan sind derzeit in den Permafrostböden und unter den Sedimenten des Meeresbodens eingeschlossen, die sich zurzeit beide rasch erwärmen. In seinem Buch *Die Welt ohne uns* schätzt Alan Weisman, dass allein im Permafrost 400 Milliarden Tonnen Methan gespeichert sind. In Daniel Rirdans Buch *The Blueprint: Averting Global Collapse* (Die Blaupause: Den globalen Kollaps abwenden) wird gesagt, dass eine Freisetzung des gesamten Methans aus den Permafrostböden zehn Milliarden Tonnen Kohlendioxid entspreche. Im Vergleich dazu entspricht die derzeitige Menge aller in die Atmosphäre freigesetzten Treibhausgase etwa 44 Milliarden Tonnen Kohlendioxid pro Jahr.

Die Freisetzung großer Mengen von Methan ist als mögliche Ursache für mindestens zwei Katastrophen des Artensterbens, das Perm/Trias- und das Paläozän/Eozän-Temperaturmaximum, in die Diskussion gebracht worden. Wird sich die Geschichte wiederholen?

Warten auf die Apokalypse

Das ursprüngliche griechische Wort *Apokalypse*, das oft mit »Offenbarung« übersetzt wird, bedeutet wörtlich »Enthüllung«. Es beinhaltet die Offenlegung von verborgenem oder schwer verständlichem Wissen, »eine Vision himmlischer

Geheimnisse, die irdischen Realitäten einen Sinn geben können.« (Bart Ehrman) Im allgemeinen Sprachgebrauch jedoch bezieht sich der Begriff darauf, was in den »letzten Tagen« geschehen wird, wenn die Welt – so glauben viele Menschen – eine dramatische und sich zuspitzende Transformation erfahren wird. Das bekannteste Beispiel dafür ist die Offenbarung des Johannes, das letzte Buch des Neuen Testaments, worin berichtet wird, was Jesus angeblich Johannes von Patmos über die nahende Endzeit enthüllt hat.

Doch es gibt noch eine andere Möglichkeit, die *Apokalypse* zu verstehen: als eine bevorstehende Offenbarung über das Wesen der menschlichen Zivilisation und die radikalen Veränderungen, die so oder so geschehen müssen. In diesem Sinne ist vielleicht eine Art Apokalypse unvermeidlich geworden.

Nicht alle Religionen prophezeien eine Apokalypse, aber sie findet sich sowohl in abrahamitischen als auch in nicht abrahamitischen Traditionen, einschließlich des Buddhismus. Sie beinhaltet meist einen Messias oder eine Inkarnation, der beziehungsweise die erscheint, um den Prozess zu unterstützen oder zu verbessern und gegen das Böse zu kämpfen.

In den abrahamitischen Traditionen glaubt man an eine lineare Kosmologie, in der die Welt endgültig und dauerhaft Erlösung erlangt. Im Judentum umfassen die letzten Tage das Ende der jüdischen Diaspora, das Erscheinen des Messias und die Auferstehung der Gerechten in eine geheiligte Welt. Einige christliche Sekten erwarten eine Zeit voller

Schwierigkeiten – manchmal tausend Jahre lang –, bevor Christus zurückkehrt, um den Antichristen zu besiegen und das Reich Gottes feierlich zu begründen. Muslime erwarten den Erlöser in der Form von Mahdi, der einige Jahre lang über die Welt regieren und dann mit Hilfe von Isa (Jesus) den Tag der Auferstehung und des Gerichts einleiten wird.

Nicht abrahamitische Traditionen wie der Hinduismus und der Buddhismus haben in der Regel eher zyklische Weltbilder, mit langen Perioden des Verfalls, auf die jeweils die Wiederherstellung eines goldenen Zeitalters folgt. Im Hinduismus heißt es, Kalki, die letzte Inkarnation Vishnus, werde auf einem weißen Pferd erscheinen und das gegenwärtige Kali Yuga beenden. Dem Palikanon und späteren buddhistischen Texten zufolge hat Gautama Buddha prophezeit, dass seine Lehren – das wahre Dharma – während einer hundertjährigen Periode des körperlichen und moralischen Verfalls an Bedeutung verlieren würden, bis der nächste Buddha Metteya (Maitreya) erschiene, um das Dharma wiederzubeleben. Dieser Glaube hatte einen maßgeblichen Einfluss auf die Entwicklung einiger späterer buddhistischer Traditionen. Zum Beispiel betonte der Buddhismus des Reinen Landes in Ostasien hingebungsvolle Praktiken zum Erreichen des Reinen Landes, weil in jenem degenerierten Zeitalter die Erleuchtung sonst zu schwer zu erlangen war.

Die meisten Anhänger*innen des Buddhismus in Asien sind mit dem zukünftigen Buddha Maitreya vertraut, obwohl keine Einigkeit darüber herrscht, wann er erscheinen wird. Heutzutage ist es jedoch schwieriger, der Vorstellung von einem Messias oder einer Inkarnation – der oder die erscheinen wird, um uns vor uns selbst oder dem Chaos, das wir angerichtet haben, zu retten – Glauben zu schenken. Thich Nhat Hanh hat einmal gesagt, dass der nächste Buddha Maitreya als Sangha, als eine Gemeinschaft von Praktizierenden, erscheinen könnte. Müssen wir gemeinsam zu dem Wesen werden, auf das wir gewartet haben?

Weitaus weniger bekannt als die Prophezeiungen zu Maitreya ist eine eher katastrophale Vorhersage im Anguttara-Nikaya des Palikanons, in der Gautama Buddha das endgültige Schicksal unserer Welt beschreibt – eine Folge von sieben Sonnen werde die Erde austrocknen und dann verbrennen:

> Es wird eine Zeit kommen, o Mönche, wo es nach Hunderttausenden von Jahren aufhören wird zu regnen. Alle Samen, die gesamte Vegetation, alle Pflanzen, Gräser und Bäume werden austrocknen und aufhören zu sein.

Eine zweite Sonne wird alle Bäche und Teiche verdunsten lassen. Die dritte wird die Flüsse, die vierte die Seen und die fünfte die Ozeane austrocknen. Die sechste Sonne »wird die Erde brennen, so wie ein Topf von einem Töpfer gebrannt wird«. Wenn die siebte und letzte erscheint, »wird die Erde von Feuer lodern, bis sie ein einziges Flammenmeer wird. … So vergänglich sind bedingte Phänomene, so instabil, so unverlässlich.«

Es ist unklar, wie wörtlich wir diese Geschichte, die zum Schluss die Praktizierenden ermutigt, nicht an dieser Welt anzuhaften, nehmen sollten. Die Beschreibung jeder der Sonnen endet mit der gleichen Mahnung: »Es reicht, bedingte Phänomene ohne Illusion zu betrachten, es reicht, ihnen gegenüber leidenschaftslos zu werden, es reicht, sich von ihnen zu befreien.«

Der Text des Anguttara-Nikaya bleibt auch unklar in Bezug auf die Frage, ob diese Zerstörung nur Teil eines größeren *Kalpa*-Zyklus ist. Auf jeden Fall fällt auf, wie ähnlich diese Darstellung den wissenschaftlichen Vorhersagen über das letztendliche Schicksal unseres Planeten ist. Wenn der Sonne in etwa sieben Milliarden Jahren der Wasserstoff ausgeht, wird sie zu einem Roten Riesen, der Merkur, Venus und wahrscheinlich auch die Erde verschlingt. Doch bereits lange zuvor – wahrscheinlich innerhalb der nächsten Milliarde von Jahren – wird die zunehmende Sonnenstrahlung unseren Planeten kochen und dann brennen, sodass es keine Atmosphäre, kein Wasser mehr geben wird und Oberflächentemperaturen von Hunderten von Graden herrschen werden. Keinerlei Leben wird mehr möglich sein.

Es gibt verschiedene Möglichkeiten, auf diese düstere Erinnerung an unser endgültiges Schicksal zu reagieren. Wir können uns weigern, diese Vernichtung der Menschheit und aller anderen Lebensformen zu akzeptieren. In den letzten hundert Jahren ist in technologischer Hinsicht so vieles erreicht worden; was könnten wir in den nächsten hunderttausend Jahren noch erreichen? Sich selbst finanzierende

Visionäre wie Elon Musk planen bereits die Errichtung von Kolonien auf dem Mars …, aber wie sollte irgendein Leben auf dem Mars den Tod unserer Sonne überstehen? Und selbst wenn es eines Tages möglich werden sollte, andere Sonnensysteme zu besiedeln, würde auch deren Sonne schließlich das gleiche Schicksal erleiden. Was wir bisher über das Wesen des Universums wissen, besagt, dass unser Aussterben früher oder später unvermeidlich ist.

Dieses Schicksal lädt uns sein, darüber nachzudenken, was ein solches Szenario für unser gewohntes zukunftsorientiertes Denken und Handeln bedeutet. Warum beunruhigt uns die irgendwann stattfindende, aber unvermeidliche Vernichtung des menschlichen Lebens bereits heute? Angesichts der unmittelbaren Probleme, mit denen wir konfrontiert sind, scheinen eine Milliarde Jahre kein Grund zur Sorge zu sein. Doch wenn alles Leben, wie wir es kennen, früher oder später zu Ende geht, was bedeutet das für unsere *heutige* Lebensweise?

Evolutionspsychologisch sind wir als Individuen so konditioniert, dass wir darauf ausgerichtet sind, unsere Gene an zukünftige Generationen weiterzugeben. Ist das vielleicht die Quelle unseres Unbehagens, das uns bei dem Gedanken an das Aussterben beschleicht? Doch die buddhistische Betonung von Vergänglichkeit und Substanzlosigkeit bedeutet, dass die Evolutionsgeschichte nicht unbedingt unser Schicksal ist. Was konditioniert worden ist, kann dekonditioniert und rekonditioniert werden, wozu der buddhistische Pfad ermutigt.

Das Ende des Lebens, wie wir es kennen?

Was tust du, wenn nichts, was du tust, etwas nützt?
 – *Shin'ichi Hisamatsu*

Die buddhistischen Lehren erinnern uns daran, den Aspekt »Ich weiß es nicht« in unserer misslichen Lage anzuerkennen, anstatt dogmatisch zu werden in Bezug auf das, was in der Zukunft passieren wird – oder das, was gerade passiert. Das Universum, und damit auch unser eigenes Leben, birgt ein grundlegendes Geheimnis, das wir nicht verstehen und vielleicht auch nicht verstehen können. Dennoch sollten wir nicht auf dieses Mysterium zurückgreifen, um wissenschaftlich fundierte Prognosen in dem Glauben abzutun oder zu ignorieren, dass irgendein Gott oder Buddha oder gutes Karma oder Erwachen uns vor dem retten wird, was wir der Welt antun.

Betrachten wir also das schlimmste Szenario, das einige Wissenschaftler*innen prognostizieren: dass es bereits zu spät ist, um gewisse Kipppunkte (wie das massive Freisetzen von eingeschlossenem Methan) und damit einen raschen Anstieg der Oberflächentemperaturen mit den entsprechend katastrophalen Folgen zu vermeiden. Nehmen wir an, dass dieser Anstieg nicht nur den Zusammenbruch der Zivilisation, sondern auch das Aussterben der Menschheit innerhalb von etwa hundert Jahren zur Folge haben wird. Betrachten wir es als ein Gedankenexperiment. Wie könnte der Buddhismus uns helfen, mit diesem Zusammenbruch zurechtzukommen?

Die Vorbereitung auf den eigenen Tod war schon immer ein wichtiger Teil des buddhistischen Weges. Doch die Vorahnung des Todes unserer gesamten Gattung ist mehr als bloß eine kollektive Version davon. »Wir alle wissen, dass wir sterben werden. Früher waren wir in der Lage, mit dem Gedanken zurechtzukommen, dass unser Leben zu etwas Größerem beiträgt, das uns überleben würde. Jetzt ist uns sogar das genommen worden.« (Bill McKibben) Die meisten von uns wünschen sich, die Welt auf die eine oder andere Weise als einen etwas besseren Ort zurückzulassen. Wir wollen, dass unsere Kinder und Enkel glücklich sind. Ich hoffe, dass einige Menschen von diesem Buch profitieren werden, aber wenn unsere Gattung aussterben sollte, wird es niemand mehr lesen können. Wenn die Menschheit verschwindet, werden auch der Buddhismus und alle anderen religiösen Traditionen verschwinden, zusammen mit den Kompositionen der größten Musiker, den Gemälden und Skulpturen der größten Maler und Bildhauerinnen, den Gedichten, Theaterstücken und Romanen der größten Schriftsteller, den Entdeckungen der größten Wissenschaftler und Wissenschaftlerinnen und so weiter. Nehmen wir uns einen Augenblick Zeit, um darüber nachzudenken. ... Wie sollten wir heute angesichts dieser sehr realen Möglichkeit leben?

Einige wenige zeitgenössische Lehrende haben begonnen, sich mit diesen Bedenken auseinanderzusetzen, darunter zwei der renommiertesten: Thich Nhat Hanh und Joanna Macy.

Thich Nhat Hanh spricht in dem Buch *A Buddhist Response to the Climate Emergency* (Eine buddhistische Antwort auf den Klimanotstand) offen über unsere Situation. »Wir sind wie Schlafwandelnde, die nicht wissen, was sie tun oder wohin sie gehen. Wir müssen beginnen zu lernen, wie wir so leben können, dass unseren Kindern und Enkeln eine Zukunft möglich ist.« Noch nicht einmal eine gute Zukunft, sondern überhaupt *irgendeine* Zukunft. In einem 2012 in der Onlinezeitschrift *The Ecologist* veröffentlichten Interview reflektiert Thich Nhat Hanh weiter über das mögliche Verschwinden unserer Gattung. Er beginnt mit dem Verweis auf das Artensterben im Perm und in der Trias vor etwa 252 Millionen Jahren und erläutert dann, welche Lehre daraus für uns heute zu ziehen ist:

> Jetzt findet eine zweite globale Erwärmung statt. ... Wenn sechs Grad Celsius erreicht werden, werden erneut 95 Prozent der Arten aussterben, einschließlich des Homo sapiens. Daher müssen wir lernen, mit unserem Einatmen und Ausatmen die Ewigkeit zu berühren. Ein Artensterben hat schon mehrmals stattgefunden. Und zwar bereits fünf Mal, dies ist das sechste. Nach der buddhistischen Tradition gibt es keine Geburt und keinen Tod. Nach dem Artensterben werden die Dinge in anderen Formen wieder erscheinen,

deshalb muss man sehr tief einatmen, um die Tatsache anzuerkennen, dass wir Menschen in nur hundert Jahren von der Erde verschwunden sein können.

Du musst lernen, wie du diese harte Tatsache akzeptieren kannst. Bitte lass dich dabei nicht von Verzweiflung überwältigen. Die Lösung besteht darin zu lernen, wie wir im gegenwärtigen Augenblick die Ewigkeit berühren können. Wir haben über die Umwelt gesprochen, als ob sie etwas anderes wäre als wir selbst, aber wir sind die Umwelt. Die nichtmenschlichen Elemente sind unsere Umwelt, aber wir sind auch die Umwelt der nichtmenschlichen Elemente, also sind wir eins mit der Umwelt. Wir sind die Erde. Und diese Erde hat die Fähigkeit, das Gleichgewicht wiederherzustellen. Manchmal müssen viele Arten verschwinden, damit ein Gleichgewicht wiederhergestellt werden kann. … Wenn wir achtsam sind auf unseren Körper und unsere Umgebung, dann können wir das Wunder des Lebens, das uns umgibt, berühren. Dieser gegenwärtige Moment ist voller Wunder. Wenn du diese Wunder nicht zu berühren weißt, weißt du nicht, wie du das Leben wertschätzen kannst – wie du das, was da ist, wertschätzen kannst.

Diejenigen, die mit den Lehren von Thich Nhat Hanh vertraut sind, wird es nicht überraschen, dass er das tiefe Atmen betont, um die »Ewigkeit« im Hier und Jetzt zu berühren. Wenn wir im gegenwärtigen Moment wirklich präsent sind, berühren wir das Wunder des Lebens. Doch seine Überlegungen zum Massenaussterben einschließlich unseres eigenen fügen dem noch einen weiteren Aspekt hinzu: »Nach der buddhistischen Tradition gibt es keine Geburt und keinen Tod.« Was bedeutet diese Lehre im Hinblick auf die Möglichkeit unseres eigenen physischen Verschwindens?

Joanna Macy gab 2011 in *Ecobuddhism* ein Interview mit dem charmanten Titel »It Looks Bleak. Big Deal, It Looks Bleak.« (Es sieht düster aus. Keine Kleinigkeit, es sieht düster aus.) Dabei wurde sie nach ihrer Reaktion auf das sechste Artensterben gefragt, das auch unsere eigene Gattung einschließen könnte, und woher sie die psychischen Ressourcen beziehe, um dieses zu bezeugen:

Ja, es sieht düster aus. Aber jetzt bist du noch am Leben. Du lebst mit all den anderen, in diesem gegenwärtigen Moment. Und weil die Wahrheit in dieser Arbeit spricht, öffnet sie das Herz. ... Das könnte der letzte Atemzug des Lebens auf der Erde sein, und was für ein bedeutsamer letzter Atemzug, wenn wir erkennen, dass wir uns ineinander verliebt haben. Wenn du wirklich in dem Moment unsere Realität erfährst, sagst du nicht: »O, ich werde das nicht erfahren, denn es wird nicht ewig dauern!« Du hast diesen Moment. Er ist jetzt die Wahrheit. Wir können mit gutem Grund besorgt darüber sein, was noch vor uns liegt, ohne uns notwendigerweise darauf zu fixieren, dass etwas fortdauern müsste.

Ecobuddhism: Einige Klimaforscher vermuten, dass wir schon in einen unkontrollierbaren Klimawandel geraten sind.

Joanna: Ich vermute, dass sie Recht haben. Logischerweise haben sie Recht: Wir haben nicht den geringsten Hauch einer Chance. Bei meinem letzten Workshop sagten die Leute im *Wahrheits-Mandala*, dass es bereits zu spät wäre. Und dann gingen sie hinaus und wurden vor dem Weißen Haus verhaftet, an den Zaun gekettet, weil sie gegen die Kriege protestierten. Unser Handeln mit leidenschaftlicher Hingabe an das Leben scheint also nicht dadurch beeinträchtigt zu werden. Ich würde gerne auch so leben ... In der wenigen verbleibenden Zeit könnten wir mehr erwachen. Wir könnten dieser gesamten Erfahrung des Planeten, die in sich bereichernd ist, erlauben, sich durch unseren Herz-Geist zu manifestieren – damit der Planet sich selbst sieht, damit das Leben sich selbst sieht. Und wir können es auf gewisse Weise segnen. Es gibt also eine Quelle des Segens in uns, selbst während wir sterben. Ich denke an einen koreanischen Mönch, der gesagt hat: »Sonnenuntergänge sind auch schön, nicht nur Sonnenaufgänge.« Wir können es schön machen. Wenn wir erlöschen, dann können wir es mit einer gewissen Würde, Großzügigkeit und Anmut tun, damit wir nicht in Schock und Angst verfallen.

... Ich glaube, es gibt einen Drang in lebenden Systemen, komplexer zu werden und zu erwachen – es gibt eine evolutionäre Bewegung. Ich spreche aus der Liebe und Begeisterung heraus, die durch meine kleine Arbeit mit vielen Menschen entsteht. Es setzt voraus, dass man Schmerz erfahren kann. Es erfordert Tränen und Empörung. Es erfordert einen *positiven Zusammenbruch*. Unsere ganze Kultur braucht einen positiven Zusammenbruch. Sie muss in sich selbst hinein sterben. Deshalb ist meine christliche Erziehung hier relevant: Karfreitag und Ostern, die Notwendigkeit von Tod und Wiedergeburt. Wir werden als Kultur sterben, und es ist besser für uns, das bewusst zu tun, damit wir es nicht allen anderen zufügen.

Die beiden Interviews sind zwar recht unterschiedlich, weil ihre Arten zu lehren recht unterschiedlich sind, doch Thich Nhat Hanh und Joanna Macy sind sich über mehr einig als bloß über den Ernst der ökologischen Krise. Beide betonen, dass unsere düstere Situation den besten Anreiz bietet, zu erwachen und etwas über den gegenwärtigen Moment zu erkennen, etwas, das für unsere Reaktion auf die sich entfaltende Katastrophe von großer Bedeutung ist. Macy sagt, den gegenwärtigen Augenblick lebendig mit anderen wirklich zu erleben, befähige uns, mit ganzem Herzen an dem großen Abenteuer unserer Zeit teilzunehmen. Thich Nhat Hanh fügt hinzu, dass wir erkennen müssten, was der Buddhismus lehre – dass es in Wirklichkeit so etwas wie Geburt oder Tod nicht gebe.

»Den gegenwärtigen Moment berühren«, das klingt trügerisch einfach und leicht. Thich Nhat Hanh wurde während des Vietnamkriegs erwachsen, und seine Erfahrungen mit umfassendem Leiden und Tod motivierten ihn, »Die Schule der Jugend für soziale Dienste« in Saigon zu gründen, eine Graswurzel-Hilfsorganisation, die zerbombte Dörfer wiederaufbaute, Schulen und medizinische Zentren errichtete und obdachlose Familien wieder ansiedelte. Später reiste er in die Vereinigten Staaten, wo er die Regierung aufforderte, sich aus Vietnam zurückzuziehen, und leitete dann die buddhistische Delegation der Pariser Friedensgespräche – in beiden Fällen ohne Erfolg. Nach dem Ende des Krieges erlaubte ihm die neue vietnamesische Regierung nicht, zurückzukehren, sodass er ins Exil gehen musste und hauptsächlich in Frankreich lebte, wo er das Praxiszentrum Plum Village gegründet hat. Ich erwähne diesen Hintergrund, um zu betonen, dass Thich Nhat Hanh sehr vertraut mit etwas ist, was für gewöhnlich notwendig für unsere Transformation ist: Trauer.

Die Trauer ist auch ein zentrales Thema in Joanna Macys Arbeit. Eines ihrer ersten Bücher trug den Titel *Despair and Personal Power in the Nuclear Age (Mut in der Bedrohung: Friedensarbeit im Atomzeitalter)*, und seit vielen Jahren führt sie Menschen durch einen Prozess, den sie ursprünglich als »Verzweiflungs- und Ermächtigungsarbeit« bezeichnet hat. Er gründet auf der Einsicht, dass Verzweiflung nicht nur eine psychologische Reaktion auf individuelles Leiden ist, sondern eine angemessene Reaktion auf das, was wir dem Planeten und uns selbst antun. In einem Online-Interview mit Mary NurrieStearns aus dem Jahr 1999 spricht sie darüber, wie wichtig es ist, Verzweiflung vollständig zu fühlen, damit sie sich in mitfühlendes Handeln verwandeln kann:

Wir müssen diesen Schmerz für die Welt ehren und ihn uns aneignen, indem wir ihn als eine natürliche Reaktion

auf einen beispiellosen Moment in der Geschichte anerkennen. Wir sind Teil einer riesigen Zivilisation mit komplexen Technologien und mächtigen Institutionen, die die eigentliche Grundlage des Lebens zerstört. Wann in unserer Geschichte haben Menschen schon jemals eine solche Erfahrung gemacht? ...
Menschen fürchten, es lähme sie, wenn sie die Verzweiflung zuließen, weil sie nur eine einzelne Person seien. Indem wir uns erlauben, unseren Schmerz für die Welt zu fühlen, öffnen wir uns paradoxerweise für das Geflecht des Lebens und erkennen, dass wir nicht allein sind. Ich halte es für einen Kardinalfehler, allein handeln zu wollen. Der Mythos des robusten Individuums, das als einsamer Cowboy losreitet, um unsere Gesellschaft zu retten, ist ein sicheres Rezept, um verrückt zu werden. Die angemessene Reaktion, die diese Arbeit hervorruft, besteht darin, einen Sinn für Solidarität mit anderen wachsen zu lassen und ein ganz neues Gefühl dafür zu entwickeln, was unsere Ressourcen sind und worin unsere Macht besteht.

Für Macy sind Verzweiflung und Trauer nicht der endgültige Zusammenbruch unserer Bestrebungen für die Welt, sondern notwendig für diejenigen, die den Weg des spirituellen Engagements gehen wollen. Ihr 2012 im Original und 2014 auf Deutsch erschienenes Buch *Hoffnung durch Handeln: Dem Chaos standhalten, ohne verrückt zu werden* integriert die Verzweiflung in eine transformative Spirale, an deren Anfang *Beginnen mit der Dankbarkeit* steht, was uns befähigt, *unseren Schmerz für die Welt zu würdigen,* worauf es möglich wird, *mit neuen Augen zu sehen,* und erst dann *weiterzugehen,* um sich auf das einzulassen, was sie »den großen Wandel« nennt. Mit Dankbarkeit zu beginnen – sich daran zu erinnern, das wunderschöne Geflecht des Lebens zu schätzen, an dem wir teilhaben – bildet die Grundlage für den gesamten Prozess. »Mit Dankbarkeit zu beginnen hilft, ein Umfeld von Vertrauen und psychischer Spannkraft aufzubauen, das uns in der zweiten Phase dabei unterstützt, uns den schwierigen Realitäten zu stellen.« Anstatt unser Schicksal zu bedauern, lernen wir es zu schätzen. In einem Interview aus dem Jahr 2011 verkündet sie: »Was für ein Glück, dass wir jetzt am Leben sind – dass wir auf diese Weise an den Tatsachen wachsen können.«

Heute sind Macys bahnbrechende Erkenntnisse weithin anerkannt. 2016 beginnt Charles Eisenstein einen Artikel mit dem Titel »Grief and Carbon Reductionism« (Trauer und Kohlenstoffreduktionismus), indem er den Umweltschützer Michael Mielke zitiert: »Wir kamen immer wieder auf die Erkenntnis zurück, dass die Klimabewegung verschiedene Phasen der Trauer durchlaufen muss, um zur Akzeptanz zu gelangen.« Eisenstein erläutert das wie folgt:

Trauer ist wesentlich, um die Realität der Situation, mit der wir konfrontiert sind, auf einer tiefen Ebene zu integrieren. Ansonsten bleibt sie für die meisten Menschen theoretisch. Schließlich isoliert uns unsere soziale Infrastruktur (bisher) ziemlich gut von den spürbaren Auswirkungen des Klima-

wandels. Für die meisten Menschen scheint der Klimawandel im Vergleich zu ihrer Hypothekenzahlung oder dem Suchtproblem ihres heranwachsenden Kindes ziemlich fern und theoretisch zu sein – etwas, was erst in der Zukunft oder in den Nachrichten geschieht. Solange das der Fall ist, werden sie auch keine sinnvollen Maßnahmen ergreifen, und das wird sich nicht durch Überzeugungsarbeit ändern. ... Solange Trauer nicht voll erfahren wird, erscheint das Normale immer noch als normal. Selbst wenn man intellektuell von der Realität und der Ernsthaftigkeit des Klimawandels überzeugt ist, ist die gefühlte Realität immer noch, »es ist nicht real« oder »es wird schon gutgehen«. ...
Die Haltung des instrumentellen Utilitarismus gegenüber der Natur – das ist das Problem. Ich spreche von der Vorstellung, dass die äußere Welt grundsätzlich ein Haufen Ressourcen ist, deren Wert von ihrer Nützlichkeit bestimmt wird. Wenn sich das nicht ändert, wird sich nichts ändern. Und damit es sich ändert, damit wir die Natur und die materielle Welt als in sich selbst heilig und wertvoll betrachten, müssen wir uns mit jenem tieferen Teil von uns selbst verbinden, der das bereits weiß. Wenn wir diese Verbindung herstellen und die Verletzungen des Planeten spüren, ist Trauer unvermeidlich.

Ich glaube, dass das, was Thich Nhat Hanh erlebt hat und was sowohl Joanna Macy als auch Charles Eisenstein betonen, genau richtig ist: Verzweiflung und Trauer sind keine Hindernisse, die unser aufrichtiges Engagement durchkreuzen, sondern ein wesentlicher Teil des ÖkoDharma-Pfades. Es reicht nicht aus, die wissenschaftlichen Beweise zu akzeptieren oder zu verstehen, wie Sprache unsere Wahrnehmung auf problematische Weise organisiert. Wir müssen tiefer empfinden, um tiefer verwandelt zu werden – in der Sprache des Zen, um das große kollektive Koan unserer Zeit zu lösen: Wie reagieren wir auf die schrecklichen Dinge, die wir der Erde und uns selbst antun? Das bedeutet, uns der verdrängten Trauer und Verzweiflung, die uns so oft lähmen, zu öffnen, woraufhin sie sich in mitfühlendes Handeln verwandeln können.

Wie macht die Trauer das? Wenn sie tief empfunden wird, kann sie unsere gewohnte, mit uns selbst beschäftigte Art, zu denken, zu fühlen und zu handeln, durchtrennen. Die meisten unserer Gewohnheiten sind selbstbezogen, und das gedankliche Verstehen allein stellt unseren bequemen Lebensstil nicht in Frage, wie Eisenstein aufgezeigt hat. Verzweiflung und Trauer aber können sogar dazu führen, dass wir uns selbst »loslassen« – das heißt, das konstruierte Gefühl der Trennung zwischen uns und dem, worum wir trauern, auflösen. Dann wird »meine« Trauer zur Trauer der Erde, und meine Sorge um ihr Wohlergehen findet seinen Grund in etwas, was grundlegender ist als nur Nützlichkeitserwägungen. In John Seeds Worten:

Wenn Menschen die Schichten ihrer anthropozentrischen Selbstverherrlichung untersuchen und durchschauen, findet ein tiefgreifender Bewusstseinswandel statt. Die Entfremdung verringert sich. Der Mensch ist nicht länger ein Außenseiter, steht nicht länger abseits. Dein Menschsein wird dann einfach nur als das jüngste Stadium deiner Existenz erkannt. ... Du beginnst, mit dir selbst als Säugetier, als Wirbeltier, als einer erst kürzlich aus dem Regenwald aufgetauchten Art in Kontakt zu kommen. Während sich der Nebel des Gedächtnisverlustes auflöst, ändert sich auch deine Beziehung zu anderen Arten und dein Engagement für sie. »Ich beschütze den Regenwald« wird zu »Ich bin Teil des Regenwaldes und beschütze mich selbst. Ich bin jener Teil des Regenwaldes, der sich kürzlich ins Denken hineinentwickelt hat.«

Die Einsicht von Macy und Eisenstein über die Wichtigkeit von Trauer und Verzweiflung gibt uns auch Einblick in das Problem des Leugnens des Klimawandels. Aus dieser Perspektive sind die Gründe für dieses Leugnen nicht »Fake News« oder die Unfähigkeit zu verstehen, was geschieht. Der Grund ist, dass viele Menschen, angesichts dessen, was das bedeuten würde, nicht verstehen *wollen*.

Es gibt drei weit verbreitete psychologische Erklärungen für dieses Leugnen. Die erste ist, dass wir nicht genügend Informationen haben oder es zu viele Falschmeldungen gibt. Dennoch lehnen Menschen die sie erreichenden Informationen oft ab oder sträuben sich gegen sie. Eine zweite Erklärung sind kognitive Dissonanzen. Das bedeutet, dass wir etwas glauben können, ohne dass es unser Handeln beeinflusst. Wie Eisenstein betont, können wir uns über die zukünftigen Auswirkungen des Klimawandels wirklich Sorgen machen, ohne dass das unser tägliches Leben heute beeinflusst. Auch wenn das beides mögliche Faktoren sind, liegt der Hauptgrund darin, wie emotionale Blockaden und sozialer Druck zusammenwirken, um uns zur Verdrängung des Problems zu ermutigen. Im besten Buch, das ich über den Klimawandel gelesen habe, *Don't Even Think About It: Why Our Brains Are Wired to Ignore Climate Change* (Denk nicht mal dran: Warum unser Gehirn so verschaltet ist, dass es den Klimawandel ignoriert), erklärt George Marshall, warum:

> Unterm Strich akzeptieren wir den Klimawandel nicht, weil wir die dadurch erzeugte Angst und die erforderlichen tiefen Veränderungen vermeiden wollen. In dieser Hinsicht ist er wie jede andere große Bedrohung. Da jedoch die klaren Anzeichen, die normalerweise unser Gehirn dazu bringen würden, unsere kurzfristigen Interessen zu verwerfen, fehlen, verschwören wir uns aktiv miteinander und mobilisieren unsere Vorurteile, um ihn ständig im Hintergrund zu halten.

Ironischerweise sind wir, je bedrohlicher die ökologische Krise wird, desto mehr motiviert, sie zu leugnen. Das scheint zwar widersinnig zu sein, aber jemanden mit Fakten zu überfordern – in dem Versuch, ihn oder sie aufzuschrecken und so dazu zu bringen, sich zu engagieren – ist normalerweise kontraproduktiv. Ernest Becker hat erkannt, wie das funktioniert: Je öfter wir an unsere Sterblichkeit erinnert werden, desto mehr investieren wir emotional in unsere soziale Gruppe und umso leidenschaftlicher verteidigen wir ihre Weltsicht und ihre Werte, denn sie sind »kulturelle Angstpuffer«, die uns ein Gefühl der Sicherheit vermitteln. Das verhält sich ähnlich wie bei der Religionszugehörigkeit. Menschen sind nachahmende Tiere: Wir lernen, was real und wichtig ist und was wir wollen und tun sollen, indem wir das Glaubenssystem des Stammes, mit dem wir uns identifizieren, verinnerlichen. Die Emotion (Angst) und das Bedürfnis, sich innerhalb der Gruppe zu bestärken, stehen über der Vernunft und den Fakten. Wahrheit ist eine Funktion dessen, was der eigene Stamm glaubt; alles andere sind »Fake News«. Mit anderen Worten: Unsere Einstellung zur Klimakrise ist nicht persönlich, sondern gesellschaftlich konstruiert, und zwar weitgehend durch einen Anpassungsdruck, der es schwer macht, unbequeme Fragen zu stellen.

Obwohl das ernüchternd ist, birgt es auch gleich seine Lösung in sich – wie George Marshall betont:

Wir haben auch die praktisch unbegrenzte Fähigkeit, Dinge zu akzeptieren, die sich sonst als kognitive Herausforderung erweisen könnten, und zwar dann, wenn sie innerhalb einer Kultur der gemeinsamen Überzeugungen unterstützt, durch soziale Normen gestärkt und in Erzählungen vermittelt werden, die unseren »heiligen Werten« entsprechen. ... Menschen werden bereitwillig eine Last schultern – auch eine, die kurzfristig Opfer gegenüber ungewissen langfristigen Bedrohungen fordert –, vorausgesetzt, sie haben ein gemeinsames Ziel und werden mit einem stärkeren Gefühl der Zusammengehörigkeit belohnt.

Und unsere Neigung, solche Lasten zu teilen, mag in einigen Jahren deutlich anders aussehen, während die Naturkatastrophen immer häufiger werden …

Kein Tod und kein Ende des Todes

Thich Nhat Hanh betont in seiner Reaktion auf die Möglichkeit unseres Aussterbens das »Berühren der Ewigkeit mit unserem Atem«, denn in dieser Ewigkeit gebe es keine Geburt und keinen Tod. Diese grundlegende buddhistische Lehre wird umso wichtiger, wenn wir nicht nur an unsere eigene individuelle Sterblichkeit denken, sondern an ein großes Artensterben, das am Ende unsere eigene Gattung einschließen könnte. Wenn es wirklich keinen Tod gibt, worüber sollte man dann besorgt sein? Macht es ohne Tod überhaupt Sinn, von einem Artensterben zu sprechen? Aber warum besagt dann das Herz-Sutra, dass es »kein Alter und keinen Tod und *kein Ende von Alter und Tod*« gibt?

Viele Religionen sprechen unsere Angst vor dem Tod an, indem sie eine Seele postulieren, die nicht mit dem Körper vergeht. Die buddhistische Ablehnung einer Seele oder eines Selbst (die Belehrungen zu Anatta) sieht keine derartige Unsterblichkeit vor. Stattdessen konzentrieren sich die buddhistischen Lehren auf etwas, das auf den ersten Blick keinen Sinn zu machen scheint: *das Ungeborene*. Sie und ich, wir können nicht sterben, dieser Sichtweise zufolge, da wir nie geboren worden sind.

Solche Lehren stellen keine Behauptungen darüber auf, was nach unserem leiblichen Tod geschieht. Dass unser wahres Wesen ungeboren ist, heißt nicht zu behaupten, unser Geist sei unsterblich. Vielmehr offenbart das Erkennen des Ungeborenen etwas über die Natur unserer Erfahrung und über das Selbst, das vermeintlich solche Erfahrungen macht, genau hier und jetzt.

Ein wichtiger Zen-Koan, eine der drei Schranken von Tototsu, weist auf die gleiche Einsicht hin. »Wenn du deine wahre Natur erkannt hast, kannst du dich von Leben-und-Tod befreien. Wie wirst du dich von Leben-und-Tod befreien, wenn deine Augen zu Boden fallen [wenn dein Tod gekommen ist]?« Der Schlüssel zu diesem Koan ist die Erkenntnis, dass Leben und Tod keine Ereignisse sind, die *mir* geschehen – einem selbstexistierenden Bewusstsein, das von solchen Prozessen getrennt ist. Insofern es kein solches Selbst gibt, das geboren wird oder stirbt, gibt es nichts zu befürchten, denn es gibt nichts zu gewinnen oder zu verlieren. Der Weg, Geburt und Tod zu entkommen, besteht also darin, bei Geburt und Tod »sich selbst zu vergessen«, das gewohnte Empfinden eines getrennten Selbst, das Geborenwerden oder Sterben *erlebt*, loszulassen und stattdessen vollständig zum Geborenwerden und Sterben zu *werden*. Wenn es zum Zeitpunkt des Sterbens nichts anderes als den Prozess des Sterbens gibt – weder Widerstand noch Annahme – dann *ist auch der Tod* »leer«.

Das Diamant-Sutra drückt das paradox aus: Wenn zahllose Wesen zum Nirvana geführt wurden, wurden eigentlich überhaupt keine Wesen zum Nirvana geführt. Dogens Formulierung ist unübertroffen und vielleicht unübertrefflich:

Verstehe einfach, dass Geburt und Tod selbst Nirvana sind. Da gibt es nicht so etwas wie Geburt und Tod zu vermeiden; da gibt es nicht so etwas wie Nirvana zu suchen. Erst wenn du das erkennst, bist du frei von Geburt und Tod.

Obwohl sich solche traditionellen buddhistischen Lehren auf unsere individuelle Situation konzentrieren, haben sie auch Auswirkungen darauf, wie wir uns kollektiv auf die ökologische Krise beziehen. Es geht nicht nur darum, dass Sie und ich ungeboren sind, denn alles ist ungeboren, einschließlich jeder Art, die sich jemals entwickelt hat, und aller Ökosysteme der Biosphäre. Aus dieser Perspektive geht nichts verloren, wenn Arten (einschließlich unserer eigenen) aussterben. Und nichts wird gewonnen, wenn unsere Gattung überlebt und gedeiht.

Und doch ist diese Perspektive nicht die einzige. Wir werden an die prägnante Formulierung des Herz-Sutras erinnert: Form ist nichts anders als Leerheit, Leerheit ist nichts anders als Form. Ja, von Seiten der Shunyata-Leerheit gibt es kein Besser oder Schlechter, nichts (no-*thing*) wird geboren oder stirbt. Aber das negiert nicht die Tatsache, dass *Leerheit Form ist*: dass das, was wir Leerheit nennen – die unbegrenzte, sich ständig wandelnde Energie des Hervorbringens, die je nach Umständen zu allem werden kann –, Form angenommen hat als dieses wunderbare, unglaublich schöne Geflecht des Lebens, das uns mit einschließt. Doch auch diese Art, es auszudrücken, ist unzureichend, denn es ist noch immer dualistisch, diese fruchtbare, schöpferische Kraft als etwas zu beschreiben, das von den Formen, die »sie« annimmt, getrennt ist. Wir können das Paradox nicht vermeiden: Obwohl *Form ist Leerheit* bedeutet, dass bei einem Artensterben nichts wirklich stirbt, weil es nichts (Getrenntes) gibt, das sterben könnte, so bedeutet doch *Leerheit ist Form*, dass Leerheit nichts anderes *ist* als diese unbeschreiblich herrliche Welt, die zu Recht als heilig bezeichnet wird, weil sie mehr als alles andere in Ehren gehalten werden sollte.

Es gibt einen Zen-Koan über dieses Paradox von Auslöschung / keine Auslöschung.

Das große Kalpa-Feuer

In der indischen Kosmologie ist ein *Kalpa* (*Kappa* im Pali) ein vollständiger Weltzyklus, in der Regel Milliarden von Jahren lang, der das Entstehen, den Verfall, die Zerstörung und die Wiedererschaffung des Universums umfasst. Der Begriff *Kappa* findet sich im Palikanon, und das Konzept begleitete den Buddhismus nach China, sodass es in einen Chan-/Zen-Koan aufgenommen worden ist.

Der dreißigste Fall im *Buch des Gleichmuts* ist Dasuis »Kalpa-Feuer«.

Ein Mönch fragte Dasui Fazhen: »Wenn das große Kalpa-Feuer ausbricht, wird das gesamte Universum zerstört werden. Ich frage mich, ob *Es* auch zerstört wird oder nicht.«
Daizui sagte: »Zerstört.«
Der Mönch sagte: »Wenn das so ist, wird *Es* mit dem anderen [dem Universum] verschwinden?«
Daizui sagte: »Mit dem anderen verschwinden.«
Ein Mönch fragte Longji Shaoxiu: »Wenn das große Kalpa-Feuer ausbricht, wird das gesamte Universum zerstört werden. Ich frage mich, ob *Es* auch zerstört wird oder nicht.«
Ryusai sagte: »Nicht zerstört.«
Der Mönch sagte: »Warum wird es nicht zerstört?«
Ryusai sagte: »Weil es dasselbe ist wie das gesamte Universum.«

Dieser Koan ist der einzige (soweit ich weiß), der von der Vernichtung unserer Welt spricht. Das mag für die vom Buddha prophezeiten »sieben Sonnen« stehen oder aber für die wissenschaftlichen Prognosen über das, was mit unserer Erde geschieht, wenn unsere Sonne zu einem roten Riesen wird. Jedenfalls gilt es für jedes Artensterben, das die Menschheit zu seinen Opfern zählt.

Der Koan ist auf doppelte Weise rätselhaft. Dasui und Longji geben entgegengesetzte Antworten auf die gleiche Frage. Wer hat Recht? Können sie beide richtig liegen? Noch rätselhafter ist Longjis letzte Antwort: Das Universum wird zwar zerstört, aber *Es* wird nicht zerstört, weil ... es dasselbe ist wie das Universum!

Damit das Ganze einen Sinn ergibt, müssen wir verstehen, worauf sich *Es* bezieht. Mein Zen-Lehrer, Yamada Koun, bezeichnete die Leerheit manchmal als unsere »essenzielle Natur« oder sogar als unser »wahres Selbst«, aber unabhängig von dem bevorzugten Begriff ist entscheidend, dass es hierbei keinerlei Hinweis auf irgendeine Form des kosmologischen Dualismus gibt – zum Beispiel kein Nirvana, das diese Welt transzendiert. Yamada kommentiert diesen Koan wie folgt: »Wir können uns vorstellen, dass es etwas Leeres gibt und etwas, das eine Form hat, und dass beide dennoch gleichwertig sind. Aber das ist nicht richtig. Vielmehr ist dieses ›Etwas‹ einerseits leer, andererseits Form.«

Es ist also falsch zu glauben, dass *Es* getrennt vom Universum existiert. Es ist nichts anderes als die wahre Natur aller Dinge im Universum. Insofern Leerheit nichts anderes ist als Form, wird *Es* im Untergang der Milliarden Welten des Universums im großen Kalpa-Feuer ebenfalls zerstört, weil alle Formen vergehen.

Aus der anderen Perspektive sind all diese Formen jedoch leer. Alle Dinge sind der Zerstörung unterworfen, aber das Formlose kann nicht zerstört werden, selbst wenn das ganze Universum zerstört wird. Yamada schreibt: »Wie wird es nicht zerstört? *Die Zerstörung selbst ist* Es. Also sind beide Antworten wahr.«

Bei dem Versuch, Shunyata zu beschreiben, ist es fast unmöglich nicht dem Dualismus zu verfallen, vor dem uns das Herz-Sutra warnt. Die Sprache drängt mich dazu, das *Nichtetwas*-Sein (*no-thing*-ness) zu einem *Irgend*etwas (*some*thing) zu machen, das ich auf die eine oder andere Weise beschreibe. Aber die Beziehung zwischen Form und Leerheit kann nicht in Form von Subjekt und Prädikat verstanden werden. So wie das Universum nicht irgend*etwas* ist, das sich entwickelt, sondern der »leere« Evolutionsprozess selbst, so ist auch die Zerstörung nicht etwas, das dualistisch *mit* dem Universum geschieht, sondern ein weiterer »leerer« Prozess. Deshalb ist auch die Zerstörung nichts anderes als *Es*.

Der spirituelle Weg bedeutet, dieses Paradox zu leben: Es wird zerstört, es wird nicht zerstört – die beiden Seiten einer Münze, Handrücken und Handfläche derselben Hand. In diesem Paradox verlieren die Fragen nach zu spät oder nicht zu spät ihren Stachel. Wir leugnen oder ignorieren die Möglichkeit eines Zusammenbruchs der Zivilisation oder gar der Auslöschung der Menschheit nicht. Auch wenn wir nicht wissen, was passieren wird, lassen wir uns von diesen Möglichkeiten nicht lähmen. Letztendlich macht es für das, was wir genau jetzt zu tun haben, keinen Unterschied, ob es zu spät ist oder nicht.

Was bedeutet das für unser Engagement in unserer gefährdeten Welt, für das, was wir als Reaktion auf die Umweltkrise tun, und wie wir es tun?

Achtsamkeit muss engagiert sein. Sobald es Erkennen gibt, muss es auch Handeln geben. Wozu ist sonst das Erkennen gut?
— *Thich Nhat Hanh*

Da die Beziehung zwischen dem Selbst und der Welt auf Gegenseitigkeit beruht, geht es nicht darum, zuerst erleuchtet oder gerettet zu werden und dann zu handeln. Während wir daran arbeiten, die Erde zu heilen, heilt die Erde uns. Wir brauchen nicht zu warten. Während wir uns ausreichend kümmern und Risiken eingehen, lockern wir den Griff des Ego und beginnen, zu unserer wahren Natur heimzukehren.
— *Joanna Macy*

In der buddhistischen Praxis gratulieren wir uns, weil jetzt die Zeit gekommen ist, für die wir geübt haben. Es reicht nicht mehr, nur tanzen zu üben. Jetzt müssen wir tanzen. Und das ist keine Generalprobe.
— *Zenju Earthlyn Manuel*

Wenn ich gefragt werde, ob ich pessimistisch oder optimistisch in die Zukunft blicke, ist meine Antwort immer die gleiche: Wenn du die Forschung über das derzeitige Geschehen auf der Erde betrachtest und nicht pessimistisch bist, dann hast du die Daten nicht verstanden. Aber wenn du die Menschen triffst, die an der Wiederherstellung dieser Erde arbeiten und sich um die Verbesserung der Lebensumstände der Armen kümmern und nicht optimistisch bist, dann hast du kein Herz.
— *Martin Keogh*

Wenn wir wissen wollen, was zu tun ist, müssen wir die Menschen fragen, die den höchsten Preis für die wirtschaftliche und ökologische Gewalt zahlen, die alles auf der Welt durchdringt – und das wären Kinder, Frauen, People of Color und die Armen vor Ort. Sie brauchen keine Richtlinien, sie brauchen Rechte und Würde.
– *Paul Hawken*

Niemand hat einen größeren Fehler gemacht als derjenige, der nichts getan hat, weil er nur wenig tun konnte.
– *Edmund Burke*

Man sagt, meine Arbeit sei nur ein Tropfen im Ozean. Ich sage, der Ozean besteht aus Tropfen.
– *Mutter Teresa*

Wenn Sie sich auf einem Boot befinden, das direkt auf einen großen Wasserfall zusteuert, ist es sinnlos, sanfte Musik zu spielen.
– *Matthieu Ricard*

Zu wissen, dass es eine Wahl gibt, bedeutet, dass man sie treffen muss.
– *Ursula Le Guin*

Wenn wir Mitgefühl am dringendsten brauchen, was ist dann das größte Mitgefühl, das Gott uns schenken kann? Uns mitfühlend machen.
– *Ibn 'Arabi*

Ich schlage vor, uns selbst und andere mit Mitgefühl zu überfallen. Ich empfehle hohe Dosen von Kreativität und Mut. Ich rate zu Handlungen, die weit über die kulturelle Strömung des Mainstream hinausgehen. Was hast du unter diesen Umständen zu verlieren? Überhaupt, was haben *wir* zu verlieren?
– *Guy McPherson*

Frage: Was kann ich als Individuum tun?
Bill McKibben: Hör auf, ein Individuum zu sein.
Wir haben nicht das Recht zu fragen, ob wir Erfolg haben werden. Wir müssen einfach das Richtige tun.
– *Wendell Berry*

Eine Freundin von mir nahm einmal an einer Stadtratssitzung in ihrer Gemeinde teil und traf auf eine Frau, die immer wieder das Verbot von Plastiktüten ansprach. Entmutigt sagte die Frau, dass es ihr offenbar nicht gelinge, den Respekt des Stadtrats zu gewinnen. Meine Freundin antwortete: »Du brauchst keinen Respekt. Du brauchst eine Freundin oder einen Freund. Eine Person spinnt bloß. Zwei Personen sind ein Weckruf. Drei Personen sind eine Bewegung.«
– *Lama Willa Miller*

Wir müssen rebellieren – nicht als letzter Akt der Verzweiflung, sondern als erster Akt der Schöpfung.
– *Sam Smith*

Handeln ist das Gegenmittel für Verzweiflung.
– *Edward Abbey*

Die Gründe für Hoffnung liegen im Schatten – bei den Menschen, die die Welt erfinden, während niemand hinsieht, denen, die selbst noch nicht wissen, ob ihr Tun irgendwelche Wirkungen haben wird, bei den Menschen, von denen du noch nicht gehört hast.
– *Rebecca Solnit*

Du bist nicht Atlas, der die Welt auf den Schultern trägt. Es ist gut, dich daran zu erinnern, dass der Planet dich trägt.
– *Vandana Shiva*

6
WAS SOLLEN WIR TUN?

Die buddhistischen Lehren sagen uns nicht, *was* wir als Reaktion auf die ökologische Krise tun sollen. Aber sie haben eine Menge dazu zu sagen, *wie* wir es tun sollen.

Gautama Buddha lebte vor etwa 2.400 Jahren im heutigen Nordosten Indiens. Im Laufe des darauffolgenden Jahrtausends verbreitete sich der Buddhismus in weiten Teilen Asiens, wobei er mit den lokalen Kulturen zusammenwirkte und eine Vielzahl von Formen annahm. Keiner dieser Buddhismen war modern oder global oder mit einer Umweltkatastrophe konfrontiert, die den Zusammenbruch der Zivilisation und vielleicht sogar das Aussterben der Menschheit zur Folge hätte haben können. Der Buddha hat gesagt, er lehre Dukkha und dessen Beendigung. Aber er hat niemals ein durch eine ökologische Krise verursachtes Dukkha angesprochen – weil es dieses Thema so nicht gab.

Das bedeutet, dass die größte je dagewesene Herausforderung für die Menschheit auch die größte je dagewesene Herausforderung für den Buddhismus ist. In den vorangegangenen Kapiteln haben wir untersucht, wie die buddhistischen Lehren uns dabei helfen können, unsere heutige Situation zu verstehen, aber angesichts seiner historischen

Entwicklung ist es nicht überraschend, dass der Buddhismus uns keine konkreten Ratschläge geben kann, was zu tun ist. Tatsächlich ist die vielleicht größte Gefahr für den Buddhismus heute die Überzeugung, dass die vormodernen Versionen der buddhistischen Lehren und ihrer Praxis immer noch ausreichen, insbesondere der Glaube, dass es auf diesem Weg nur darum geht, unsere persönliche Befreiung aus diesem Schlamassel anzustreben. Glücklicherweise ermutigt die buddhistische Betonung von Vergänglichkeit und Substanzlosigkeit zu einer kreativeren Reaktion. Unsere Art, der Tradition in der Gegenwart treu zu bleiben, ist, die buddhistischen Prinzipien auf die kollektiven Arten von Dukkha anzuwenden, die uns heute herausfordern.

Laut einer »Gemeinsamen Erklärung von Dharmalehrenden zur Klimakatastrophe«, die dreißig von ihnen aus der ganzen Welt verfasst haben, sind drei Arten von Maßnahmen erforderlich: persönliche, gemeinschaftliche und systemische. Persönlich müssen wir unser Konsumverhalten ändern und sparsamer mit den Ressourcen einschließlich Energie umgehen. Gemeinsam müssen wir mit Freunden, Nachbarinnen und unseren weiter gefassten Gemeinschaften über den Ernst unserer Situation sprechen, was zu koordiniertem Handeln führen kann. Das ist besonders für buddhistische Organisationen von Bedeutung. Was die drei Juwelen angeht, scheinen westliche Buddhist*innen vorwiegend Buddha (Lehrer) und Dharma (Lehre), aber nur unzureichend Sangha (Gemeinschaft) zu verkörpern. In Dharmazentren hören wir uns zwar Vorträge von Lehrenden an und treffen sie vielleicht zu einem kurzen persönlichen Gespräch, aber ansonsten liegt der Schwerpunkt eher auf gemeinsamer Meditation in der Stille, vielleicht mit einem kurzen informellen Austausch beim Tee am Ende. Das reicht nicht aus, um die Art gemeinschaftlicher Verbundenheit zu entwickeln, die in Zukunft noch wichtiger sein wird. In schwierigeren Zeiten wird es nicht darauf ankommen, welche Nahrungsmittel wir im Keller gelagert haben, sondern ob wir Teil einer liebevollen Gemeinschaft sind, deren Mitglieder bereitwillig füreinander da sind. Der westliche Buddhismus hat sich nicht auf das Gemeinschaftsleben konzentriert, weil wir den Weg immer noch als das individuelle Streben nach einem individuellen Erwachen verstehen – was natürlich gut zu dem Individualismus der modernen westlichen Kultur passt.

Die dritte Art der in der gemeinsamen Erklärung geforderten Maßnahmen ist struktureller Natur: Wir müssen nachhaltigere Alternativen zu den Institutionen erarbeiten, die für die umweltzerstörende Politik verantwortlich sind.

Vor allem müssen wir die verschwenderischen politischen, sozialen und wirtschaftlichen Systeme durch neue Paradigmen ersetzen, die dem Wohlergehen der Menschen und der Harmonie zwischen Menschheit und Erde dienlicher sind. Dabei sollten wir uns nicht vor politischem Engagement scheuen, weil dieses unsere spirituelle Praxis »verunreinigen« könnte. Wenn es überhaupt zu einer Veränderung kommen soll, dann müssen wir uns gegen die mächtigen

Interessensgruppen hinter den fossilen Brennstoffen zur Wehr setzen, die die Schaltstellen der Macht unterwandert haben; wir müssen Druck auf unsere gewählten Vertreter ausüben, damit sie dem Ruf der moralischen Integrität und der Spur der Wissenschaft folgen, nicht dem Ruf der Unternehmensleitungen und der Spur von Dogmen.

Die buddhistischen Lehren sagen zwar nicht viel über das Böse an sich, doch manchmal werden die »drei Gifte« (oder drei Feuer) Gier, Böswilligkeit und Verblendung als die drei Wurzeln des Bösen beschrieben. Wenn mein Handeln durch einige davon oder gar alle motiviert ist (und die drei haben natürlich die Tendenz, sich gegenseitig zu verstärken), werden meine Handlungen unheilsam sein und tendenziell Leiden verursachen. Das ist eine wichtige Einsicht in Bezug darauf, wie unsere individuellen Beweggründe und Absichten funktionieren, aber es hat weiterreichende Auswirkungen, weil die drei Gifte auch kollektiv funktionieren. Heute haben wir im Vergleich zur Zeit des Buddha nicht nur leistungsfähigere Technologien, sondern auch mächtigere Institutionen, die nach ihrer eigenen Logik und ihren eigenen Beweggründen arbeiten – infolgedessen *entwickeln sie ein Eigenleben*. Die buddhistische Betonung der Absichten bietet daher eine besondere Perspektive auf einige unserer wichtigsten sozialen Probleme und gesellschaftlichen Strukturen. Die ökologische Krise verschlimmert sich weiterhin, weil unser gegenwärtiges Wirtschaftssystem die Gier institutionalisiert hat, unser Militarismus die Böswilligkeit institutionalisiert hat und die Medienkonzerne die politischen und konsumorientierten Verblendungen institutionalisiert haben, die beide anderen unterstützen.

Die Herausforderung ist enorm; es gibt so viel zu tun. Worauf sollten wir uns konzentrieren?

Die Mitglieder unserer lokalen ÖkoDharma-Gruppe in Boulder, Colorado, sind mit einer Vielzahl von Aktivitäten beschäftigt. Als meine Partnerin und ich ein neues Haus kauften, half uns ein Mitglied der Sangha, unseren ökologischen Fußabdruck zu reduzieren, denn sie weiß viel über Energiebilanzen, Sonnenkollektoren und Elektroautos. Ein anderes Mitglied, ein ehemaliger Bankier, ist im Vorstand der Citizen's Climate Lobby (Bürgerlobby Klimaschutz) und setzt sich in Washington regelmäßig für eine Kohlenstoffsteuer ein. Ich bin Mitglied von 350.org und arbeite derzeit daran, die Treuhänder meiner Alma Mater davon zu überzeugen, Aktienanteile von Unternehmen abzustoßen, die mit fossilen Brennstoffen handeln. Einige Mitglieder der Gruppe nahmen auch an einer Sitzblockade vor einer lokalen Bank teil, die eine Ölpipeline finanzierte. Welche dieser Aktionen ist eine angemessene Reaktion auf die Umweltkrise?

Ich würde sagen, alle – und noch viele weitere, einschließlich einiger, die vielleicht jetzt noch unbekannt sind, aber in den kommenden Jahren wichtig werden. Und welche von ihnen ist »buddhistisch« im Sinne von vereinbar mit der buddhistischen Lehre und Praxis? Auch hier würde ich sagen, alle – und noch viele weitere (siehe auch Anhang 3,

»Den Klimawandel ernst nehmen: einfache und praktische Schritte«). Vermutlich wird besonders der gewaltlose zivile Ungehorsam früher oder später wichtig, vielleicht sogar notwendig werden – und auch das entspricht der buddhistischen Lehre und Praxis.

Das bedeutet nicht, dass aus buddhistischer Sicht »alles erlaubt« wäre. Unsere Ziele, wie erhaben sie auch sein mögen, rechtfertigen nicht alle Mittel, denn der Buddhismus fordert hier zur Unterscheidung auf. Sein Hauptbeitrag zu unserem sozialen und ökologischen Engagement sind die Richtlinien aus der Theravada- und Mahayana-Tradition. Diese Richtlinien wurden bisher auf eine individuelle Praxis und ein individuelles Erwachen bezogen, doch die Weisheit, die sie verkörpern, gilt ohne weiteres auch für die heute nötigen, eher kollektiven Arten engagierter Praxis und sozialer Transformation. Am relevantesten aus dem Bereich des Theravada-Buddhismus sind hier die fünf Grundsätze oder »Übungsregeln« (und deren engagierte Variante von Thich Nhat Hanh) und die vier »himmlischen Verweilzustände« (*brahmaviharas*). Die Mahayana-Tradition betont den Weg des Bodhisattva mit den sechs Vollkommenheiten, und – vielleicht am wichtigsten von allem – das Prinzip, ohne Anhaftung an Ergebnisse zu handeln.

Die Grundsätze

Die traditionellen fünf Grundsätze oder Übungsregeln des Palikanons sind der Verzicht darauf, Lebewesen zu töten (oder ihnen zu *schaden*), der Verzicht darauf, zu nehmen, was nicht gegeben wird, Verzicht auf sexuelles Fehlverhalten, eine unangemessene Sprache und berauschende und den Geist trübende Substanzen (wie Alkohol oder andere Freizeitdrogen). Es ist wichtig zu verstehen, dass das keine »Du sollst nicht«-Gebote sind. Vielmehr sind es Gelübde, die wir nicht dem Buddha oder jemand anderem gegenüber ablegen, sondern uns selbst. Wir tun das in der Überzeugung, dass es sowohl für uns selbst als auch für andere, einschließlich der Biosphäre, schädlich ist, *nicht* nach diesen Prinzipien zu leben. Thich Nhat Hanh nennt sie »Achtsamkeitsübungen« und ersetzt das übliche »Ich verpflichte mich, auf das Töten von Lebewesen zu verzichten« und so weiter durch: »Im Bewusstsein des Leidens, das durch die Zerstörung von Leben entsteht, bin ich entschlossen … Wege zu erlernen, das Leben von Menschen, Tieren, Pflanzen und unserer Erde zu schützen. Ich bin entschlossen, nicht zu töten, es nicht zuzulassen, dass andere töten und keine Form des Tötens zu unterstützen …« Die Betonung der Übung vermeidet den Hang zum Perfektionismus, indem sie kaum vermeidbare Unzulänglichkeiten einräumt. Ich gelobe, stets mein Bestes zu geben; und wenn ich gegen einen Grundsatz verstoße, verliere ich mich nicht in Selbstanklagen, sondern klopfe mir den Staub aus der Kleidung und versuche es noch einmal. Wie im Buddhismus üblich, ist die aufrichtige Absicht das Wichtigste.

Die sozialen und ökologischen Auswirkungen dieser Grundsätze auf unsere heutige Situation sind kaum zu übersehen. *Lebewesen nicht zu töten* ist weiter gefasst als die Anordnung aus den zehn Geboten Mose, einen anderen Menschen nicht zu töten, weil auch andere Gattungen miteinbezogen werden. Traditionell bedeutete das zum Beispiel, nicht als Soldat, Fleischer oder Fischer zu arbeiten, aber in unserer Zeit des massenhaften Artensterbens bedeutet es, unsere Beteiligung an Prozessen zu reduzieren, die dazu beitragen, anderen Lebewesen zu schaden. Ich sage »reduzieren«, weil es in einer so komplizierten Weltwirtschaft praktisch unmöglich ist, eine gewisse Beteiligung zu vermeiden. Palmöl, zum Beispiel, ist in vielen der von uns täglich verwendeten Produkte enthalten, und der Großteil davon stammt aus riesigen Monokulturen, die nach der Abholzung von tropischen Urwäldern und folglich der Zerstörung von gesunden Ökosystemen der Tier- und Pflanzenwelt angelegt worden sind. Obwohl wir einige dieser Produkte durch heilsamere Alternativen ersetzen können, ist das Bestreben, völlig rein zu werden – frei von jeglicher Beteiligung an einem ausbeuterischen Wirtschaftssystem –, endlos und letztlich kraftraubend. Es scheint mir wichtigere Dinge zu geben, auf die man sich konzentrieren muss, wie zum Beispiel jene Institutionen herauszufordern, die die größte Verantwortung für solche Kahlschläge tragen.

Eine einfachere und direktere Reaktion auf den ersten

Grundsatz ist die Reduzierung unseres Verbrauchs von Tierprodukten. Dem Palikanon zufolge war der Buddha kein Vegetarier: Mönche und Nonnen bettelten und waren entsprechend abhängig von der gespendeten Nahrung, deshalb verbot der Buddha den Verzehr von Fleisch nur für den Fall, dass sie wussten oder vermuteten, dass es speziell für sie geschlachtet worden war. Die heutzutage massive industrielle Produktion von Rind-, Schweine- und Hühnerfleisch sowie zunehmend auch von Fisch und Meeresfrüchten ist nicht nur mit unermesslichem Leid für die Tiere verbunden, sondern hat auch große ökologische Auswirkungen. Berge von Exkrementen verunreinigen die Wasservorräte, Wiederkäuer setzen erhebliche Mengen an Methan frei, und viele Millionen Hektar sind notwendig, um das benötigte Tierfutter zu produzieren. Es ist ein ineffizienter Prozess, der uns schließlich mit Proteinquellen versorgt, die aus unterschiedlichen Gründen oft ungesund sind. Unabhängig davon, ob wir vollständig vegetarisch leben oder nicht, ist es wichtig, unseren »Nahrungs-Fußabdruck« zu verringern.

Nicht zu nehmen, was nicht gegeben wird, ist weiter gefasst als unser übliches Verständnis von »nicht stehlen«. Derzeit ist es nicht mehr angemessen zu glauben, dass die Erde nur zum Nutzen einer einzigen Gattung existiert. Wir »besitzen« sie nur in dem Sinne, dass wir die Macht haben, sie auszubeuten. Unser gesamtes Wirtschaftssystem basiert darauf, das zu nehmen, was uns nicht gegeben wurde, denn die konzerngesteuerte Globalisierung kommerzialisiert die gesamte Erde und alle ihre Geschöpfe zu »natürlichen Ressourcen«, zum Nutzen unserer Gattung, insbesondere einer kleinen globalen Elite. Die ökologische Krise drängt uns zu der Erkenntnis, dass die Erde nicht uns gehört. Wir gehören der Erde.

Kein sexuelles Fehlverhalten wird manchmal definiert als »das Vermeiden von Sex, der anderen Schmerzen oder Schaden zufügt«. Heute können wir sehen, dass das nicht nur den alltäglichen sexuellen Missbrauch umfasst (wie von der #MeToo-Bewegung aufgedeckt), sondern auch wichtige kollektive Dimensionen hat. Am offensichtlichsten ist hier der internationale Sexhandel, der Frauen und Kinder ausbeutet. Dass wir alle die gleiche »leere« Buddha-Natur haben, bedeutet, uns gegen alle Formen der geschlechtsspezifischen Diskriminierung zu stellen, insbesondere patriarchalische Gesellschaftsstrukturen, die Frauen in untergeordneten Positionen halten. Ironischerweise ist das auch ein ernsthaftes Problem für buddhistische Institutionen. Jede buddhistische Kultur in Asien ist patriarchalisch organisiert, und in den meisten von ihnen sind Frauen – laut Palikanon trotz der Unterstützung durch den Buddha selbst – von den höchsten monastischen Weihen, der vollen Ordination, ausgeschlossen, die Männern hingegen üblicherweise offensteht.

Keine unangemessene Rede umfasst den Verzicht auf grobe Sprache und Tratsch, aber das größte Problem ist natürlich das Lügen. Dank des Internets hat Täuschung in Form von »Fake News« heute wichtige politische Auswirkungen. Doch die institutionalisierte Irreführung ist insofern nicht neu, als die immer stärker konzentrierten Medienkonzerne ihren enormen Einfluss nicht zur Information und Aufklärung, sondern zur Manipulation im Interesse ihres wahren Zwecks genutzt haben, nämlich Profite aus Werbung zu erzielen – einschließlich der Vermarktung politischer Kandidaten. Hinzu kommt, dass unsere Aufmerksamkeit immer wieder durch Infotainment und die Spektakel von Sportveranstaltungen und Promi-Skandalen abgelenkt wird. Die Medien fungieren als unser nationales und internationales Nervensystem und stehen zum Verkauf an den Meistbietenden bereit.

Keine schädlichen Rauschmittel ist traditionellerweise auf Alkohol bezogen, obwohl der Grundsatz offensichtlich auch auf viele andere legale und illegale Drogen anwendbar ist. Welches Rauschmittel aber trübt unseren Geist heute mehr als das unersättliche Konsumdenken, manipuliert von einem wachstumsbesessenen Wirtschaftssystem, das immer wieder Märkte für die Waren schaffen muss, für deren Herstellung es die Erde unentwegt ausbeutet? Thich Nhat Hanh versteht diesen Grundsatz als »weder Alkohol noch Drogen oder andere Dinge zu benutzen, die Gifte enthalten ...«, was auch Fernsehen, soziale Medien und Mobiltelefone einschließen kann. Neben ihren offensichtlichen Vorteilen bieten die suchterzeugenden Produkte der Siliziumchip-Miniaturisierung immer mehr Gelegenheiten, uns jederzeit und überall abzulenken. Wenn es schmerzhaft ist, innezuhalten und den Schaden an der Erde und ihren anderen Bewohnern zu betrachten – dann ist das kein Problem mehr, denn dank den Wundern der modernen Technologie können wir solchen

Momenten ausweichen. Immer wenn wir uns langweilen, gibt es ein neues Lied oder einen weiteren Podcast zu hören.

Im Rahmen des von Thich Nhat Hanh gegründeten Intersein-Ordens gibt es vierzehn Ordensregeln. In ihnen werden die folgenden Aspekte betont:

- An keine Lehrmeinungen gebunden sein, auch nicht an buddhistische, was eine Offenheit für die Standpunkte anderer einschließt und andere nicht zwingt, die eigenen Ansichten zu akzeptieren.
- Angesichts des Leidens in der Welt die Augen nicht verschließen, sondern Wege finden, mit den Leidenden zu sein.
- Nicht nach Ruhm, Reichtum oder Sinnesfreuden streben, sondern Ressourcen mit jenen, die sie brauchen, teilen.
- Wut und Hass loslassen, wenn sie aufkommen.
- Achtsames Atmen üben, um Zerstreuung zu vermeiden und zu dem, was im gegenwärtigen Augenblick geschieht, zurückzukehren.
- Worte, die unwahr sind oder Zwietracht verursachen, vermeiden.
- Eine klare Haltung gegen Unterdrückung und Ungerechtigkeit einnehmen, ohne sich in Parteipolitik zu verwickeln oder einseitig Partei zu ergreifen.
- Weder töten noch andere töten lassen; jede Berufstätigkeit vermeiden, die den Menschen oder der Natur schadet.

- Das Eigentum anderer respektieren und gleichzeitig verhindern, dass andere vom Leid von Menschen oder anderen Gattungen profitieren.
- Den eigenen Körper und seine Lebenskraft mit Respekt behandeln, was auch die Vermeidung von sexueller Betätigung ohne Liebe und Verbindlichkeit einschließt.

Thich Nhat Hanhs »engagierte Achtsamkeitsübungen«, wie die fünf oder die vierzehn, sagen uns im Grund: »Übe dich darin, dies oder jenes nicht zu tun.« Sie konzentrieren sich auf das, was man als *karmische Fallen* bezeichnen könnte. Die gilt es zu vermeiden, sodass wir uns effektiver und von ganzem Herzen mit sozialen und ökologischen Fragen befassen können. Die buddhistischen Lehren betonen, dass am Anfang dieses Weges unsere eigene Transformation stehen muss, wenn wir vermeiden wollen, unsere eigenen Ego-Probleme auf die Welt zu projizieren. Ich habe vorhin vorgeschlagen, dass das Befolgen der »sozialen Grundregel«, *nicht zu nehmen, was nicht gegeben wird*, auch einschließt, das gängige Wirtschaftssystem, das die Ökosysteme der Erde zu Ressourcen macht, herauszufordern. Aber es bedeutet auch, zunächst die individualisierte Version davon in unserem eigenen Geist und unserem eigenen Leben in Frage zu stellen – das heißt, dass wir lernen müssen, die Erde und ihre Lebewesen mit Vorsicht zu behandeln. Die freiwillige Bescheidenheit, das heißt eine entschiedene Reduktion unseres Verbrauchs, wird alleine nicht ausreichen, um die

Wirtschaftsordnung zu reformieren. Dennoch stellt eine derartige persönliche Vereinfachung unseres Lebens auch eine soziale Macht dar, weil sie Zeit und Energie freisetzt und weil ein alternativer Lebensstil ein einflussreiches Beispiel geben kann – besonders wenn man sieht, dass er das eigene Dukkha eher reduziert als vergrößert.

In ähnlicher Weise befolgen wir zunächst die soziale Grundregel, *schädliche Rauschmittel zu vermeiden*, indem wir nicht zulassen, dass unser eigenes Nervensystem von den Kommunikationskanälen abhängig bleibt, die die kollektive Trance des Konsumverhaltens aufrechterhalten – heute ein wichtiger Bestandteil der akzeptierten »gesellschaftlichen Realität«. Stattdessen übernehmen wir die Verantwortung dafür, unsere eigene Aufmerksamkeit zu befreien und unser eigenes Gewahrsein zu klären, was für gewöhnlich eine gewisse Meditationspraxis erfordert. Sobald wir darin gut verankert sind, können wir effektiver zusammenarbeiten, um die von den Medien verbreiteten Rauschmittel herauszufordern.

Natürlich ist keine dieser Grundregeln eindeutig buddhistisch. Viele Menschen, die wenig oder gar nichts über den Buddhismus wissen, leben nach einigen oder allen von ihnen. Mahatma Gandhi und Martin Luther King junior sind offensichtliche und inspirierende Beispiele dafür. Das legt nahe, dass es hier nicht um eindeutig buddhistische Prinzipien geht, sondern um eine Lebensweise, die auch von vielen anderen spirituellen Lehren gefördert wird. Unabhängig davon, ob man sich als Buddhistin, als Buddhist identifiziert oder nicht, regt der Versuch, diese Grundsätze zu verkörpern, eine ähnliche Transformation an: Man wird weniger selbstbezogen und engagierter, während das Gefühl der Trennung zwischen dem eigenen Wohlbefinden und dem der Welt abnimmt.

Die himmlischen Verweilzustände

Zusätzlich zu den fünf Grundsätzen, zu deren Befolgung alle Buddhist*innen ermutigt werden, hat der Buddha die vier Brahmaviharas oder »himmlischen Verweilzustände«, auch bekannt als die vier erhabenen Zustände, empfohlen: *Metta* wird gewöhnlich mit liebender Güte übersetzt, *karuna* ist Mitgefühl für das Leiden anderer, *mudita* ist empathische Freude, die am Glück anderer teilhat, und *upekkha* ist unerschütterlicher Gleichmut. Sie werden himmlische Verweilzustände genannt, weil sie, in den Worten von Joanna Macy, »ins Herz der Wirklichkeit führen. Dann bist du im Grunde genommen im Himmel. Du praktizierst diese liebende Güte; du betrachtest alle mit diesen Augen voller Mitgefühl und Freude und Gleichmut, und es gibt nichts anderes zu erreichen. Du bist zuhause.«

Während die Grundsätze sich auf negative und daher zu vermeidende Handlungen beziehen, sind die himmlischen Verweilzustände positive Charaktereigenschaften, die es zu entwickeln gilt. Auch hier trifft zu: Obwohl der traditionelle Schwerpunkt auf der individuellen Transformation liegt, haben auch sie große Auswirkungen auf unser soziales und ökologisches Engagement. Zusammengenommen bilden diese »Gebote« und »Verbote« eine stabile und kraftvolle Grundlage für die Formen von spirituellem Aktivismus, die wir heute brauchen.

Der Palibegriff *Metta* ist abgeleitet aus einem Sanskrit-Wortstamm mit der Bedeutung freundlich, liebevoll, gütig, wohlwollend. Anstatt der üblichen Übersetzung »liebevolle Güte« bevorzuge ich so etwas wie »grundlegende Freundlichkeit« oder »Wohlwollen«, was die Neigung oder Grundhaltung, mit der wir Menschen begegnen, besser zum Ausdruck bringt. Das hat bereits wichtige Folgen für unseren Aktivismus: Statt jene, die sich uns (guten Menschen) widersetzen, als Feinde (schlechte Menschen) zu behandeln, die es zu besiegen gilt, gehen wir in Situationen mit einer Offenheit für Möglichkeiten, die nicht durch solche dualistischen Etikettierungen ausgeschlossen werden.

Karuna (Mitgefühl) ist in allen buddhistischen Traditionen eine der wichtigsten Tugenden, vergleichbar nur mit *Prajna*, der »höheren Weisheit« der Erleuchtung. *Mit-Gefühl* – im englischen Begriff »compassion«, wörtlich »Mitleiden«, ist das Mit-Leiden noch stärker betont – ist die wesentliche Eigenschaft, die es in unserer Praxis zu entwickeln und in unserem Leben auszudrücken gilt. Was andere empfinden, ist uns nicht egal, weil wir uns nicht von ihnen getrennt fühlen. Da Dukkha traditionellerweise in individueller Hinsicht verstanden wurde – als eine Folge des eigenen Karmas und des eigenen Geisteszustandes –, lag der Schwerpunkt meist auf persönlicher Unterstützung. Die Herausforderung für den heutigen Buddhismus besteht darin, Mitgefühl mit den strukturellen Ursachen von sozialem und ökologischem Dukkha zu verbinden.

Mudita ist das Glück, das wir empfinden, wenn wir am Wohlergehen anderer teilhaben. Statt des »Mit-Leidens« im Mitgefühl erfährt man »Mit-Freude«, wie eine Mutter, die beglückt ist von der Freude ihres Kindes. Diese Eigenschaft ergänzt *Karuna*, das sonst unsere Fähigkeit zur Empathie überfordern könnte. Die enorme Menge an Leid in dieser Welt bedeutet nicht, dass wir keine Begeisterung mehr empfinden sollten. Unsere Fähigkeit, uns mit diesem Leiden zu befassen, wird sogar selbst in Mitleidenschaft gezogen, wenn unsere Beziehung zur Welt nicht auch eine Quelle von Glück ist. Unter anderem kann uns der Aufenthalt in der Natur – mit ihren anderen Bewohnern in Kontakt treten, ihre Ruhe und Schönheit wertschätzen – motivieren und befähigen, für ihr Wohlergehen zu arbeiten.

Upekkha, Gleichmut oder »Gemütsruhe«, bedeutet wörtlich »darüberblicken«, das heißt zu sehen, ohne von dem Geschenen ergriffen zu werden. Allgemeiner gesagt ist es die Fähigkeit, von unserer Erfahrung nicht beunruhigt zu werden, selbst angesichts der acht Wechselfälle oder Launen des Lebens: Gewinn und Verlust, Lob und Tadel, Freude und Leid, Ruhm und Schande. Laut Gil Fronsdal ist Gleichmut »der Boden von Weisheit und Freiheit, und der Beschützer von Liebe und Mitgefühl. Manche betrachten Gleichmut vielleicht als eine Art nüchterne Sachlichkeit oder kühle Distanziertheit, doch reifer Gleichmut erzeugt eine Ausstrahlung und Wärme, die aus dem Sein kommen.

Der Buddha hat einen von Gleichmut erfüllten Geist als
›reichhaltig, erhaben, unermesslich, frei von Feindseligkeit
und bösem Willen‹ beschrieben.« Nyanaponika Thera erweitert den Blick auf die Beziehung zwischen Gleichmut
und den anderen drei Brahmaviharas:

> Gleichmut kann als die Krönung und der Höhepunkt der
> anderen drei erhabenen Zustände bezeichnet werden. Wenn
> die ersten drei nicht mit Gleichmut und Einsicht verbunden sind, dann können sie verloren gehen, weil ein stabilisierendes Element fehlt. ... Es ist der entschiedene und
> ausgeglichene Charakter einer Person, der die isolierten Tugenden zu einem organischen und harmonischen Ganzen
> zusammenfügt, in welchem die einzelnen Qualitäten auf
> die beste Weise in Erscheinung treten und die Tücken ihrer
> jeweiligen Schwächen vermieden werden können. Und genau das ist die Funktion des Gleichmuts; es ist die Art, wie
> er zu einer idealen Beziehung zwischen allen vier erhabenen
> Zuständen beiträgt.

Ohne Gleichmut ist es schwierig zu vermeiden, dass man
»ausbrennt« – und so frustriert und wütend wird, dass man
verzweifelt aufgibt. Doch beachten wir, wie Nyanaponika Gleichmut mit Einsicht verbindet. Gleichmut ist nicht
einfach eine in der Meditation entwickelte Charaktereigenschaft; er wurzelt in einer Erkenntnis über die Natur des
eigenen Geistes. Mit anderen Worten, Gleichmut ist charakteristisch für Erwachen. In der Begrifflichkeit des Maha-

yana ist er ein Aspekt von Shunyata: Da unser wahres Wesen »leer« von jeder festen Form ist, gibt es letztlich nichts zu beunruhigen. Wie wir sehen werden, hat das wichtige Auswirkungen auf den Bodhisattva-Pfad.

Es gibt jedoch noch einen weiteren göttlichen Verweilzustand, der es meiner Meinung nach verdient, zu den traditionellen vier Brahmaviharas hinzugefügt zu werden. Vielleicht ist er in den anderen bereits enthalten, aber wenn das der Fall ist, sollte ihm mehr Anerkennung zuteilwerden, denn »Dankbarkeit ist nicht nur die größte aller Tugenden, sondern die Mutter aller anderen.« (Cicero)

Dankbarkeit als wesentliche Charaktereigenschaft führt uns wieder zu der (bereits erwähnten) Spirale in Joanna Macys »Arbeit, die wieder verbindet«, an deren Anfang *Beginnen mit der Dankbarkeit* steht, was uns befähigt, *unseren Schmerz für die Welt zu würdigen*, dann *mit neuen Augen zu sehen* und schließlich *weiterzugehen*. Dankbarkeit, so sagt sie, »hilft, ein Umfeld des Vertrauens und der psychologischen Spannkraft aufzubauen, das uns in der zweiten Phase dabei unterstützt, uns den schwierigen Gegebenheiten zu stellen.« Für Macy wird unsere Dankbarkeit für die Erde und an die Erde nicht davon überwältigt, dass unser Mitgefühl den Schmerz der Erde spürt, sondern sie bleibt die Grundlage des gesamten Prozesses hin zur Handlungsfähigkeit.

Der Dalai Lama hat einmal gesagt, dass »die Wurzeln alles Guten in der Wertschätzung der Dankbarkeit liegen« – doch in meinem Fall hat es lange gedauert, bis ich die Bedeutung dieser Wertschätzung wertschätzen konnte. Natürlich ist es gut, dankbar zu sein, warum also etwas so Offensichtliches betonen? Mit der Zeit aber wurde mir etwas klar, was zumindest für mich nicht offensichtlich gewesen war: Dankbarkeit ist nicht nur etwas, was man empfindet oder auch nicht, sondern eine transformative *Praxis*. Oder wie Omraam Mikhael Aivanhov meint: »An jenem Tag, an dem ich mir angewöhnt hatte, bewusst das Wort ›danke‹ auszusprechen, hatte ich das Gefühl, in den Besitz eines Zauberstabes gelangt zu sein, der alles verwandeln kann.« Vor allem einen selbst.

Im Metta-Sutta empfiehlt der Buddha die Metta-Praxis. In einer weit verbreiteten Fassung davon strahlen Praktizierende Metta (den Wunsch »Mögen alle Wesen sicher und glücklich sein«) in alle Richtungen aus, beginnend mit sich selbst – »Möge ich sicher und glücklich sein« –, dann den Fokus erweiternd auf Familie und Freund*innen, gefolgt von Bekannten, dann Menschen, die wir nicht mögen, und schließlich auf alle Wesen im Universum. Wie buddhistische Lehrende gerne betonen, profitieren die Praktizierenden selbst am meisten von dieser Praxis, denn sie reinigt unsere Absichten und damit auch die Art, wie wir mit anderen Menschen in Beziehung treten.

Etwas Ähnliches geschieht bei der Dankbarkeitspraxis. Sarah Ban Breathnach drückt es so aus: »Dankbarkeit lässt uns Ehrfurcht erleben und erlaubt uns, alltäglichen Epiphanien zu begegnen, jenen transzendenten Momenten des Erstaunens, die für immer verändern, wie wir das Leben (Fülle oder Mangel?) und die Welt (freundlich oder feindselig?) erfahren.« Dankbarkeit hat zwei Aspekte: Wertschätzung für etwas und Dankbarsein, das sich auf dessen Ursprung oder Ursache richtet. Wenn wir es uns zur Gewohnheit machen, über all die Dinge nachzudenken, für die wir dankbar sein können, verschmelzen diese beiden miteinander und werden zu einem Aspekt unseres Charakters.

Diese Praxis ist auch deshalb so wichtig, weil wir in einer Kultur leben, die uns nicht dazu ermutigt, dankbar zu sein. Tatsächlich werden wir eher dazu ermutigt, nicht dankbar zu sein: Konsumverhalten beinhaltet Unzufriedenheit; denn wenn Menschen zufrieden sind mit dem, was sie haben, sind sie weniger daran interessiert, mehr zu konsumieren. Aber (um es noch einmal zu sagen) warum ist mehr und mehr immer besser, wenn es sowieso nie genug sein kann? »Wenn jemand nicht dankbar ist für das, was er hat, wird er wahrscheinlich auch nicht dankbar sein für das, was er bekommen wird.« (Frank A. Clark)

Das englische Wort *gratitude* stammt vom lateinischen *gratia* und bedeutet »für Dank«, im Sinne von »das ohne Gegenleistung frei Gewährte«. Wir benutzen immer noch den Begriff *gratis*, was bedeutet, dass etwas »kostenlos« ist. Wenn wir dankbar sind, nehmen wir an einer Schenkwirtschaft teil und nicht an einer Tauschwirtschaft (in der wir für das bezahlen, was wir erhalten). Tausch betont unser Getrenntsein: Geschäft abgeschlossen, wir gehen unserer eigenen Wege. Dankbarkeit stärkt unsere Verbundenheit: Wertschätzung verbindet uns miteinander.

Ich schätze den Ausspruch von Meister Eckhart: »Wäre

das einzige Gebet, das du je im Leben sprichst, das Wort *Danke*, so würde es genügen.«

Der Bodhisattva-Pfad

Der Mahayana-Buddhismus entwickelte mit dem Bodhisattva-Pfad eine neue Auffassung von buddhistischer Praxis. Im Palikanon bezieht sich der Begriff *Bodhisattva* auf die früheren Leben Gautamas, bevor er zum Buddha wurde. Einer Überlieferung zufolge gab es einen auffälligen Unterschied zwischen der Verwirklichung des Buddha und seiner Anhänger, den *Arahants*. Ein Arahant (wörtlich: »einer, der würdig ist«) hat zwar durch das Befolgen seiner Lehre dasselbe Nibbana wie der Buddha erreicht, aber der Buddha war dennoch besonders, weil er sich zielstrebig und von ganzem Herzen dem Erwachen aller widmete. So wurde ein eher altruistisches Modell von spirituellem Leben entwickelt, in dem Mitgefühl eine große Rolle zukommt. Damit sollte wahrscheinlich auch die Überlegenheit der Mahayana-Tradition (wörtlich: »großes Fahrzeug«) gegenüber dem Theravada, das abwertend als »kleines Fahrzeug« bezeichnet wird, demonstriert werden.

Die historische Wahrheit dieser Darstellung ist für die wissenschaftliche Forschung schwer einzuschätzen, aber in jedem Fall ist es wichtig, das Bodhisattva-Konzept von eher eigennützig ausgerichteten Zielsetzungen in den Lehrmeinungen zu unterscheiden. Der oder die Bodhisattva wird von zeitgenössischen Buddhist*innen zunehmend als ein nicht an eine Tradition gebundener inspirierender Archetyp wahrgenommen, der eine neue Vision menschlicher Möglichkeiten verkörpert – insbesondere eine Alternative zum ungezügelten, mit sich selbst beschäftigten Individualismus, einschließlich einer Herangehensweise an die buddhistische Praxis, die nur auf das eigene persönliche Erwachen ausgerichtet ist. Eher sozial und ökologisch engagiert und bereit, sich mit den kollektiven und institutionellen Ursachen von Dukkha auseinanderzusetzen, ist die oder der Bodhisattva genau das spirituelle Modell, das wir heute brauchen.

Der Lehrmeinung zufolge sind Bodhisattvas Buddhas in Ausbildung nach dem Vorbild von Gautama Buddha – aber mit einer entscheidenden Wendung. Laut dem Lankavatara-Sutra haben Bodhisattvas »das große Gelübde abgelegt: ›Ich werde nicht in das endgültige Nirvana eintreten, bevor nicht alle Wesen befreit worden sind‹. Er verwirklicht die höchste Befreiung nicht für sich selbst, da er andere Wesen nicht ihrem Schicksal überlassen kann. Ein Bodhisattva hat gesagt: ›Ich muss alle Wesen zur Befreiung führen. Ich werde bis zum Ende hierbleiben, selbst um nur einer einzigen lebenden Seele willen.‹«

Diese Entschlossenheit setzt voraus, dass das »endgültige Nirvana« die vollständige Auslöschung ohne jegliche Wiedergeburt bedeutet, wie es Gautama in seinem Parinibbana geschehen sein soll. Aber es gibt noch eine andere Möglichkeit, das Endziel zu verstehen: als *Apratishita-Nirvana*, ein »nicht-verweilendes Nirvana« (oder »Nirvana ohne Ort zum Verweilen«), bei dem weder Samsara aufgegeben noch Nirvana angestrebt wird. Anstatt sich in dem einen festgefahren zu fühlen oder ein Erlöschen in dem anderen anzustreben, liegt die Betonung hier auf einer nicht ergreifenden Bewusstheit, die frei ist von allen Formen der Anhaftung.

Aber ist nicht auch das Gelübde, allen Wesen zu helfen, ein Anhaften?

Nicht wenn das eigene Mitgefühl eine Manifestation von etwas ist, was tiefer liegt als das egoistische Selbstempfinden. Solche Bodhisattvas – oder sind sie Buddhas? – unterscheiden nicht zwischen Samsara und Nirvana, denn spiritueller Gleichmut bedeutet nicht Gleichgültigkeit gegenüber dem Geschehen in dieser Welt. Tatsächlich kann ein solcher Gleichmut besonders zum Handeln befähigen, wie wir sehen werden.

Joanna Macy schreibt:

In jeder Tradition scheint der spirituelle Weg auf zwei Arten dargestellt zu werden. In der einen ist es eine Reise aus dieser chaotischen, zerbrochenen und unvollkommenen Welt des Leidens heraus in ein heiliges Reich des ewigen Lichts. Gleichzeitig wird der spirituelle Weg in derselben Tradition als einer erlebt und formuliert, der direkt ins Herz der Welt führt – in diese Welt des Leidens, der Gebrochenheit und der Unvollkommenheit – um das Heilige zu entdecken. ... Diese Art der Befreiung entfernt uns nicht von der Welt, sondern führt direkt in sie hinein! Es ist eine Erlösung ins Handeln.

Diese Art der Befreiung entspricht auch dem in diesem Buch bereits vorgestellten Verständnis des Buddhismus: Der Weg besteht nicht darin, diese Welt zu transzendieren, sondern ihr wahres Wesen zu erkennen – das heißt, unsere Verblendungen bezüglich der Welt zu transzendieren, insbesondere die Illusion eines getrennten Selbst, das in der Welt ist, aber nicht von ihr.

Im Mahayana-Buddhismus gibt es zwei sehr unterschiedliche Arten von Bodhisattvas. Die überirdischen Bodhisattvas werden im Volksglauben als übermenschliche Wesen angesehen, an die man sich um Hilfe wenden kann. Sie können aber auch als Archetypen und beispielhafte Darstellung bestimmter Tugenden verstanden werden. Von den vier großen ostasiatischen Bodhisattvas ist zum Beispiel Avalokiteshvara (Guanyin in China, Kannon in Japan) die wichtigste Verkörperung von Mitgefühl, Manjushri verkörpert erleuchtete Weisheit, Samantabhadra steht für schöpferisches Handeln und Kshitigarbha symbolisiert Furchtlosigkeit. Wir können sie als gottähnliche Wesen ansehen, die bereit sind, uns zu helfen, wenn wir sie anrufen – oder als Erinnerung an unsere eigenen menschlichen Fähigkeiten.

Das bringt uns zu der anderen Art von Bodhisattva: uns, möglicherweise. Der klassischen Darstellung zufolge werden wir zu Bodhisattvas – und der Sinn unseres Lebens wandelt sich radikal –, wenn ein bestimmter Wunsch spontan aus unserem tiefsten Inneren auftaucht, einem Ort jenseits von Eigeninteresse und unserem gewohnten Selbstsinn.

Der buddhistische Begriff für diesen Wunsch ist *Bodhicit-*

ta – wörtlich »erwachender Geist« oder »Erleuchtungsgeist«. Das kann ein Geist sein, der erwacht ist, oder ein Geist, der erwachen möchte, oder ein Geist, der das Erwachen aller fördern möchte – oder, im besten Falle, alle drei. Bodhicitta ist ein natürliches und von tiefem Mitgefühl motiviertes Bedürfnis oder Verlangen, nicht nur um seiner selbst willen zu erwachen, sondern zum Wohle aller fühlenden Wesen. Der Dalai Lama beschreibt es folgendermaßen:

> Wir sollten dieses [Mitgefühl] in der Tiefe unseres Herzens halten, als ob es dort fest verankert wäre. Ein solches Mitgefühl sorgt sich nicht nur um einige wenige fühlende Wesen wie Freunde und Verwandte, sondern es erstreckt sich bis an die Grenzen des Kosmos, in alle Richtungen und auf alle Wesen im gesamten Raum.

Wenn Bodhicitta lebendig wird, bringt das Bodhisattvas auf den Weg zur vollen Erleuchtung. Doch mir scheint, wenn der Drang wirklich spontan ist – wenn er ohne Ego aufkommt –, ist das bereits ein Stadium der Erleuchtung. Vielleicht ist es sogar die wichtigste Stufe der Erleuchtung, denn alle anderen entfalten sich auf natürliche Weise, wenn wir entsprechend dieser ursprünglichen Absicht handeln und sie in unser Leben integrieren.

Gemäß den traditionellen Beschreibungen des Bodhisattva-Pfades konzentriert man sich nach dem Entstehen von Bodhicitta auf die Entwicklung der sechs *paramitas* (»höchsten Vollkommenheiten«), Haltungen und Handlungen, die auf selbstlose Art und Weise kultiviert und vollzogen werden.

Von der ersten Paramita, *dana* – wörtlich »Geben« oder »Großzügigkeit« – heißt es manchmal, dass sie bereits alle anderen fünf enthält. Sie steht in Beziehung zur Dankbarkeit, da Großzügigkeit oft ein Ausdruck von Dankbarkeit ist. Im weitesten Sinne umfasst sie offenherzige Freundlichkeit gegenüber anderen, gratis – ohne die Erwartung oder das Verlangen nach einer Gegenleistung oder einer Belohnung. Vom höchsten Standpunkt aus betrachtet ist nichts, was ich habe, mein, weil es kein Ich gibt, das es besitzen könnte.

Sila, was mit »Tugend«, »richtiges Verhalten« oder »Disziplin« übersetzt werden kann, beinhaltet die bereits besprochenen ethischen Grundsätze des frühen Buddhismus. Die Betonung liegt hier nicht auf Gehorsam oder Verpflichtung, sondern auf der Entwicklung von Selbstbeherrschung und einer größeren Bewusstheit der Auswirkungen des eigenen Handelns.

Kshanti, »Geduld«, bedeutet eine Art von Ausdauer, die sich weder kränken lässt noch unbequeme Situationen vermeidet. Im *Dhammapada* wird sie als die »höchste Entbehrung« beschrieben. In einem der frühen Texte ermahnt der Buddha seine Anhänger*innen, selbst dann nicht hasserfüllt zu sein oder wütend zu sprechen, wenn Banditen ihnen die Glieder absägen.

Virya wird unterschiedlich mit »Energie«, »Begeisterung« oder »ausdauerndes Bemühen« übersetzt. Es beinhaltet extremes Durchhaltevermögen oder Fleiß: niemals aufgeben zu verwirklichen, was heilsam ist, und zu vermeiden, was nicht heilsam ist. Angesichts der Schwierigkeiten und Frustrationen des ökologischen Aktivismus sind Kshanti und Virya als besonders wichtige Tugenden, die es zu entwickeln gilt, hervorzuheben.

Dhyana, »Meditation«, bezieht sich auf das Kultivieren geistiger Konzentration oder kontemplativer Praktiken, die normalerweise für das Erwachen von Bedeutung sind.

Prajna – wörtlich »höchste Erkenntnis« – ist die Weisheit, die mit dem Erwachen einhergeht. Nach dem Mahayana schließt sie die Erkenntnis ein, dass alles shunya ist, »leer«, ohne Existenz aus sich selbst heraus – einschließlich man selbst.

Von meinem Wesen her leer zu sein heißt zu erkennen, dass ich nicht von dir getrennt bin, weshalb mein Wohlbefinden nicht von deinem getrennt ist und umgekehrt. Shantideva beschreibt das in seinem *Leitfaden für die Lebensweise des Bodhisattva*:

Diejenigen, die rasch wünschen,
Eine Zuflucht für sich selbst und andere zu sein,
Sollten »ich« und »die anderen« tauschen
Und so ein heiliges Geheimnis empfangen.

All die Freude in der Welt
Entsteht durch den Wunsch, dass andere glücklich sein mögen,

Und all das Leiden in der Welt
Entsteht durch den Wunsch, selbst Vergnügen zu erleben.

Möge ich für alle erkrankten Wesen in der Welt
die Ärztin und die Medizin
Und möge ich der Pfleger sein,
Bis alle geheilt sind.

Aber was, wenn die Welt selbst – die Erde – in Not ist? Wie können wir alle kranken Wesen wieder gesund pflegen, wenn die Krankheit zu einer Epidemie geworden ist? In diesem Fall müssen wir mehr tun, als nur die Symptome behandeln. Wir müssen die Grundursachen ermitteln und angehen.

Die Grundsätze, die himmlischen Verweilzustände und die sechs Paramitas beinhalten alle die Entwicklung von Charaktereigenschaften, die traditionellerweise in Bezug auf das Individuum verstanden worden sind, als etwas, was meine eigene spirituelle Entfaltung fördert und mir hilft, die spirituelle Entfaltung anderer zu fördern – was wiederum meine eigene spirituelle Entwicklung fördert. Für Bodhisattvas erweist sich die Unterstützung anderer auf ihrem spirituellen Weg als ein wichtiger Teil der eigenen spirituellen Reifung.

Heute jedoch veranlassen uns Fragen der sozialen Gerechtigkeit und die ökologische Krise dazu, das Bodhisattva-Ideal neu anzuschauen. Der traditionelle buddhistische Fokus auf individuelles Erwachen und individuelles Mitgefühl war folgerichtig, weil er mit dem traditionellen Fokus auf individuelles Dukkha übereinstimmt – mit dem Leiden aufgrund meines eigenen Karmas und meines eigenen Geisteszustandes. Aber was ist, wenn das eigene Leiden nicht immer darauf zurückzuführen ist, was man selbst getan hat oder jetzt tut? Was ist mit den enormen Mengen an kollektivem Dukkha, das durch Institutionen und andere soziale Strukturen verursacht wird? Wie könnten konventionelle Vorstellungen vom Bodhisattva-Pfad angepasst werden, um die buddhistischen Lehren für solche Herausforderungen relevanter zu machen?

Der Ökosattva-Pfad

Ein erweiterter, stärker sozial engagierter Bodhisattva-Pfad wird einige ausgeprägte Merkmale haben. Zunächst einmal impliziert die buddhistische Betonung von wechselseitiger Abhängigkeit und Täuschung oder Verblendung nicht nur Gewaltlosigkeit, sondern auch eine Politik, die eher von Liebe und Mitgefühl und weniger von Ärger motiviert ist. Aus buddhistischer Sicht besteht das Grundproblem nicht in reichen und mächtigen »schlechten« Menschen, sondern in institutionalisierten Strukturen kollektiver Gier, Aggression und Verblendung, die transformiert werden müssen. Die pragmatische und undogmatische Haltung des Buddha (seine Lehren als ein Floß zu verstehen, das uns hilft, den Fluss des Samsara zu überqueren, und nicht als ein Dogma, das wir »auf dem Rücken tragen« müssen) kann helfen, die ideologischen Streitigkeiten zu vermeiden, die so viele progressive Bewegungen geschwächt haben. Und die Betonung im Mahayana von *Upaya-Kausalya* (»geschickten Mitteln«; manchmal als eine siebte Paramita angeführt) – der Fähigkeit, sich mit Erfolg an neue Situationen anzupassen und auf sie zu reagieren – unterstreicht die Bedeutung der kreativen Vorstellungskraft, eine notwendige Eigenschaft, wenn wir gemeinsam eine nachhaltigere Art und Weise schaffen wollen, auf diesem Planeten zusammenzuleben.

Die Bedeutung von sozialem Engagement anzuerkennen ist ein großer Schritt für viele Buddhist*innen, denn sie haben meist gelernt, sich lediglich auf ihre eigene Geistesruhe zu konzentrieren. Auf der anderen Seite laufen sozial engagierte Menschen oft Gefahr, unter Frustration, Wut, Depression, Erschöpfung und Burnout zu leiden. Der engagierte Bodhisattva-Pfad hält bereit, was beide brauchen, denn er beinhaltet eine zweifache Praxis, eine innere und eine äußere, in der die beiden Seiten einander nicht nur ausgleichen, sondern unterstützen. Bodhisattvas bleiben, auch während sie zutiefst engagiert sind, einer persönlichen Praxis verpflichtet, die normalerweise eine Form von regelmäßiger Meditation enthält. In der Meditation kultivieren sie nicht nur Gleichmut, sondern auch die Einsicht, die diesen unterstützt: das Gewahrsein jener »leeren« Dimension, in der es weder besser noch schlechter gibt, nichts zu erlangen und nichts zu verlieren. Diese Perspektive ist besonders in extrem schwierigen Zeiten bedeutsam, wenn man sich angesichts der Größe der Aufgabe leicht überfordert fühlen kann. Für buddhistische Praktizierende besteht die Versuchung in der

Anhaftung an diese Dimension (oft als »Festhalten an der Leerheit« beschrieben) mit der Folge, gegenüber dem Geschehen in der Welt gleichgültig zu werden. Das Problem für Aktivist*innen liegt auf der anderen Seite: Ohne die durch die Meditation kultivierte Gelassenheit fehlt ihnen in der Regel ein unerschütterlicher Boden oder eine stabile Basis für ihre Lebensaufgabe, was ihren möglichen Beitrag zu schwächen droht.

Die Kombination der beiden Übungen ermöglicht ein intensives Sicheinlassen auf zielgerichtetes Verhalten mit weniger Erschöpfung und Burnout. Diese Art von Aktivismus hilft auch Meditierenden, eine übermäßige Vertiefung in ihren eigenen Geisteszustand zu vermeiden und in Richtung Erleuchtung fortzuschreiten. Da das Grundproblem in der Annahme und dem Empfinden eines getrennten Selbst besteht, ist ein mitfühlender Einsatz für das Wohlergehen anderer ein wichtiger Teil der Lösung. Die Beschäftigung mit den Problemen der Welt ist daher nicht als Ablenkung unserer persönlichen spirituellen Praxis zu verstehen, sondern als wesentlich für unsere eigene Transformation. »Die Menschen reden immer von Üben, Üben. Ich möchte wissen: Wann ist die Aufführung?« (Robert Thurman) Die Aufführung – der Aktivismus – ist ein wesentlicher Teil der Übung.

Einsicht und Gleichmut zu kultivieren unterstützt das, was den spirituellen Aktivismus besonders prägt und wirkmächtig sein lässt: Bodhisattvas *handeln ohne Anhaftung an die Ergebnisse.* Der 28. Aphorismus der tibetischen *Lojong-*

Schulung enthält eine klassische Formulierung: »Gib jede Hoffnung auf Erfüllung auf. Verstricke dich nicht darin, wie du zukünftig sein wirst; verweile im gegenwärtigen Moment.«

Ich beziehe mich eher auf »spirituellen Aktivismus« als auf buddhistischen Aktivismus, weil dieses Prinzip auch im wichtigsten hinduistischen Text, der *Bhagavad Gita*, ein wesentlicher Aspekt des *Karma-Yoga* ist: »Du hast ein Recht auf die Arbeit, niemals auf die Früchte. Sei weder motiviert durch die Früchte des Handelns noch geneigt, das Handeln aufzugeben.« (2:47)

Dennoch ist Handeln ohne Anhaftung leicht misszuverstehen, da es eine Haltung der Beliebigkeit nahezulegen scheint: »Ja, unser lokales Elektrizitätswerk muss von Kohle auf erneuerbare Energien umstellen. Wir haben uns organisiert und eine Zeit lang protestiert, aber es gab viel Widerstand. Es hat einfach nicht funktioniert. Aber das ist okay, denn wichtig sind die Absichten hinter unseren Handlungen, nicht die Ergebnisse.« Ein solcher Ansatz wird niemals die notwendigen Veränderungen herbeiführen, denn er verfehlt die wahre Bedeutung von Nichtanhaftung.

Betrachten wir zunächst den Unterschied zwischen einem Marathon und einem 100-Meter-Lauf. Wenn wir an einem 100-Meter-Lauf teilnehmen kommt es nur darauf an, so schnell wie möglich zum Ziel zu sprinten. Wir haben keine Zeit, uns über etwas anderes Gedanken zu machen. Aber so können wir keinen Marathon laufen; wir hätten uns viel zu schnell verausgabt. Stattdessen folgen wir der Strecke, ohne auf die Ziellinie in weiter Ferne fixiert zu sein. Solange wir in die richtige Richtung laufen, werden wir früher oder später dort ankommen, aber im Prozess des Laufens müssen wir uns darauf konzentrieren, im Hier und Jetzt zu sein. Nur dieser Schritt, nur dieser Schritt ... Im Japanischen gibt es einen Ausdruck dafür: *tada* – »Nur dies!«.

Dharmafreunde, die Marathon laufen, sagen mir, dass diese Haltung zu einem »Lauf-Flow« führen kann, in dem das Laufen mühelos wird. Das ist ein Vorgeschmack auf das, was im Daoismus *wei wu wei* genannt wird, wörtlich »handeln, ohne zu handeln«. Wenn das Selbst(empfinden) vorübergehend mit dem, was der physische Körper tut, verschmilzt oder *eins wird*, verschwindet das übliche Gefühl dualistischer Anstrengung: Der Geist hört auf, den Körper zu zwingen oder zu drängen.

Diese Art des Nichthandelns bedeutet nicht, nichts zu tun. Der Läufer oder die Läuferin gibt nicht auf und sitzt am Straßenrand in dem Glauben, dass es nicht nötig sei, irgendwohin zu kommen. Stattdessen wird das Laufen zu einer Art »Nichtlaufen«, da man den gegenwärtigen Moment nicht zugunsten eines Ziels ablehnt, das irgendwann in der Zukunft erreicht wird. Dennoch nähert man sich dem Ziel, weil man das tut, was gerade jetzt nötig ist: *Nur dies!*

Das ist ein Aspekt des Nichtanhaftens an die Ergebnisse von Handlungen, aber es gibt noch mehr. Ein Marathon ist zwar ein langes Rennen, doch früher oder später erreicht man das Ziel und hört auf. Was ist mit einem Weg ohne Ende, mit einer Aufgabe, die einen so sehr fordert, dass es schwer ist, sich nicht entmutigen zu lassen?

In japanischen Zen-Tempeln rezitieren Praktizierende täglich die vier »Bodhisattva-Gelübde«. Das erste besteht darin, allen Lebewesen beim Erwachen zu helfen: »Fühlende Wesen sind zahllos; ich gelobe, sie alle zu befreien.« Wenn wir wirklich verstehen, was diese Verpflichtung beinhaltet, wie können wir dann vermeiden, uns überfordert zu fühlen? Wir geloben, etwas zu tun, was unmöglich erreicht werden kann. Ist das nicht einfach nur verrückt?

Dass das Gelübde nicht erfüllt werden kann, ist nicht das Problem, sondern der eigentliche Punkt. Da es nicht erfüllt werden kann, verlangt das Gelübde in Wirklichkeit, den Sinn unseres Lebens neu auszurichten, weg von der üblichen Selbstbeschäftigung hin zur vorrangigen Sorge um das Wohlergehen aller. Im Alltag ist nicht das unerreichbare Ziel von Bedeutung, sondern die Ausrichtung der eigenen Bemühungen – in diesem Fall eine Ausrichtung ohne Orientierung an einem Endpunkt. Was bedeutet das in Hinsicht darauf, wie wir auf die Umweltkrise reagieren? Wer sich bereits freiwillig für eine geradezu unmögliche Aufgabe gemeldet hat, lässt sich nicht von Herausforderungen einschüchtern, nur weil sie manchmal aussichtslos erscheinen!

Wie bedeutsam die Aufgabe auch erscheinen mag, mit anderen zusammenzuarbeiten, um die globale Zivilisation vor der Selbstzerstörung zu retten, so ist sie doch nur ein kleiner Teil dessen, wozu sich Bodhisattvas verpflichtet haben. Was auch immer geschieht, wir lassen uns nicht entmutigen – jedenfalls nicht lange. Vielleicht brauchen wir zunächst ein paar achtsame Atemzüge, aber dann klopfen wir uns den Staub aus den Kleidern und machen weiter. Das liegt daran, dass dieses Gelübde über jede Anhaftung an eine bestimmte Leistung – oder Niederlage – hinausgeht. Wenn unsere Bemühungen erfolgreich sind, ist es an der Zeit, zur nächsten Aufgabe überzugehen. Wenn sie nicht erfolgreich sind, versuchen wir es weiter – ohne Ende. Sobald wir erkennen, dass wir nicht getrennt sind von anderen Menschen und diesem großartigen Planeten, der uns alle versorgt, wollen wir nichts anderes mehr tun. Es wird unsere Leidenschaft und unsere Freude.

Aber das ist nicht alles. Wie im vorigen Kapitel erörtert, besteht die sehr reale Möglichkeit, dass unsere Bemühungen nicht die Veränderungen bewirken werden, die wir anstreben. Eine wachsende Zahl von Wissenschaftler*innen wird insgeheim pessimistisch: Wir sind vielleicht nahe an den Kipppunkten oder haben sie bereits überschritten. Es ist schwer vorauszusehen, was passieren wird, und dennoch sieht es nicht gut aus. Wir wissen es einfach nicht.

»Wir wissen es einfach nicht.« Hmmm ... Klingt das bekannt? Ist das nicht etwas, was wir in unseren kontemplativen Praktiken kultivieren: den »Geist des Nicht-Wissens«? Das ist der erste Grundsatz der Zen-Peacemakers (die beiden anderen sind, die Freuden und Leiden der Welt zu bezeugen und aus dem Nicht-Wissen und dem Bezeugen heraus zu handeln). Einer meiner Zen-Lehrer, Robert Aitken, sagte gerne, dass unsere Aufgabe nicht darin bestünde, das Geheimnis aufzuklären, sondern das Geheimnis klarzumachen. Auf dem spirituellen Weg geht es nicht darum, alles zu verstehen. Es geht darum, sich zu öffnen, um eine heilige und geheimnisvolle Welt zu erfahren, in der sich alles verändert, ob wir es nun bemerken oder nicht. Bodhisattvas nähern sich diesem Geheimnis nicht, indem sie es ergreifen, um gelassen in ihm zu ruhen, sondern indem sie sich von ihm ergreifen lassen. Sie verkörpern etwas Größeres als ihr Ego.

Dieses großartige Mysterium ist nicht lähmend, sondern macht uns handlungsfähig, weil es uns vom Dogmatismus und anderen festen Vorstellungen über uns selbst und die Welt befreit. »Das Problem ist nicht, was wir nicht wissen, sondern was wir zu wissen meinen, tatsächlich aber gar nicht wissen.« (Josh Billings) Wir tun unser Bestes als Reaktion auf das, was wir bestenfalls wissen, obwohl wir nie mit Sicherheit wissen können, was geschieht oder was möglich ist. Ich bin in einer Welt aufgewachsen, die durch den Kalten Krieg zwischen dem Westen und dem Sowjetblock definiert war, den alle für selbstverständlich hielten – bis der Kommunismus fast überall abrupt zusammenbrach. Etwas Ähnliches geschah bald darauf mit der südafrikanischen Apartheid.

Im Nachhinein können wir immer eine Ursachenkette finden, die zeigt, dass diese Ereignisse unvermeidlich waren – aber das ist im Rückblick. Wenn wir nicht einmal wissen, was jetzt geschieht, wie können wir dann wissen, was möglich ist, bevor wir es versuchen?

Das weist auf die tiefste Bedeutung des Nichtanhaftens an Ergebnisse hin. Unsere Aufgabe ist es, das Beste zu geben, ohne um dessen Folgen zu wissen – ohne zu wissen, ob unsere Bemühungen überhaupt etwas bewirken werden.

Haben wir die ökologischen Kipppunkte bereits überschritten und ist die uns bekannte Zivilisation dem Untergang geweiht? Wir wissen es nicht – und das ist in Ordnung. Natürlich hoffen wir, dass unsere Bemühungen Früchte tragen werden, doch letztlich sind sie unser Geschenk an die Erde – gratis.

Wir wissen nicht, ob das, was wir tun, wichtig ist, aber wir wissen, dass es für uns wichtig ist, es zu tun. »Lass dich von dem ungeheuerlichen Ausmaß der Trauer in der Welt nicht einschüchtern. Handele jetzt gerecht. Liebe jetzt die Barmherzigkeit. Bewege dich jetzt demütig. Es liegt nicht in deiner Verantwortung, das Werk [des *Tikkun olam*, des Heilens der Welt] zu vollenden, aber du hast auch nicht die Freiheit, es zu unterlassen.« Dieser berühmte Ausspruch von Rabbi Tarfon steht in der jüdischen Mischna, der ersten größeren Niederschrift der mündlichen Tora, und es ist kein Zufall, dass er auch in einem weiteren religiösen Text vorkommt. Frei von Anhaftung an Ergebnisse zu handeln ist für die meisten von uns sehr schwierig, vielleicht sogar unmöglich, wenn man nicht eine gewisse spirituelle Grundlage hat. Aktivist*innen brauchen die Geduld, die Ausdauer, die Gelassenheit und die Einsicht, die der Bodhisattva-Pfad kultiviert – neben den himmlischen Verweilzuständen, der grundlegenden Freundlichkeit und der Freude am Wohlergehen anderer. Und, wie ich hinzufügen möchte, all das wurzelt in der Dankbarkeit für unsere gemeinsame Zeit als eine der Gattungen, die von diesem wunderbaren Planeten erschaffen worden sind.

Natürlich legen wir die Messlatte dadurch, dass wir das Anhaften an die Ergebnisse unserer Bemühungen auf jeden Fall vermeiden wollen, unrealistisch hoch. Vielleicht ist tatsächlich niemand in der Lage, die zweifache Praxis der Bodhisattvas so vollständig zu verkörpern, genauso wenig wie die Praxis der sechs Bodhisattva-Vollkommenheiten jemals vollendet sein wird. Und das ist auch in Ordnung so. Unsere Aufgabe ist es nicht, perfekt zu sein, sondern unser Bestes zu geben.

Ich frage mich, ob der Bodhisattva-Pfad vielleicht der allerwichtigste Beitrag des Buddhismus zu unserer gegenwärtigen Situation ist. Fordert die Erde selbst uns heute alle auf, Bodhisattvas/Ökosattvas zu werden?

Nachwort

Eine verlorene, verschwenderische Gattung?

Das vielleicht bekannteste Gleichnis Jesu ist die Geschichte vom verlorenen Sohn. Wenn wir uns daran erinnern, wenden wir uns für gewöhnlich dem reuigen Jungen (uns) und dem vergebenden Vater (Gott) zu, der ihn zuhause willkommen heißt. Aber das steht am Ende der Geschichte. Der fehlgeleitete Sohn ist »verloren«, hat alles »verloren«, weil er sein Erbe vergeudet hat: Das englische Wort *prodigal* bedeutet neben »verloren« auch noch »extravagant, verschwenderisch, vergeudend, leichtsinnig«.

Kann eine Gattung verloren gehen oder verschwenderisch sein?

Der verlorene Sohn verließ sein Zuhause, um seinen eigenen Weg in der Welt zu gehen, doch er wusste nicht, wie er mit dem vom Vater verliehenen Erbe umgehen sollte. Gilt nicht dasselbe für unser Erbe, für das, was die Erde uns geschenkt hat? In beiden Fällen geht es nicht nur um einen Mangel an weltlicher Weisheit, sondern auch um ein trügerisches Gefühl der Trennung: das Verlassen des Elternhauses, wörtlich oder psychologisch gesehen. Der Junge erkannte seinen Reichtum erst, als er die Folgen seiner Vergeudungseskapaden in der Ferne zu spüren bekam; glücklicherweise war es auch für ihn noch nicht zu spät, seinen Fehler zu erkennen und wiedergutzumachen. Wir können davon ausgehen, dass er nach seiner Rückkehr mehr Wertschätzung für Familie, Haus und Hof empfunden hat. Wir dürfen hoffen, dass er ein weiser Hüter des Landes wurde, der sich für das Wohl des Ganzen einsetzte.

Wir wissen nicht, ob unsere kollektive Geschichte ein so glückliches Ende haben wird.

Die Trennung, die unsere Gattung empfindet, kann auf verschiedene Weise verstanden werden. Mythologisch lässt sie sich bis zu Adam und Eva zurückverfolgen. Dem biblischen Bericht zufolge wurden sie aus dem Garten Eden vertrieben, weil sie Gott nicht gehorchten – wobei der alttestamentarische Gottesvater strafender war als der Vater des verlorenen Sohnes. Aus buddhistischer Sicht ist an diesem Bericht jedoch am interessantesten, dass das Essen der verbotenen Frucht ihnen die Augen öffnete, genau wie es die Schlange vorhergesagt hatte. Als sie erkannten, dass sie nackt waren und sich ihrer selbst bewusst wurden, nähten Adam und Eva Feigenblätter zusammen, um sich zu bedecken und vor Gott zu verstecken. Wurden sie also aus dem Garten verbannt, oder haben sie sich selbst verstoßen, weil sie begannen, sich von ihm getrennt zu fühlen? Gingen sie wirklich fort, oder erlebten sie einfach ihren Aufenthaltsort auf andere Weise?

Dieser Mythos kann als eine Geschichte vom Übergang der Jäger- und Sammler-Kulturen zur Agrarwirtschaft verstanden werden – dem Ursprung der uns bekannten Zivilisation. Gott verdammt sie zur schmerzhaften Arbeit beim Nahrungsanbau auf Böden, die eher Dornen und Disteln hervorbringen. Das war in der Tat ein Fluch: Jäger und Sammlerinnen arbeiten in der Regel weniger und ernähren sich gesünder als die bäuerliche Bevölkerung. Die Landwirtschaft brachte nicht nur mehr Arbeit mit sich, sie schuf auch einen Überschuss – und daraus erwuchsen die ausbeuterischen Klassenhierarchien und die Ungleichheit bei der Aneignung dieses Überschusses. Das bedeutete auch einen radikalen Wandel in unserer Beziehung zur Erde, in gewisser Weise vergleichbar mit dem Unterschied zwischen einer Schenk- und einer Tauschökonomie. In einem gewissen Sinne gehören die Jäger- und Sammlergesellschaften der Erde, wohingegen die Erde den sesshaften Zivilisationen, für die Land zu einem Eigentum geworden ist, gehört.

Die Schöpfungsgeschichte der Genesis liefert das Entstehungsnarrativ für alle abrahamitischen Religionen. Im ersten Kapitel der Bibel erschafft ein radikal transzendenter Gott den Himmel und die Erde und alle Pflanzen und Tiere darauf, damit sie von Menschen beherrscht werden. Die Erde wird als heilig betrachtet, insofern Gott sie geschaffen hat, aber sie und ihre Geschöpfe sind dennoch verschieden von Gott und unterscheiden sich auch ganz erheblich von unserer Gattung, die allein »nach dem Abbild Gottes geschaffen« ist. Später wird uns die Ewigkeit an einem viel besseren Ort versprochen, wenn wir uns während unseres kurzen Aufenthaltes hier gut benehmen. Bereits an diesem Punkt taucht der ontologische Dualismus auf, den Loyal Rue als Ermutigung zur Gleichgültigkeit gegenüber sozialen und ökologischen Problemen identifiziert hat. Diese Welt wird zum bloßen Hintergrund für das wichtigere Drama des menschlichen Schicksals abgewertet. Einige Formen des Buddhismus erzählen eine ähnliche Geschichte mit einem Nibbana als transzendentem Ausweg aus dem Samsara, dieser Welt von Leiden, Begehren und Verblendung. In beiden Fällen ermutigt uns die Entfremdung von der Erde – die nicht nur unsere Heimat ist, sondern auch unsere Mutter – dazu, ihr Wohlergehen von unserem eigenen zu unterscheiden.

Was geschieht also, wenn sich unser Glaube an solche überlegenen Zufluchtsorte verflüchtigt? Man würde eine Neubewertung der verbleibenden säkularen Welt erwarten, aber wenn die eine Hälfte des ontologischen Dualismus verschwindet, füllt die andere Hälfte nicht automatisch die entstandene Lücke auf. Wie wir gesehen haben, wird unsere postmoderne, mechanistische Welt nach wie vor vom Verschwinden Gottes, der Quelle ihres Sinns und Nutzens, verfolgt. Dieser Verlust hat uns in einem entheiligten Universum stranden lassen, in dem wir unserer mütterlichen Heimat weiterhin entfremdet sind.

Das Grundproblem der modernen Weltanschauung besteht vermutlich darin, dass sie keine Lösung für unsere größte Angst bietet: den Tod. Der springende Punkt des ontologischen Dualismus – das, was seine Attraktivität ausmacht – ist, dass er die Möglichkeit einer Erlösung nach dem Tod bietet. Ein säkulares Universum, das gemäß unpersönlicher physikalischer Gesetze funktioniert, ist uns und unserem Schicksal gegenüber gleichgültig. In einer solchen Welt ist der Tod nicht der Durchbruch in eine andere Realität, sondern nur deren Ende. Leider entspricht die Unfähigkeit, unsere Sterblichkeit zu akzeptieren, auch unsere Unfähigkeit, ganz im Hier und Jetzt lebendig zu sein.

Wenn dem so ist, dann erkennen wir ein weiteres Mal, dass es sich bei der ökologischen Krise nicht nur um eine politische, wirtschaftliche oder technologische, sondern eben auch um eine spirituelle Frage handelt, da unsere Beziehung zum Tod ein spirituelles Thema ist. Die hier geforderte Transformation war auf einer persönlichen Ebene von Anfang an wesentlich für den Buddhismus. Der Buddha verließ sein Zuhause, nachdem er einem kranken, einem alten Menschen, einer Leiche und einem Wandermönch begegnet war. Auf einer kollektiven Ebene wird immer deutlicher, dass die sich häufenden sozialen und ökologischen Herausforderungen, denen wir uns heute gegenübersehen, nichts Geringeres erfordern als eine Weiterentwicklung in der kulturellen Evolution der Menschheit.

Im Laufe unserer Evolutionsgeschichte stand über weite Strecken natürlicherweise das Überleben an erster Stelle. Daher hatten Gier, Aggression und Ego-Wahn eine evolutionäre Funktion. Diese Merkmale wurden selektiert, weil sie dazu beitrugen, die eigenen Gene an die nächste Generation weiterzugeben. In einer globalisierten, postmodernen Welt mit zunehmend bedrohten Ökosystemen sind diese Motive kontraproduktiv geworden, dennoch sind wir immer noch wie besessen von verschiedenen Formen des Wirtschaftswachstums, des Profits, des Militarismus und des Stammesdenkens. Das lässt sich mit unserem neuen Problem bezüglich der Ernährung vergleichen: Bis vor kurzem war für die meisten Menschen Unterernährung, wenn nicht sogar der Hungerstod eine ständige Bedrohung, doch heute ist das größere Problem in den entwickelten Ländern die Fettleibigkeit. Sowohl kollektiv als auch individuell sind alternative und eher nonduale Beweggründe gefragt, was bedeutet, dass wir unsere alten Gewohnheiten verlernen und neue erlernen müssen.

Das bringt uns zu einer weiteren Geschichte über einen verlorenen Sohn, die im einflussreichsten buddhistischen Text Ostasiens, dem Lotos-Sutra, zu finden ist.

In ihr werden Vater und Sohn getrennt. Der Sohn wandert hier und da umher und verarmt schließlich. Sein Vater zieht währenddessen in eine andere Stadt, wo er Reichtum und Ansehen erlangt. Seine Streifzüge bringen den Sohn schließlich auf das Anwesen des Vaters. Der Vater erkennt seinen Sohn und schickt seine Diener, um ihn einzulassen, aber der Sohn erkennt seinen mittlerweile angesehenen Vater nicht und läuft verängstigt davon. Da er die Scham und Angst seines Sohnes versteht, schickt der Vater seine Diener dann als einfache Arbeiter verkleidet aus, um ihm einen Job auf dem Gut anzubieten: Mist schaufeln. Nachdem der Sohn mit dieser Arbeit vertraut geworden ist, weist der Vater seine Diener an, ihm nach und nach mehr Verantwortung zu übertragen, bis der Sohn Jahre später den ganzen Hof verwaltet. Als der Vater schließlich kurz vor dem Tod steht, ruft er seine Freunde und Bekannten zusammen, um ihnen und auch seinem Sohn zu eröffnen, dass dies tatsächlich sein Sohn ist, dem er seinen gesamten Besitz hinterlässt. Das Sutra erläutert, dass der wohlhabende Vater in Wirklichkeit der Buddha ist, und wir sind seine Kinder, die seinen unerschöpflichen Schatz erben werden.

Der springende Punkt in dieser Geschichte ist, dass wir alle die Buddha-Natur haben und dazu bestimmt sind, Buddhas zu werden. Das biblische Gleichnis handelt von Gut und Böse: Sünde, Buße und Absolution. Der Vater nimmt seinen Sohn freudig auf, alles ist vergeben, und es gibt eine unmittelbare Versöhnung. In der Version des Lotus-Sutra geht es um Verblendung und Erwachen: Der Sohn weiß nicht, wer er wirklich ist; er muss sich verwandeln, um sein wahres Wesen zu erkennen und diese erhabene Bestimmung zu verkörpern.

Ist diese buddhistische Version ein angemesseneres Gleichnis für unsere verlorene, verschwenderische Gattung? Es reicht nicht aus, dass wir reuevoll nach Hause zurückkehren – in unserem Fall, einzusehen, dass die Erde weitaus mehr ist als ein Ort, an dem wir uns zufällig befinden, sondern dass sie unsere Mutter ist und die Nabelschnur zu ihr niemals durchtrennt wurde. Unser angespanntes Verhältnis zur Biosphäre lässt sich nicht so leicht korrigieren wie das zwischen dem reuigen Sohn und seinem alles verzeihenden Vater. Es wird ernsthafte Arbeit nötig sein, um den Schaden und damit unsere Beziehung zur Biosphäre zu heilen. Wird das auch uns heilen?

Um zu der Gattung zu werden, die die Erde benötigt – Lebewesen, die sich nicht nur ihrer selbst bewusst sind, sondern sich auch dessen bewusst sind, dass sie die Art und Weise sind, wie die Erde sich ihrer selbst bewusst wird –, müssen wir den neuen Bodhisattva-Pfad einschlagen, der persönliche und gesellschaftliche Transformation vereint. Dazu gehören kontemplative Praktiken, die den eigenen Selbstsinn im Dienste eines sozialen und ökologischen Engagements dekonstruieren und rekonstruieren. Unser Bestes zu geben ist unser Geschenk an die Erde – und da unsere Gattung eine ihrer zahlreichen Erscheinungsformen ist, handelt es sich dabei in Wahrheit um ein Geschenk der Erde an sich selbst.

Das Lotos-Sutra spricht von Bodhisattvas, die der Erde entspringen, um das Dharma zu verkünden. Es ist Zeit, dass sich Ökosattvas erheben und das Dharma offenbaren, das diese Erde beschützt und heilt.

ANHANG 1
JETZT IST DIE ZEIT ZUM HANDELN
EINE BUDDHISTISCHE ERKLÄRUNG ZUM KLIMAWANDEL

Die folgende Erklärung wurde erstmals im Jahr 2009 auf der Website ecobuddhism.org veröffentlicht. Sie wurde als gesamtbuddhistische Erklärung von dem Zen-Lehrer Dr. David Tetsu'un Loy und dem ranghohen Theravada-Lehrer Bhikkhu Bodhi verfasst, mit einem wissenschaftlichen Beitrag von Dr. John Stanley. Der Dalai Lama hat diese Erklärung als Erster unterzeichnet.

Wir leben heute in einer Krisenzeit und sehen uns mit der größten Herausforderung der Menschheit konfrontiert: den ökologischen Folgen unseres eigenen kollektiven Karmas. Der wissenschaftliche Konsens ist überwältigend: Menschliches Handeln ist der Auslöser für den ökologischen Zusammenbruch auf dem ganzen Planeten. Insbesondere die Erderwärmung vollzieht sich sehr viel schneller als bisher prognostiziert, am offensichtlichsten am Nordpol. Seit Hunderttausenden von Jahren ist das Nordpolarmeer von einer Eisfläche von der Größe Australiens bedeckt – aber jetzt schmilzt dieses Eis rapide. Im Jahr 2007 hat der Weltklimarat (IPCC) vorausgesagt, dass die Arktis bis 2100 von sommerlichem Meereseis frei sein könnte. Mittlerweile hat es den Anschein, dass das bereits innerhalb von ein oder zwei Jahrzehnten der Fall sein könnte. Auch Grönlands riesige Eisdecke schmilzt schneller als erwartet. Der Anstieg des Meeresspiegels in diesem Jahrhundert wird mindestens einen Meter betragen – genug, um viele Küstenstädte und lebenswichtige Reisanbaugebiete wie das Mekong-Delta in Vietnam zu überfluten.

Die Gletscher auf der ganzen Welt schwinden schnell. Wenn die derzeitige Wirtschaftspolitik fortgesetzt wird, werden jene des tibetischen Hochlandes, eine Quelle für große Flüsse und damit die Wasserversorgung von Milliarden von Menschen in Asien, wahrscheinlich bis zur Mitte des Jahrhunderts verschwunden sein. Australien und Nordchina sind bereits jetzt von schweren Dürren und Ernteausfällen betroffen. Berichte des Wettklimarats, der Vereinten Nationen, der Europäischen Union und der Weltnaturschutzunion stimmen darin überein, dass ohne einen kollektiven Richtungswechsel die schwindenden Vorräte an Wasser, Nahrungsmitteln und anderen Ressourcen bis Mitte des Jahrhunderts – laut dem leitenden wissenschaftlichen Berater Großbritanniens vielleicht bis 2030 – zu Hungersnöten, Ressourcenkonflikten und Massenmigration führen könnten. Die Erderwärmung spielt auch bei anderen ökologischen Krisen eine wichtige Rolle, einschließlich des Aussterbens vieler Pflanzen- und Tierarten, die diese Erde mit uns teilen. Meeresforscher berichten, dass die Hälfte des von fossilen Brennstoffen freigesetzten Kohlenstoffs von den Ozeanen absorbiert wurde, wodurch sich ihr Säuregehalt um etwa dreißig Prozent erhöht hat. Die Übersäuerung behindert die Kalkbildung bei Muscheln und Korallenriffen und bedroht das Wachstum von Plankton, der Quelle der Nahrungskette für den Großteil der Meeresfauna und -flora. Wissenschaftliche Studien und UN-Berichte stimmen darin überein, dass ein »Weitermachen wie bisher« die Hälfte aller Arten auf der Erde innerhalb dieses Jahrhunderts zum Aussterben bringen wird. Kollektiv übertreten wir den ersten buddhistischen Grundsatz – »Lebewesen nicht zu schaden« – in größtmöglichem Umfang. Die biologischen Konsequenzen des Verschwindens so vieler Arten, die, von uns vielfach unbemerkt, zu unserem eigenen Wohlbefinden auf diesem Planet beitragen, sind für das menschliche Leben nicht vorhersehbar.

Viele Wissenschaftler*innen sind zu dem Schluss gekommen, dass das Überleben der menschlichen Zivilisation auf dem Spiel steht. Wir haben in unserer biologischen und sozialen Evolution einen kritischen Punkt erreicht. In der gesamten Geschichte hat es niemals eine wichtigere Zeit gegeben, um die Hilfsmittel des Buddhismus im Namen aller Lebewesen in Anwendung zu bringen. Die vier edlen Wahrheiten bieten einen geeigneten Rahmen für die Diagnose unserer gegenwärtigen Situation und für die Formulierung geeigneter Richtlinien – denn die Gefahren und Katastrophen, mit denen wir uns konfrontiert sehen, gehen letztlich vom menschlichen Geist aus und erfordern daher tiefgreifende Veränderungen in unserem Bewusstsein. Wenn persönliches Leid aus Begehren und Unwissenheit entsteht – aus den drei Geistesgiften Gier, Böswilligkeit und Verblendung –, dann gilt das auch für das Leid, das uns auf der kollektiven Ebene belastet. Unsere ökologische Notlage ist eine umfassendere Version des immerwährenden menschlichen Dilemmas: Sowohl als Individuen als auch als Gattung leiden wir an einem Selbstsinn, einer Vorstellung von uns als einem Selbst, das von anderen Menschen, aber auch von der Erde getrennt ist. Wie Thich Nhat Hanh gesagt hat: »Wir sind hier, um aus der Illusion unseres Getrenntseins zu erwachen.« Wir müssen aufwachen und erkennen, dass die Erde sowohl unsere Mutter als auch unsere Heimat ist – in diesem Fall kann die Nabelschnur, die uns an sie bindet, nicht durchtrennt werden. Wenn die Erde krank wird, dann werden wir krank, denn wir sind ein Teil von ihr.

Unsere derzeitigen wirtschaftlichen und technologischen Beziehungen zum Rest der Biosphäre sind nicht nachhaltig. Um die vor uns liegenden stürmischen Übergänge zu überstehen, müssen wir unsere Lebensweise und unsere Erwartungen sehr verändern. Das schließt neue Gewohnheiten und neue Werte ein. Die buddhistische Lehre, dass die allgemeine individuelle wie gesellschaftliche Gesundheit vom inneren Wohlbefinden und nicht nur von wirtschaftlichen Indikatoren abhängt, hilft, die persönlichen und gesellschaftlichen Veränderungen zu bestimmen, die wir vornehmen müssen.

Individuell müssen wir Verhaltensweisen annehmen, die das alltägliche ökologische Gewahrsein erhöhen und unseren »CO_2-Fußabdruck« verringern. Diejenigen von uns, die in den hochentwickelten Volkswirtschaften leben, müssen ihre Häuser und Arbeitsplätze im Hinblick auf ihre Energieeffizienz nachrüsten und isolieren, ihre Thermostate im Winter herunter- und im Sommer aufdrehen, hocheffiziente Glühbirnen und Geräte verwenden, unbenutzte Elektrogeräte ausschalten, möglichst verbrauchsarme Autos fahren und den Fleischkonsum zugunsten einer gesunden, umweltfreundlichen Ernährung auf pflanzlicher Basis reduzieren.

Diese persönlichen Veränderungen allein werden nicht ausreichen, um zukünftiges Unheil abzuwenden. Wir müssen auch institutionelle Veränderungen vornehmen, sowohl technologische als auch wirtschaftliche. Wir müssen unsere Energiesysteme so schnell wie möglich »entkarbonisieren«, indem wir fossile Brennstoffe durch erneuerbare Energiequellen ersetzen, die unerschöpflich, ungefährlich und im Einklang mit der Natur sind. Insbesondere müssen wir den Bau neuer Kohlekraftwerke stoppen, da Kohle die bei weitem umweltschädlichste und gefährlichste Quelle für atmosphärischen Kohlenstoff ist. Bei vernünftiger Nutzung können Windkraft, Solarenergie, Wasserkraft und Erdwärme die gesamte von uns benötigte Elektrizität liefern, ohne die Biosphäre zu schädigen. Da bis zu einem Viertel der weltweiten Kohlenstoffemissionen aus dem Abholzen von Wäldern entsteht, müssen wir die Zerstörung der Wälder stoppen und rückgängig machen, insbesondere die Zerstörung des lebenswichtigen Regenwaldgürtels, in dem die meisten Pflanzen- und Tierarten leben.

Es ist in letzter Zeit ganz offensichtlich geworden, dass auch in der Struktur unseres Wirtschaftssystems erhebliche Veränderungen erforderlich sind. Die Erderwärmung steht in engem Zusammenhang mit den gigantischen Energiemengen, die unsere Industrie verschlingt, um den Konsum zu decken, den viele von uns zu erwarten gelernt haben. Aus buddhistischer Sicht würde eine vernünftige und nachhaltige Wirtschaft vom Prinzip der Suffizienz bestimmt: Der Schlüssel zum Glück ist Zufriedenheit und nicht ein immer größerer Überfluss an Gütern. Der Zwang zu immer mehr Konsum ist ein Ausdruck des Begehrens – genau das, was der Buddha als die zentrale Ursache des Leidens bezeichnet hat.

Statt einer Wirtschaft, die Profit betont und endlos wachsen muss, um nicht zusammenzubrechen, müssen wir uns gemeinsam auf eine Wirtschaftsform zubewegen, die einen zufriedenstellenden Lebensstandard für alle bietet und es uns gleichzeitig ermöglicht, unser volles (auch spirituelles) Potenzial im Einklang mit der Biosphäre zu entfalten – eine Form, die alle Wesen, auch die zukünftigen Generationen, erhalten und nähren kann. Wenn die Regierenden unfähig sind, die Dringlichkeit unserer globalen Krise zu erkennen, oder nicht bereit, das langfristige Wohl der Menschheit über den kurzfristigen Nutzen der Energiekonzerne, die fossile Energiequellen nutzen, zu stellen, müssen wir sie womöglich als Bürgerinitiativen mit anhaltenden Kampagnen herausfordern.

Dr. James Hansen von der NASA und andere Klimaforscher haben kürzlich die genauen Ziele definiert, die notwendig sind, um das Eintreten der »Kipppunkte«, die für die Erderwärmung katastrophal wären, zu verhindern. Die menschliche Zivilisation ist gesichert, solange der Kohlendioxidgehalt in der Atmosphäre 350 Teile pro einer Million (ppm) nicht überschreitet. Dieses Ziel wird vom Dalai Lama, anderen Nobelpreisträgern und angesehenen Wissenschaftler*innen unterstützt. Unsere derzeitige Situation ist insofern besonders besorgniserregend, als der derzeitige Wert bereits 387 ppm beträgt und um 2 ppm pro Jahr steigt. [Im Mai 2018 lag er bei 412,6 ppm.] Wir sind nicht nur gefordert, die Kohlenstoffemissionen zu verringern, sondern auch, große Mengen an bereits in die Atmosphäre gelangtem Kohlenstoffgas wieder aus ihr zu entfernen.

Als Unterzeichnende dieser Erklärung buddhistischer Grundsätze erkennen wir die dringliche Herausforderung des Klimawandels an. Gemeinsam mit dem Dalai Lama unterstützen wir das Ziel von 350 ppm. In Übereinstimmung mit den buddhistischen Lehren akzeptieren wir unsere individuelle und kollektive Verantwortung, alles in unserer Macht Stehende zu tun, um dieses Ziel zu erreichen – die oben umrissenen persönlichen und gesellschaftlichen Reaktionen eingeschlossen, aber ohne uns auf sie zu beschränken.

Wir haben ein begrenztes Zeitfenster zum Handeln, um die Menschheit vor einer bevorstehenden Katastrophe zu bewahren und das Überleben der vielen verschiedenen und wunderschönen Lebensformen auf der Erde zu unterstützen. Zukünftige Generationen und andere Gattungen, die die Biosphäre mit uns teilen, haben keine Stimme, um unser Mitgefühl, unsere Weisheit und unsere Führung zu erbitten. Wir müssen ihrem Schweigen lauschen. Wir müssen auch ihre Stimme sein und in ihrem Namen handeln.

Anhang 2
Sechzehn Kernprinzipien des Dharma zum Thema Klimawandel
Von der One Earth Sangha

Die folgenden Dharmaprinzipien beziehen sich direkt auf das Thema Klimakatastrophe:

1. *Hochachtung vor dem Leben*: Von diesem Punkt an ist die Klimakatastrophe der vorrangige Kontext für alles Leben auf der Erde, einschließlich des Menschen. Was wir Menschen tun, wird bestimmen, welches Leben in welcher Form und an welchen Orten erhalten bleibt und gedeiht.
2. *Glück ist eine Folge der Hilfe für andere*: Unser größtes persönliches Glück entsteht, wenn wir von uns selbst geben und anderen helfen. Zum Beispiel helfen nach einer Naturkatastrophe viele Menschen instinktiv ihren Nachbarn. Das weist darauf hin, dass Altruismus und der Wunsch, anderen zu helfen, Teil unserer Erbanlagen sind. Wir müssen diese Qualitäten in uns entwickeln und sie denen unter uns, die marginalisiert und zumindest anfangs am stärksten von der

Klimakatastrophe betroffen sind, zugute kommen lassen. Das ist das genaue Gegenteil von Gier und Selbstbezogenheit, die heute dominieren.

3. *Wir leiden, wenn wir festhalten*: Das Wesen des Glücks hängt von unserer Fähigkeit ab, unsere Anhaftungen aufzugeben und anderen zu helfen. Dasselbe Prinzip muss nun erweitert und auf öffentliche Richtlinien und politische Vorgänge aller Art angewandt werden.

4. *Der ethische Imperativ*: Alle Wesen sind von Bedeutung. Wir sollten in einer Weise handeln, die sowohl für uns selbst als auch für andere heilsam ist und die aus einer Haltung von Altruismus und Mitgefühl entspringt.

5. *Gegenseitige Verbundenheit und wechselseitige Abhängigkeit*: Wir müssen die Verdinglichung anderer Menschen und der Natur auflösen und den uns leitenden Glauben an ein getrenntes Selbst zugunsten des Empfindens umfassender Verwandtschaft ersetzen. Noch während wir die Täuschung eines individuellen und von anderen getrennten Selbst loslassen, müssen wir auch die Täuschung loslassen, dass die Menschheit vom Rest der Biosphäre getrennt ist. Unser untrennbares Verwobensein mit der Erde bedeutet, dass wir unser eigenes Wohlergehen nicht auf Kosten ihres Wohlergehens verfolgen können. Wenn die Ökosysteme der Erde krank werden, dann werden auch unsere Körper und unsere Gesellschaften krank.

6. *Verzicht, Bescheidenheit*: Um die Klimakatastrophe zu beheben, müssen wir bereitwillig auf Anhaftungen an Dinge, die zum Problem beitragen, verzichten und einfacher leben.
7. *Die Beziehung zwischen der ersten und der zweiten edlen Wahrheit und die Fähigkeit, mit schwierigen Zuständen zu arbeiten*: Wir müssen das Leiden verstehen, das wir erzeugt haben und das in der Klimakatastrophe seinen Ausdruck gefunden hat. Wir müssen verstehen, wie es entstanden ist. Wir müssen verstehen, dass wir lernen können, uns nicht damit zu identifizieren und stattdessen bedrückende Zustände wie Angst und Verzweiflung zu verarbeiten.
8. *Sich dem Leiden öffnen als ein Vehikel zum Erwachen*: Das durch die Klimakatastrophe verursachte Leiden bietet eine beispiellose Gelegenheit für uns Menschen, aus unseren individuellen und kollektiven Fehlern zu lernen und ein großes Erwachen zu manifestieren. Es ist eine außergewöhnliche und einzigartige Gelegenheit. Wir können Wege finden, um glücklich zu sein – wir können »uns um andere kümmern und ihnen anschließen« anstatt zu kämpfen, zu fliehen oder zu erstarren. Wir können anerkennen, dass die Dinge jetzt so sind, wie sie sind, uns für das Leiden öffnen, statt anzuhaften, und wir können auf neue Weise denken und handeln.
9. *Die Verbundenheit von Innen und Außen, von Individuum und Kollektiv (oder Institution)*: Die Klima-

katastrophe bietet eine einmalige Gelegenheit, die Wurzeln des Problems zu verstehen – die verknüpft sind mit der Funktionsweise unseres Geistes und der Einbettung dieser Muster in kollektive und institutionelle Praktiken und politische Handlungsweisen. Diese Bewusstheit kann die Tür zu neuen Denk- und Reaktionsweisen öffnen, welche schließlich andere institutionelle Praktiken und Strategien hervorbringen.

10. *Die Verbindung zu Themen der Diversität und Gerechtigkeit*: Die Prinzipien und Narative des Dharma müssen auch auf Fragen der Diversität und der sozialen Integration und Gerechtigkeit angewandt werden. Unter anderem führt der Glaube ans Getrenntsein, der auch die Klimakrise hervorgerufen hat, zu sozialer Ungleichheit und Ausgrenzung. People of Color und andere an den Rand gedrängte Gruppen müssen einbezogen werden.

11. *Der Buddhismus als Akteur des sozialen Wandels*: Die Prinzipien des Buddhismus helfen uns, uns auf das Leben einzulassen, statt uns davon zu entfernen. Der Buddha hat sich tatkräftig mit den sozialen und kulturellen Umständen seiner Zeit auseinandergesetzt. Damit der Buddhismus heute seine Bedeutung behält, muss er den Menschen helfen zu verstehen, wie sie sich unter den aktuellen politischen und sozialen Umständen engagieren können.

12. *Adhitthana oder Entschlossenheit*: Wir sind jetzt dazu aufgerufen, Furchtlosigkeit, Entschlossenheit und heldenmütige Anstrengung zu entwickeln. Wir müssen den Mut haben, zu erkennen, dass unser Engagement in dieser Frage gefordert ist und das Dharma zu leben uns durch die harten Zeiten begleiten wird.
13. *Diese kostbare menschliche Geburt ist eine Gelegenheit*: Wir müssen uns immer wieder vergegenwärtigen, dass es eine seltene und kostbare Gelegenheit ist, als Mensch geboren worden zu sein. Uns wurde eine seltene Chance gegeben, als Hüter*innen zu fungieren, denn wir Menschen sind nicht nur eine Quelle von Zerstörung – wir sind auch eine Quelle großer Güte.
14. *Liebe ist der größte Ansporn*: Unser tiefstes und machtvollstes Handeln entspringt der Liebe: für diese Erde, füreinander. Je mehr Menschen sich mit der Erde verbinden und Liebe für sie empfinden können, desto größer ist die Wahrscheinlichkeit, dass sie mit ihrem Herzen dabei sind, Schaden abwenden zu helfen. Kinder sollten daher die oberste Priorität haben. Wir sollten den Menschen helfen, zu erkennen, was sie am Leben lieben und was verloren gehen wird, wenn die Zerstörung des Klimas voranschreitet.
15. *Die Sangha und andere Formen sozialer Unterstützung sind unerlässlich*: Die Realität der Klimakatastrophe ist für viele Menschen ein tiefer Schock. Der einzige Weg, Kampf-, Flucht- oder Erstarrungsreaktionen zu begrenzen oder zu verhindern, ist, dass wir uns von

anderen unterstützen lassen und mit ihnen zusammenarbeiten. Dann werden wir uns nicht allein fühlen, können Verzweiflung überwinden und gemeinsam Lösungen entwickeln. Wir müssen diese Reise gemeinsam machen und dabei sowohl unsere problematischen Reaktionen als auch unsere positiven Erfahrungen in Gruppen und Gemeinschaften teilen.
16. *Bodhisattva*: Der Typus des Bodhisattva, ein Bild für eine Person, die sich entschieden hat, die inneren Tiefen zu kultivieren und anderen zu helfen, ist ein inspirierender Typus für unsere Zeit.

(Quelle: oneearthsangha.org/articles/16-principles)

ANHANG 3
DEN KLIMAWANDEL ERNST NEHMEN
EINFACHE, PRAKTISCHE SCHRITTE

Die aktuellen Diskussionen zum Klimawandel unter Menschen, die sich als progressiv verstehend, drehen sich oft um zwei Themen, je nachdem, wo sie sich auf dem Spektrum verorten:

- Spirituelle Progressive (darunter viele buddhistische Lehrende) sagen, dass ein »spirituelles Erwachen der Menschheit«, »die Erleuchtung aller Wesen«, das »Entstehen einer geheiligten Menschheit« nötig sei, um den Klimawandel zu stoppen.
- Politische Progressive sagen, dass die gesamte politische Ökonomie verändert und der Kapitalismus durch ein neues Sozial- und Wirtschaftssystem ersetzt werden muss.

Diese beiden Ziele sind zwar erstrebenswert, aber sind sie realistische Lösungen für die unmittelbare Klimakrise? Das ist eher unwahrscheinlich:

- Die Menschheit wird wohl in der kurzen uns verbleibenden Zeit eher keine dramatische spirituelle Wiedergeburt erfahren, während immer mehr Nationen versuchen, den Weg der wirtschaftlichen Entwicklung durch das Verbrennen fossiler Brennstoffe zu beschreiten.
- Die Transformation unserer Sozial- und Wirtschaftssysteme wird sich wahrscheinlich schrittweise vollziehen, und ihre Auswirkungen werden erst in ferner Zukunft spürbar werden.

Wir befinden uns jedoch in einer Situation von höchster Dringlichkeit:

- Dringend, weil so viel auf dem Spiel steht: Artensterben, Hungersnöte, Dürren, Überschwemmungen und Epidemien; traumatische ethnische, religiöse und länderübergreifende Auseinandersetzungen; der Untergang der menschlichen Zivilisation.
- Dringend, weil sich das Zeitfenster schließt: Wir haben bestenfalls noch zwanzig oder dreißig Jahre Zeit, um die Kohlenstoffemissionen um achtzig Prozent zu reduzieren; im Idealfall sollten wir eine hundertprozentige Reduzierung bis 2040 anstreben. Und wir bewegen uns, wenn überhaupt, viel zu langsam in diese Richtung.

Um unversehrt davonzukommen, müssen wir das Ganze wirklich ernst nehmen und konkret werden. Besonders spirituelle Menschen und Progressive müssen praktisch und realistisch sein. Was können wir also tun, das einfach, praktisch und realistisch ist – wenn auch keineswegs leicht?

I. ALLES BÖSE UNTERLASSEN (DIE PEITSCHE ANWENDEN)

1. *Ein Moratorium verhängen* bezüglich des Abbaus fossiler Brennstoffe: keine Versteigerung öffentlichen Landes, keine Offshore-Bohrungen und kein Minenbetrieb in den Bergen mehr; lasst fossile Brennstoffe im Boden, in den Meeren und in den Bergen.
2. *Subventionen* für Energiekonzerne, die fossile Energiequellen nutzen, *außer Kraft setzen*.
3. *Eine Kohlenstoffsteuer erheben*, um sicherzustellen, dass die Umweltkosten im Marktpreis für Kohlenstoff abgebildet werden; die Einnahmen an die Bevölkerung verteilen.
4. *Handelsabkommen ablehnen*, die es Konzernen ermöglichen, sich über souveräne Regierungen hinwegzusetzen.
5. *Megapipelines ablehnen*: Obwohl Keystone XL* nicht mehr existiert, werden überall weitere Pipelines gebaut.

---

* Das Projekt einer besonders großen Pipeline, die die Terminals in Hardisty, Alberta, Kanada, und Steele City, Nebraska, USA, auf einem kürzeren Weg als bisher verbinden sollte.

6. *Verbot von Erdölzügen* (»Zugbomben«), die eine Gefahr für die Gemeinden entlang der Routen darstellen.
7. *Sich von einem Modell industrieller Landwirtschaft verabschieden*, das für 30 bis 32 Prozent der weltweiten Kohlenstoffemissionen verantwortlich ist.

II. DAS GUTE KULTIVIEREN (DAS ZUCKERBROT)
1. *Subventionen* und zinsgünstige Darlehen *für Projekte mit sauberer, erneuerbarer Energie bereitstellen.*
2. *Die Sanierung von Altbauten* finanzieren, um sie energieeffizient zu machen.
3. Die Massenproduktion von *Elektro- und Hybridfahrzeugen* fördern.
4. *Mehr und bessere öffentliche Verkehrsmittel* entwickeln, um Privatfahrzeuge zu ersetzen.
5. *Agroökologische Modelle* fördern, um die industrielle Landwirtschaft zu ersetzen.
6. Auf *klimafreundlichere Ernährungsweisen* umstellen (pflanzliche Kost statt Fleischkonsum).

III. DEN EIGENEN GEIST LÄUTERN
1. *Zufriedenheit und Bescheidenheit* fördern; das ist die Grundlage für eine Postwachstumsökonomie, die auf dem Prinzip der Suffizienz basiert und die statt endlosen Produzierens und Konsumierens ein qualitatives Wachstum ins Zentrum stellt.

2. Durch *Weisheit* die weitreichenden und langfristigen Folgen unseres Handelns, die in den feinen wechselseitigen Verknüpfungen verschiedener Kausalketten wurzeln, zu verstehen suchen.
3. *Mitgefühl* im eigenen Herzen erwecken, in unsere liebevolle Anteilnahme alle Menschen überall einschließen, basierend auf einer tiefen Identifikation mit der menschlichen Würde.
4. Sich für *Gerechtigkeit* einsetzen, um soziale, wirtschaftliche und politische Institutionen und Gesetze zu schaffen, die es allen Menschen ermöglichen, ihr Potenzial zu entfalten und ihre Wünsche zu verwirklichen.

IV. ALLEN FÜHLENDEN WESEN VON NUTZEN SEIN. WIE?
1. *Wählen*: Obwohl unsere politischen Systeme schwerwiegende Mängel aufweisen, können Wahlen etwas bewegen. Stimme nur für Kandidat*innen, die den vom Menschen verursachten Klimawandel anerkennen und bereit sind, dagegen vorzugehen.
2. *Schreiben und unterzeichnen*: Schreibe Briefe an deine gewählten Vertreter, Parlamentarierinnen und andere. Rufe ihre Dienststellen an und unterzeichne Petitionen und Appelle, die an sie geschickt werden sollen. Lokale Aktionen sind vielleicht am effektivsten.
3. *Kleine Familienbetriebe unterstützen*: Setzen wir unser Geld ein, sollten wir damit unseren Planeten be-

schützen: Lege kein Geld mehr in Energiekonzernen, die fossile Energieträger nutzen, und verwandten Firmen an.
4. *Sich in Bewegung setzen*: Nimm an Märschen und Demonstrationen teil, um den Machthabern eine Botschaft zu übermitteln. Setze dich auch auf andere Weise in Bewegung; schließe dich einer Bewegung zum Schutz des Klimas an: zum Beispiel Fridays for Future, 350.org, Extinction Rebellion, Greenpeace, The Next System Project.
5. *Direkt aktiv werden*: Nimm an Blockaden von Projekten, die die Klimakatastrophe vorantreiben, teil, wie zum Beispiel Ölplattformen, Pipelines und Fracking-Standorte. Sei dir dabei des Risikos langer Gefängnisstrafen oder hoher Geldstrafen bewusst.

(Zusammengestellt von Bhikkhu Bodhi, 2016)

Anhang 4
Die Ökosattva-Gelübde

Ich gelobe mir selbst und jeder und jedem von euch:

mich täglich für die Heilung unserer Welt und das Wohlergehen aller Wesen einzusetzen;

auf dieser Erde leichter und weniger gewalttätig zu leben, was die Nahrung, die Produkte und die Energie angeht, die ich verbrauche;

Kraft und Orientierung von der lebendigen Erde, den Vorfahr*innen, zukünftigen Generationen und meinen Brüdern und Schwestern aller Spezies zu empfangen;

andere in ihrer Arbeit für die Welt zu unterstützen und um Hilfe zu bitten, wenn ich sie brauche;

eine tägliche Praxis auszuüben, die meinen Geist klärt, mein Herz stärkt und mich beim Einhalten dieser Gelübde unterstützt.

– aus *Hoffnung durch Handeln: Dem Chaos standhalten, ohne verrückt zu werden* von Joanna Macy und Chris Johnstone

Ausblick vom Rocky Mountain Ecodharma Retreat Center

ANHANG 5
DAS ROCKY MOUNTAIN ECODHARMA RETREAT CENTER
EIN ORT FÜR MEDITATION IN DER NATUR

Das Rocky Mountain Ecodharma Retreat Center (RMERC) ist ein neues, im Sommer 2017 eröffnetes Dharmazentrum, inspiriert vom ÖkoDharmazentrum in Spanien, ohne organisatorisch mit ihm verbunden zu sein. Es ist eine halbe Autostunde von Nord-Boulder und etwa neunzig Minuten vom internationalen Flughafen in Denver entfernt. Das Zentrum umfasst ein Gästehaus (das bis zu dreißig Personen beherbergen kann), einen überdachten Pavillon und ein kleines Haus für Mitarbeiter*innen auf 180 Hektar privatem Fluss-, Wiesen- und Waldland, das an einen Staatsforst angrenzt. Nur wenige Kilometer von der Indian Peaks Wilderness entfernt und mit einer atemberaubenden Aussicht auf die Rocky Mountains ist das Land als Naturschutzgebiet ausgewiesen und beheimatet eine Fülle von Wildtieren wie Hirsche, Wapitis, Elche, Bären und Biber.

Das RMERC bringt buddhistische Lehren und Praktiken zurück in die Natur, dorthin, wo sie entstanden sind, und hilft Praktizierenden, die Verbundenheit und Energie wiederzugewinnen, die für einen effektiven Umgang mit den ökologischen und sozialen Herausforderungen notwendig sind. Die Betonung liegt darauf, von der Natur zu lernen und sich selbst inmitten der Wildnis zu entdecken. Die Aktivitäten umfassen:

- Ökodharma-Retreats und -Workshops für Aktivist*innen, in denen die heilende Kraft der Meditation in der Natur genutzt wird, um den Aktivismus zu erden und in einen spirituellen Weg des Dienstes an der Gemeinschaft und der Erde zu verwandeln.
- Kostengünstige Retreats, die im Geiste der Großzügigkeit angeboten werden, wobei die Lehrenden nur Spesen und Spenden (Dana) erhalten.
- Stille Meditationsretreats in Gruppen und auch als unterstützte Aufenthalte für Einzelne. Alle Traditionen spiritueller Praxis sind willkommen. Regionale Sanghas können das RMERC sowohl für Wochenend- und Tageskurse als auch für längere Retreats nutzen.
- Retreats und andere Aktivitäten für »unterversorgte« Gemeinschaften, darunter People of Color, Veteranen, Jugendliche und andere Gruppen, die in der Vergangenheit die Hauptlast der ökologischen und sozioökonomischen Verwüstung getragen haben (oder in der Zukunft tragen werden) und dabei oft an der Front des spirituell verwurzelten Aktivismus stehen.

Mehr unter www.rockymountainretreatcenter.org.

Für mich wird das Rocky Mountain Ecodharma Retreat Center in diesen dunklen Zeiten eine strahlende Leuchte sein, der ich vertrauen kann. Ich sehe, dass es das anbietet, was wir am meisten brauchen: die inspirierende Leitung durch engagierte Lehrende, die Umgebung einer intakten Bergwelt, um unsere eigene Kraft und Schönheit zu wecken, die Reifung einer Sangha, um eine Leitvision für die Menschen zu entwickeln, und die Kraft, sie zu verwirklichen.

– Joanna Macy

DANKSAGUNGEN

Zuerst noch einmal vielen Dank an Josh Bartok, Ben Gleason und Lindsay D'Andrea – und die anderen großartigen Leute von Wisdom Publications – für all die Arbeit, die sie zur Verwirklichung dieses Projekts geleistet haben. Ich konnte dieses Buch schreiben, ohne mir über die Früchte meiner Arbeit Sorgen machen zu müssen, weil ich wusste, dass es danach in ihren sehr fähigen Händen liegen würde.

Es gibt noch viele andere, denen ich danken möchte, angefangen bei Joanna Macy, Bhikkhu Bodhi und Guhyapati, drei großen Ökosattvas unserer Zeit. Joanna hat die »Ökosattva-Gelübde« formuliert, Bhikkhu Bodhi die »einfachen, praktischen Schritte« zusammengestellt. Guhyapati ist der Gründer des ÖkoDharma-Zentrums in Spanien. Die »Sechzehn Kernprinzipien des Dharma« wurden von der Klima-Kooperative der Dharmalehrenden (Dharma Teachers Climate Cooperative) erarbeitet. Weitere Beiträge von ihnen (und anderen) sind auf oneearthsangha.org verfügbar, der Website der von Kristin Barker und Lou Leonard gegründeten One Earth Sangha.

»Jetzt ist die Zeit zum Handeln: Eine buddhistische Erklärung zum Klimawandel« erschien erstmals auf ecobuddhism.org. Ich bin John Stanley und Diane Stanley besonders zu Dank verpflichtet, die die Webseite erstellt und gepflegt haben. John hat gemeinsam mit Gyurje Dorje und mir auch *A Buddhist Response to the Climate Emergency* herausgegeben, ein Buch, das seiner Zeit voraus war. Ich möchte auch meine Anerkennung für die Beiträge der anderen Vorstandsmitglieder des neuen Rocky Mountain Ecodharma Retreat Center zum Ausdruck bringen: vor allem von Geschäftsführer Johann Robbins, der einen Großteil der Arbeit geleistet hat, aber auch von Kritee Kanko, Peter Williams, Russ Hullet, Anne Kapuscinski und Jeanine Canty. Janine Ibbotson und Alice Robbins haben viel getan, um das Zentrum in Gang zu bringen.

Viele andere haben (manchmal ohne es zu wissen) zur Entstehung dieses Buches und/oder zur Entwicklung von ÖkoDharma beigetragen. Zusätzlich zu den bereits Genannten und all jenen, die zu *A Buddhist Response to the Climate Emergency* beigetragen haben, möchte ich mich vor den folgenden Personen tief verbeugen: Jon Aaron, Elias Amidon, David Bachrach, Rob Burbea, Lloyd Burton, Angels Canadell, David Chernikoff, Grant Couch, Ron Davis, Sherry Ellms, Gil Fronsdal, Belinda Griswold, Patrick Groneman, Joan Halifax, Dawn Haney, Fletcher Harper, Robert Ho, Jeff Hohensee, Vince Horn, Mushim Ikeda, Chris Ives, Ken Jones, Stephanie Kaza, Terry Kinsey, Robert Kolodny, Taigen Dan Leighton, Michael Lerner, Katie Loncke, Zenju Earthlyn Manuel, Willa Miller, Susan Murphy, Rod Owens, Anne Parker, Jordi Pigem, Ron Purser, Elizabeth Roberts, Alice Robison, Marcia Rose, Donald Rothberg, Santikaro,

Alan Senauke, Henry Shukman, Mu Soeng, Emma Stone, Bonnie Sundance, Thanasanti, Thanissara, Daniel Thorson, Jesus Blas Vicens, Jon Watts, angel Kyodo williams, Jason Wirth, Janey Zietlow … und mich bei all denen entschuldigen, deren Namen ich hier zu erwähnen vergessen habe.

Und zu guter Letzt noch einmal danke an Linda Goodhew dafür, dass sie ihr Leben mit mir teilt und sich so gut um mich gekümmert hat, während ich dieses Buches schrieb – wie auch zu anderen Zeiten.

ÜBER DEN AUTOR

DAVID R. LOY begann seine Zen-Praxis 1971 auf Hawaii mit Yamada Koun und Robert Aitken und setzte sie mit Koun Roshi in Japan fort, wo er fast zwanzig Jahre lang lebte. Heute lebt er in den USA. Er wurde 1988 als Lehrer autorisiert und leitet Retreats und Workshops im In- und Ausland. Er ist Professor für buddhistische und vergleichende Philosophie und hat kürzlich einen Ehrendoktortitel seiner Alma Mater, des Carleton College, für seine wissenschaftliche Arbeit zum sozial engagierten Buddhismus erhalten. (Später hat er diesen Titel wieder zurückgegeben, um gegen die Entscheidung des Kuratoriums zu protestieren, die Investitionen des College in fossile Brennstoffe nicht zu beenden).

David R. Loy ist Mitgründer und Vizepräsident des neuen Rocky Mountain Ecodharma Retreat Center. Seine Bücher und Artikel sind in viele Sprachen übersetzt worden sind. Zu seinen jüngsten Werken gehören *Erleuchtung, Evolution, Ethik: Ein neuer buddhistischer Pfad* sowie *Geld, Sex, Krieg, Karma: Anmerkungen zu einer buddhistischen Revolution* (beide edition steinrich) und die zweite Auflage von *Lack and Transcendence*. Viele von seinen Texten, Podcasts und Videos sind unter www.davidloy.org verfügbar.

David R. Loy
Geld, Sex, Krieg, Karma
Anmerkungen zu einer buddhistischen Revolution

Hardcover, 224 Seiten
ISBN 978-3-942085-59-5

David R. Loy
Erleuchtung, Evolution, Ethik
Ein neuer buddhistischer Pfad

Hardcover, 240 Seiten
ISBN 978-3-942085-46-5

Bernard Glassman
Anweisungen für den Koch
Lebensentwurf eines Zen-Meisters

Hardcover, 224 Seiten
ISBN 978-3-942085-05-1

Analayo
Mitgefühl und Leerheit
in der früh-buddhistischen Meditation

Hardcover, 352 Seiten
ISBN 978-3-942085-67-0

Karl-Heinz Brodbeck
Säkulare Ethik
aus westlicher und buddhistischer Perspektive
Hardcover, 288 Seiten
ISBN 978-3-942085-45-8

Stephen Batchelor
Jenseits des Buddhismus
Eine säkulare Vision des Dharma
Hardcover, 536 Seiten
ISBN 978-3-942085-60-1

www.edition-steinrich.de

Koun Yamada
Das Tor des Zen
Grundlagen und Praxis

Hardcover, 328 Seiten
ISBN 978-3-942085-55-7

Tokmé Zongpo / Ken McLeod
**Leiden verwandeln
Glück schenken**
*37 Übungen für das
Auf und Ab des Lebens*

Hardcover, 192 Seiten
ISBN 978-3-942085-71-7